これからの
情報科
教育

情報科教育法

鹿野利春
高橋参吉
西野和典 | 編著

鷹岡　亮・西端律子
森本康彦・稲川孝司
大石智広・齋藤　実
佐藤万寿美 | 著

実教出版

はじめに

2022年度からは，多くの学校で「情報I」が教えられることになる。全員がプログラミングを学び，データの活用については数学と連携する。この科目は大学入試センターが入試に出題しようとしている。情報科を担当される先生方は，それに向けて鋭意準備を進めておられることと思う。本書は，この大きな変化がなぜ起きたのか，この科目を教えるためにはどのような準備をしなければならないのか，観点別の指導と評価はどのように行うのか，実践事例としてはどのようなものがあるか，といったことについて体系的に書かれたものである。

本書が想定する読者としては，以下の五つを考えている。

(1) 高等学校の現場で情報科を担当される方

(2) 大学の教員養成課程で情報科の教員を志しておられる方

(3) 教育委員会等の行政で高校の情報科に関連する業務をしておられる方

(4) 大学の初年次教育に従事される方及び専門教育を担当される方

(5) 企業等で高校生を採用される担当の方及び経営に携わる方

(1)～(3)の方は実際に高校生を教えるために情報科の内容や指導法を知る必要があり，(4)及び(5)の方は，新教育課程で卒業する高校生が身に付けてくる資質・能力について知る必要がある。本書は，どちらの用途にも対応できるように作成されている。

本書の内容について簡単にみてみよう。

第1章は「情報科教育の背景」ということで，Society1.0からSociety5.0までを俯瞰し，これからの社会で必要な資質・能力として情報活用能力が重要であること，これを小中高で発達段階に応じて育むようになったこと，その要となる教科が情報科であることについて述べている。

第2章は「情報科教育の体系と構成」ということで，情報科設置の背景，情報科教育の変遷，普通高校等で教えられる共通教科情報科，専門学科等で教えられる専門教科情報科の目標，中学校技術・家庭科技術分野との関係，他教科との関係など，情報科の位置付けに関することを述べている。

第3章は「共通教科情報科の目標と内容」ということで，共通教科情報科の科目である「情報I」及び「情報II」の目標と内容について述べている。「情報I」だけではなく，「情報II」についても知っておくことで，よりよい指導ができたり，将来につながる学習内容を効率よく教えたりすることが期待できる。

第4章は「専門教科情報科の各科目」について述べている。専門学科情報科を有する高校は全国でもそれほど多くはないが，カリキュラムの一部として専門教科情報科の科目を履修できるようにしている高校は多い。特に公立高校は異動によってそのような学校に勤務する可能性もあるため，専門教科情報科の内容についても理解しておく必要がある。

第5章は「学習指導と学習評価」について述べている。よい授業では，生徒個々に適切な指

導と評価が行われ，その資質・能力が伸長する。そのためには，教師の授業デザインが鍵である。この章は，その根幹となる学習指導と学習評価について具体的な方法や，デザインを含めて解説したものである。

　第6章は「学習と評価の計画」について述べている。実際に授業を行うためには，年間指導計画，それを踏まえた学習指導案が必要である。個々の授業は単元の一部であるから，単元全体の計画を立てることも重要である。この章では，個々の授業とともに，単元全体の指導と評価の計画についても詳細に記載した。

　第7章は「授業の事例と学習指導」について述べている。これまでに述べたことを踏まえ，単元レベルで目標を定め，評価規準を作成し，指導と評価の計画を作成している。その際，具体的な指導課程を示し，学習内容，学習教材，評価の例も示している。

　第8章は「情報教育の環境」について述べている。内容としては，国や都道府県が行ってきたICT環境整備の目的と重要性，GIGAスクール構想による一人1台情報端末とネットワークの整備，高校における一人1台の方向性，ICT支援員などの人的整備について記載している。また，これらの整備を踏まえた教員養成と教員研修についても触れている。

　本書は，このように多岐にわたる内容を持つが，情報科教育という1本の線で貫かれているので，読みやすく，活用しやすいものに仕上がっている。また，内容が体系的に整理されているため，実際に授業で使っていく際にも無理のない形で役立てることができる。各章の担当は，情報科のベテラン教師，教科書著者，大学の研究者などであり，本書を読むことで，彼らの知見，経験を授業に取り入れることができる。特に，現場の情報科教員，大学の情報科教員養成課程の学生の方には，ぜひ手元において活用していただき，よりよい情報科の授業の実現に役立てていただきたいと考えている。

　最後に，本書は，当たり前の話ではあるが，紙でできている。しかし，紙だけでは，内容についても事例についても，十全には伝わらないものがあると考えており，特に第7章で使用する教材などについては，供給すること自体が難しい。

　そのようなことを考慮し，本書に対応した内容の用語集，関係資料，学習教材，動画などをWebで提供することも計画している（本書p.6参照）。例えば，情報科教育法を学ぶための基礎資料や，来たる大学入学共通テスト対策として，「情報科で学ぶ重要用語のまとめ」なども必要となってくるだろう。また，第7章の事例や学習指導の教材が提供されれば，授業の準備のための労力を抑えるとともに授業の質を高めることになり，場合によっては，著者自身の講義を撮影した動画をWebで提供することも考えられる。本書では，このような新しい試みを行うことによって，教科教育法の新しい流れも作っていきたい。

2021年11月

京都精華大学教授　鹿野利春

※本書中に上付き文字で示している注番号「1），2）…」は，各章末に掲載の参考文献の番号に対応している。

【編著・執筆分担】

■編修・執筆

鹿野　利春(第4章)

高橋　参吉(第3章3-1，3-2)

西野　和典(第1章)

■執筆

鷹岡　亮　(第8章)

西端　律子(第2章)

森本　康彦(第5章)

稲川　孝司(第3章3-4，第7章7-2，7-5，7-6)

大石　智広(第6章)

齋藤　実　(第3章3-5，3-6，第7章7-7，7-8)

佐藤万寿美(第3章3-3，第7章7-1，7-3，7-4)

※括弧内は執筆箇所，所属については奥付参照。

【関連データのダウンロード】

　本書の関連データがWebサイトからダウンロードできます。

　https://www.jikkyo.co.jp/

の「書籍・ダウンロード検索」で「情報科教育法」を検索してください。

　コンテンツとしては，情報科教育法を学ぶための基礎資料として，実教出版で発行されている共通教科情報科，専門教科情報科の高等学校の検定教科書や副読本を参考に基礎的な用語についてまとめた「情報科で学ぶ重要用語(800語)」(2022年3月公開予定)などを用意しています。

第 1 章

情報科教育の背景

　この章では，まず 1-1 で，人類史を振り返り，社会の変遷とその社会を支える基盤技術について概観し，情報社会の基盤技術である情報技術について現状を説明するとともに，人工知能など新しく現れた革新的な情報技術が産業構造や雇用環境を変化させている状況について解説する。その上で，変動の激しい未来を生きる子供たちに求められる資質・能力について考察する。

　1-2 では，教育の情報化と情報教育の概念について説明し，情報教育の目標の 3 観点及び 8 要素について解説する。さらに，2017・2018 年（平成 29・30 年）の学習指導要領改訂の基本方針について説明し，今回の改訂で，情報活用能力が全ての学習の基盤となる能力として位置付けられたこと等を解説するとともに，育成する資質・能力の三つの柱に沿って情報活用能力の整理を行う。

　1-3 では，各学校段階（小・中・高等学校）における情報教育について解説するとともに，情報教育の学習内容の体系について事例を挙げて説明する。

❶ 社会の変遷と基盤技術

　人類はこれまでに，社会が大きく変動する転換点を何度か経験してきた（図表 1-1）。太古，人類は石や木を道具として使い，野生動物を狩猟したり自生する植物を採集したりする生活を続けていた。そのような狩猟社会（Society 1.0）を支えた技術は，石で作られた斧や弓矢，動物から身を守るための発火術，声でコミュニケーションを図る簡易な言語であった。

　やがて，人類は肥沃な土地に定住して穀類を栽培・収穫・貯蔵する農耕社会（Society 2.0）を形成した。この農耕社会を支えた技術は，鍬や鋤などの農耕具の製作や灌漑，季節の変化を知る天文学などである。精巧な土器，青銅や鉄を加工した道具を使用するようになると穀物の生産や貯蔵技術が向上した。また，文字による情報の伝承やコミュニケーションが可能になるなど，技術の進歩に伴って農耕社会は定着していく。

　18 世紀の後半，イギリスで新方式の蒸気機関が発明されて産業革命が始まり，工業社会（Society 3.0）が誕生する。物理や数学などの自然科学の発達で精密に機械を制御することが可能になり，織機や印刷術などの新しい工業技術が工業社会の繁栄をもたらした。蒸気機関を使って大型の産業機械を動かすことによって，物の生産性が飛躍的に高まった。汽車や汽船などの輸送手段と輸送網が広がり，製品を大量に生産・販売・消費する工業社会が発展していく。さらに，ガソリンエンジン（内燃機関）や電気の発明によって自動車や電気製品が普及し，新たな工業技術による変革（第 2 次産業革命）で欧米を中心に工業社会はさらに発展していく。

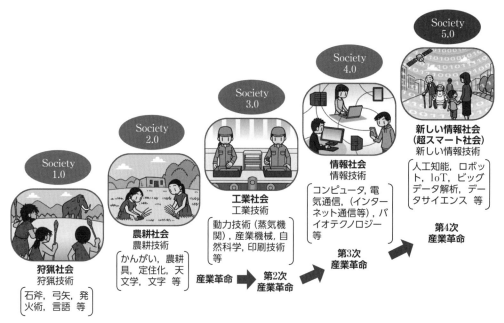

図表 1-1　社会の変遷と基盤技術 [1], [2]

20世紀の半ばから，現在のプログラム内蔵方式のコンピュータが登場し，ものを大量に生産・販売する産業とは別に，こと（情報）を処理・創造する情報サービス産業が発展していく。20世紀の後半からコンピュータが小型化，多機能化，高性能化し，さらにインターネットが普及すると，情報技術を応用した新しい産業分野が次々と誕生し，産業の中心が工業から情報へと遷移していく。これは第3次産業革命とも呼ばれ，情報技術を基盤とする情報社会（Society 4.0）が発展していく。

このように，人類は，狩猟社会から農耕社会へ，農耕社会から工業社会へ，そして工業社会から情報社会へと三つの大きな変革の波を経験した。また，その社会の転換には，新しい技術とその技術によって創られた新しい産業が社会の転換を牽引していった。社会の誕生や繁栄は，その社会の基盤となる技術の存在が欠かせないことがわかる。

❷ 新しい情報技術と課題解決

21世紀に入り，情報技術はさらに高度化し，学習・推論・認識・判断など人間の知的なふるまいをコンピュータで人工的に模倣した技術である人工知能（AI：Artificial Intelligence），あらゆる物がインターネットに接続され通信を行うことができるIoT（Internet of Things）の技術が登場した。さらに，これらの新しい情報技術を基盤にして産業を変革しようとするDX（Digital transformation）が始まり，第4次産業革命が進行している。図表1-2に示すように，社会や自然の多種多様な情報やデータを，IoTの技術でサイバー空間にてリアルタイムに収集・更新・蓄積し，AIの技術で解析してフィジカル空間（現実空間）の課題を解決する。例えば，車の自動走行，高精密な遠隔自動制御，人のように知的にふるまうロボット等が普及する超スマート社会（Society5.0）が訪れようとしている[2]。

図表1-2が示すように，これまでの情報社会は，基本的には，個人（あるいは組織）が課題解決に必要な情報をサイバー空間から手動で収集して活用していた。一方，新しい情報社会（超スマート社会）においては，フィジカル空間の多種多様な情報がIoT等の情報技術で自動的にサ

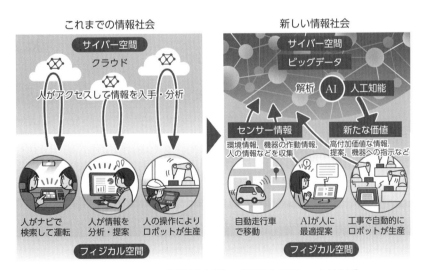

図表1-2　これまでの情報社会と新しい情報社会（超スマート社会）[2]

イバー空間に集約され，AIで解析されて，個人の課題解決だけでなく，社会共通の課題解決のための有用な高付加価値情報として現実社会にフィードバックすることができるようになる。車の自動走行の実現による事故の回避や渋滞の解消，個人に最適化された情報の提案や提供，自動制御ロボットによる品質や生産性の向上など，様々な分野で高度な情報技術を組み合わせて機能させることによって，個人や社会の課題が解決されることが期待できる。

1-1-2 求められる資質・能力

❶ 情報社会を生きる力

　新しい情報社会では，情報技術による新たな価値創造が絶え間なく生じることで，新しいサービスを提供する産業が誕生し，雇用が創出される。一方で，既存の職業が人工知能やその応用技術によって代替される可能性も指摘されている。単純作業や定型的な仕事はAIに取って代わる傾向があり，高度な判断，新たな発想，創造性を要する業務や仕事は，AIでは代替できにくいとされている。

　また，気候変動，感染症の蔓延，経済格差などの地球規模の課題，さらに，少子高齢化，過疎化，生産年齢人口の減少などの日本が抱える課題も山積している。このように多くの課題を内包する21世紀を，自己が望むキャリアを実現しつつ，持続可能なよりよい社会の実現に向け，他者と協働して課題を解決して生きていくためには，どのような資質・能力が求められるであろうか。

　この21世紀の変動社会を生きるための資質・能力に関する研究は世界中で行われている。OECD（経済協力開発機構）が組織したDeSeCo（Definition and Selection of Competencies）は，2003年の最終報告[3]で，単なる知識や技能ではなく，人が特定の状況の中で，態度など心理的側面も働かせてより複雑な求めに応じるための基盤能力（キー・コンピテンシー）として，以下の3項目を挙げている。

(1)　社会・文化的，技術的ツールを相互作用的に活用する能力

(2)　多様な社会グループにおける人間関係形成能力

(3)　自律的に行動する能力

　上記(1)については，言語・シンボル・テキスト，知識や情報，技術（テクノロジー）を相互作用的に活用する能力と説明し，情報や技術を活用する能力の必要性を指摘している。

　また，ATC21S（Assessment and Teaching of 21st Century Skills）で行われた研究[4]では，21世紀型スキルとして，次のように四つのカテゴリーに分け10種類を挙げている。

・思考の方法（創造と変革，批判的思考・問題解決・意思決定，学び方・メタ認知）

・仕事の方法（コミュニケーション，コラボレーション）

・仕事の道具（情報リテラシー，ICTリテラシー）

・世界で生きるための方法（市民性，生活と職業，個人及び社会的責任）

　この研究成果においても，情報やICTを活用するスキルを身に付けることは，21世紀の社会で仕事を行う道具として必須であると報告している。

❷ 基礎力としての情報スキル

　日本でも同様に，国立教育政策研究所が「21世紀型能力」[5]を提唱している。この「21世紀型能力」とは，21世紀を生き抜く力を持った市民に求められる能力であり，図表1-3のように，「基礎力」「思考力」「実践力」から構成されている。「思考力」を「一人ひとりが自ら学び判断し自分の考えを持って，他者と話し合い，考えを比較吟味して統合し，よりよい解や新しい知識を創り出し，さらに次の問いを見つける力」として中心に位置づけ，この「思考力」は，「問題解決・発見力・創造力」や「論理的・批判的思考力」，自分の解法や学び方を振り返る「メタ認知」や次に学ぶべきことを探す「適応的学習力」で構成されるとしている。

　「基礎力」は，その「思考力」を支える役割を果たし，「言語，数，情報（ICT）を目的に応じて道具として使いこなすスキル」と説明している。日本では近代化以降，「読み書きそろばん」を合言葉に，文章の読解や作文力（言語スキル），計算力（数量スキル）を初等教育の基盤能力として育成に努めてきた。現在では，情報社会が急速に進展し，あらゆる産業においてICTの活用は不可欠となり，情報やICTを活用するスキルは，情報社会で生きて働く上で欠くことができない基盤能力であるといえる。そこで，図表1-3のように，言語スキル，数量スキルに加えて情報スキルの三つを「基盤力」としている。さらに，「情報スキルは，計算や記憶の代行など，読み書き計算の不足を補償する可能性すらある」として，情報スキルは，言語スキルや数量スキルを支える役割を果たすことにも注目している。

　「実践力」は，最も外側に位置し，「日常生活や社会，環境の中に問題を見つけ出し，自分の知識を総動員して，自分やコミュニティ，社会にとって価値のある解を導くことができる力，さらに解を社会に発信し協調的に吟味することを通して他者や社会の重要性を感得できる力」として，具体的には「自律的活動力」，「人間関係形成力」，「社会参画力」，「持続可能な未来づくりへの責任」などの能力であることを示している。

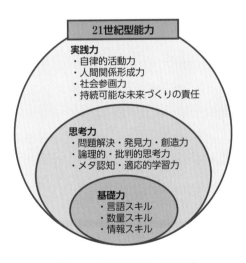

図表1-3　21世紀型能力の構成 [5]

出典：勝野頼彦（研究代表者）「教育課程の編成に関する基礎的研究　報告書5　社会の変化に対応する資質や能力を育成する教育課程編成の基本原理」国立教育政策研究所，2013年

1-2 | 情報教育の目標

1-2-1 情報教育の目標の3観点

❶ 教育の情報化と情報教育

　情報社会の進展に伴って教育の情報化の必要性が唱えられ，1980年代に入ると，教育手段としての情報技術の活用や，児童生徒に対する情報教育に関する議論が行われるようになってきた。また，パーソナルコンピュータ（パソコン）が普及し始め，学校にコンピュータ室が作られるなど，学校のICT環境の整備が進められた。しかし，教育の情報化の概念は定まってはおらず，教育手段としての情報技術の活用や，児童生徒への情報教育の概念を整理する必要があった。

　2010年10月に出された「教育の情報化に関する手引」[6]で，教育の情報化，情報教育，教科指導や教務でのICT活用の関係を整理している。この「教育の情報化に関する手引」では，教育の情報化を広く捉え，次の三つの側面を通して教育の質の向上を目指すとした。

・情報教育～子どもたちの情報活用能力の育成～
・教科指導におけるICT活用～各教科等の目標を達成するための効果的なICT機器の活用～
・校務の情報化～教員の事務負担の軽減と子どもと向き合う時間の確保～

　すなわち，情報教育は，子どもたちの情報活用能力を育成する教育であり，教育の情報化に含まれる概念として整理された。そして，この教育の情報化を実現するには，教師のICT活用指導力の向上，学校におけるICT環境整備が必要で，教育委員会や学校におけるサポート体制の整備が極めて重要であることを示した。

❷ 情報教育の3観点8要素

　1997年10月の「情報化の進展に対応した初等中等教育における情報教育の推進等に関する調査研究協力者会議」の第1次報告「体系的な情報教育の実施に向けて」[7]において，情報教育の目標を「情報活用の実践力」，「情報の科学的な理解」「情報社会に参画する態度」三つの観点で整理した。この情報教育の目標の3観点は，図表1-4に示すように，「情報活用の実践力」を3要素，「情報の科学的な理解」を2要素，「情報社会に参画する態度」を3要素に分けることができる。2018年（平成30年）に公表された「高等学校学習指導要領（平成30年告示）解説情報編」[8]では，情報教育の目標の3観点を8要素に分けて次のように説明している。

（1） 情報活用の実践力

　課題や目的に応じて情報手段*を適切に活用することを含めて，必要な情報を主体的に収集・判断・表現・処理・創造し，受け手の状況などを踏まえて発信・伝達できる能力

* 「情報手段」とは，コンピュータや情報通信ネットワークなど情報を扱う手段をいう。

情報活用の実践力	情報の科学的な理解	情報社会に参画する態度
・課題や目的に応じて情報手段を適切に活用 ・必要な情報を主体的に収集・判断・表現・処理・創造 ・受け手の状況などを踏まえて発信・伝達できる能力	・情報活用の基礎となる情報手段の特性の理解 ・情報を適切に扱ったり，自らの情報活用を評価・改善するための基礎的な理論や方法の理解	・社会生活の中で情報や情報技術が果たしている役割や及ぼしている影響の理解 ・情報モラルの必要性や情報に対する責任 ・望ましい情報社会の創造に参画しようとする態度

図表 1-4　情報教育の目標の 3 観点と 8 要素

（要素 1）　課題や目的に応じて情報手段を適切に活用する

　この活動では，課題や目的に適した情報手段は何かを考えることから始める。情報手段の適切な選択は，問題解決において情報や情報手段を適切に活用する上で重要な力である。

（要素 2）　必要な情報を主体的に収集・判断・表現・処理・創造し

　情報を取り扱う際の一連の活動を示す。個々の活動を個別に扱うのではなく，一連の流れを持った活動として扱い，学習者が実際に体験し，得られる結果を自ら評価し，改善を図ることが大切である。

（要素 3）　受け手の状況などを踏まえて発信・伝達できる能力

　情報の発信先には必ず人間がいることを意識し，受信者にとって分かりやすく，不快な思いをさせないように情報の発信・伝達を行う。

　このように，「情報活用の実践力」は，問題解決の過程で情報手段を活用する一連の実践を表すものであり，単に情報手段を操作する力ではない。調べる，まとめる，発表する，話し合う，討論するなどの学習活動は，多くの場合，情報手段を活用して行われ，これらの学習活動を通して「情報活用の実践力」を高めていくことができる。一方で，「情報活用の実践力」が高まることで，これらの学習活動がより一層活発になる。このように学習活動と「情報活用の実践力」には相乗効果が期待でき，学校教育全体で「情報活用の実践力」を育成することが望ましい。

（2）　情報の科学的な理解

> 　情報活用の基礎となる情報手段の特性の理解と，情報を適切に扱ったり，自らの情報活用を評価・改善するための基礎的な理論や方法の理解

　この定義からも明らかなように，情報教育によって育まれる「情報の科学的な理解」とは，単に情報手段の種類，仕組みや特性などについて理解することだけではない。情報に関わるあらゆる学問の中から，情報や情報手段を適切に活用するために必要となる基礎的な理論を理解し，方法を習得するとともに，それらを実践することである。

（要素 4）　情報活用の基礎となる情報手段の特性の理解

　情報手段の特性を理解するだけでなく，理解した特性を踏まえて情報手段を適切に選択し活用することを含む。

（要素 5） 情報を適切に扱ったり，自らの情報活用を評価・改善するための基礎的な理論や方
法の理解

　情報そのものについて理解を深め，問題解決の手順と結果の評価，及び情報を表現する技法，
人間の知覚，記憶，思考などについて基礎的な理論を理解し，方法を習得してそれらを実践す
ることである。

（3）　情報社会に参画する態度

> 　社会生活の中で情報や情報技術が果たしている役割や及ぼしている影響を理解し，情報モラルの必要性
> や情報に対する責任について考え，望ましい情報社会の創造に参画しようとする態度

　社会の情報化が急速に進展する中，情報化の「光」と「影」が人間や社会に与える影響につ
いて理解するとともに，それらに適切に対処する方法を習得して，情報社会へ積極的に参画し
ていく態度を身に付けることは，今後ますます重要になっていく。

（要素 6）　社会生活の中で情報や情報技術が果たしている役割や及ぼしている影響を理解

　社会を情報や情報技術の視点から捉え，情報化の「光」と「影」の両面から情報社会につい
ての理解を深めていくことである。

（要素 7）　情報モラルの必要性や情報に対する責任について考え

　情報の送り手と受け手としてあらゆる場面において適切な行動をとることができるように，
必要なルールや心構え及び情報を扱うときに生じる責任について考える。

（要素 8）　望ましい情報社会の創造に参画しようとする態度

　以上を踏まえ，情報社会に積極的に参加し，よりよい情報社会にするための活動に積極的に
加わろうとする意欲的な態度を表している。

　この 3 観点は，それぞれ独立したものではなく，相互に関連付けてバランスよく育成する必
要がある。また，児童生徒の発達段階に応じて 3 観点を育成することが望ましい。

　「情報活用の実践力」を高め，実際に情報社会の課題解決に参画することによって，「情報社
会に参画する態度」を向上させることができる。また，「情報社会に参画する態度」を身に付け
ることで，情報モラルやセキュリティ等に配慮し，社会への影響を考慮しながら「情報活用の
実践力」を発揮できるようになる。

　「情報の科学的な理解」を図る学習活動で，情報や情報手段の仕組みや特徴を理解することに
よって，より高度な情報活用が可能になり「情報活用の実践力」の質が高くなる。また，「情報
活用の実践力」を発揮して，理解した知識を実際の課題に適用させることで，「情報の科学的な
理解」の意義を確認したり，実践を通じて科学的な理解を定着させることができる。

　「情報社会に参画する態度」を身に付けることによって，情報技術が果たす社会的影響や情報
モラルの意識を持ち，適正かつ安全に「情報の科学的な理解」を深めることができる。また，
「情報の科学的な理解」で情報及び情報手段の特性を理解することによって，「情報社会に参画
する態度」で求められる社会生活で情報技術が果たす役割や，情報モラルやセキュリティを高
める対策等をより深く理解することができる。

　このように，3 観点は相互に緊密な関連を持つとともに，他の観点を補完・補強しながら育
まれていく。

1-2-2 学習指導要領の改訂

　技術革新とグローバル化の進展で社会は絶え間なく変動し，将来を予測することは難しい。このような状況においても，持続可能な社会の実現を目指して，多様性を尊重し他者と協働して課題を解決するとともに，一人一人が有意義に人生を送ることができるような資質・能力の育成が求められている。

　一方，人工知能やIoTなど革新的な情報技術が誕生し，新しい情報社会のステージへと遷移する兆しが表れ，今後，既存の社会構造や雇用環境が大きく変化していくことが予測される。

　このような状況の変化を受けて，2016年(平成28年)12月に中央教育審議会の答申⁹⁾(以下「中教審答申」と記す)が行われ，小・中学校においては2017年(平成29年)3月，高等学校においては2018年(平成30年)3月に学習指導要領¹⁰⁾が告示された。なお，学習指導要領とは，全国どこの学校でも一定の水準が保てるよう，文部科学省が定めている教育課程(カリキュラム)の基準で，およそ10年に1度の間隔で改訂されている。

　今回の学習指導要領の改訂では，中教審答申を踏まえ，全ての教育課程に共通する基本方針として，次の5項目を示している。

❶ 基本的な考え方

・生徒が未来社会を切り拓くための資質・能力とは何かを社会と共有し，連携する「社会に開かれた教育課程」を重視すること。
・知識及び技能の習得と思考力・判断力・表現力等の育成のバランスを重視するこれまでの枠組みや教育内容を維持した上で，知識の理解の質をさらに高め，確かな学力を育成すること。
・道徳教育，体験活動，体育・健康に関する指導を充実させ，豊かな心や健やかな体を育成すること。

❷ 育成する資質・能力の明確化

　中教審答申では，予測困難な社会の変化に主体的に関わり，感性を働かせてどのような未来を創っていくか，どのように社会や人生をよりよいものにしていくかという目的を自ら考え，自らの可能性を発揮し，よりよい社会と幸福な人生の創り手となることが重要であるとした。このことは，学校教育で長年取り組んでいる知・徳・体をバランスよく育てる「生きる力」の育成に通じるとして，これからの教育で育成する資質・能力を次の三つの柱にまとめた。

ア．何を理解しているか，何ができるか(生きて働く「知識・技能」の習得)
イ．理解していること・できることをどう使うか(未知の状況にも対応できる「思考力・判断力・表現力等」の育成)
ウ．どのように社会・世界と関わり，よりよい人生を送るか(学びを人生や社会に生かそうとする「学びに向かう力・人間性等」の涵養)

　そして，全ての教科等の目標や内容を「知識及び技能」，「思考力，判断力，表現力等」，「学びに向かう力，人間性等」の三つの柱で再整理した。

❸「主体的・対話的で深い学び」の実現

　これからの時代に求められる三つの資質・能力を育成するには，学び方の工夫や改善が求められる。学習内容を人生や社会の在り方と結び付けて深く理解し，生涯にわたって能動的に学び続けることができるようにするためには，「主体的・対話的で深い学び」を日々の授業実践に取り入れ，学習の質を一層高め，授業改善の取組を活性化することが必要であるとした。

　中教審答申では，この「主体的・対話的で深い学び」を次のように説明している。

・「主体的な学び」

　学ぶことに興味や関心を持ち，自己のキャリア形成の方向性と関連付けながら，見通しを持って粘り強く取り組み，自己の学習活動を振り返って次につなげる。この「主体的な学び」を実現するには，子供自身が興味を持って積極的に取り組むとともに，学習活動を自ら振り返り意味付けたり，身に付いた資質・能力を自覚したり，共有したりする。

・「対話的な学び」

　子供同士の協働，教職員や地域の人との対話，先哲の考え方を手掛かりに考えること等を通じ，自己の考えを広げ深める。この「対話的な学び」を実現するには，身に付けた知識や技能を定着させるとともに，物事の多面的で深い理解に至るためには，多様な表現を通じて，教職員と子供や，子供同士が対話し，それによって思考を広げ深めていく。

・「深い学び」

　習得・活用・探究という学びの過程の中で，各教科等の特質に応じた「見方・考え方」を働かせながら，知識を相互に関連付けてより深く理解したり，情報を精査して考えを形成したり，問題を見いだして解決策を考えたり，思いや考えを基に創造したりすることに向かう。

❹ カリキュラム・マネジメントの推進

　各学校において，全ての学習の基盤となる資質・能力（言語能力，情報活用能力（情報モラルを含む。），問題発見・解決能力等）の育成や，「主体的・対話的で深い学び」の実現に向けては，教科等横断的な観点から学習を充実する必要がある。このような教育を充実させるには，教育課程に基づき，組織的かつ計画的に各学校の教育活動の質の向上を図る「カリキュラム・マネジメント」が求められる。

　カリキュラム・マネジメントを進めるには，次の事項が重要である。

・生徒や学校，地域の実態を適切に把握し，教育の目的や目標の実現に必要な教育の内容等を教科等横断的な視点で組み立てていくこと

・教育課程の実施状況を評価してその改善を図っていくこと

・教育課程の実施に必要な人的又は物的な体制を確保するとともにその改善を図っていくこと

❺ 教育内容の主な改善事項

　言語能力の確実な達成の他，理数教育，伝統・文化，道徳，外国語，職業に関する教育の充実を図る。

❶ 情報活用能力

2016 年（平成 28 年）12 月の中教審答申[9]では，情報活用能力を「世の中の様々な事象を情報とその結び付きとして捉えて把握し，情報及び情報技術を適切かつ効果的に活用して，問題を発見・解決したり自分の考えを形成したりしていくために必要な資質・能力のことである」と説明し，その育成について示している。ここでは，その内容の一部について紹介する。

> ○将来の予測が難しい社会においては，情報や情報技術を受け身で捉えるのではなく，手段として活用していく力が求められる。未来を拓いていく子供たちには，情報を主体的に捉えながら，何が重要かを主体的に考え，見いだした情報を活用しながら他者と協働し，新たな価値の創造に挑んでいくことがますます重要になってくる。
> ○情報化が急速に進展し，身の回りのものに情報技術が活用されていたり，日々の情報収集や身近な人との情報のやりとり，生活上必要な手続など，日常生活における営みを，情報技術を通じて行ったりすることが当たり前の世の中となってきている。情報技術は今後，私たちの生活にますます身近なものとなっていくと考えられ，情報技術を手段として活用していくことができるようにしていくことも重要である。
> ○スマートフォンやソーシャル・ネットワーキング・サービス（SNS）が急速に普及し，これらの利用を巡るトラブルなども増大している。子供たちには，情報技術が急速に進化していく時代にふさわしい情報モラルを身に付けていく必要がある。

また，同答申の中で，学校の生活や学習において，日常的に ICT を活用できる環境を整備していくことが不可欠であるとして，学校における ICT 環境の整備についても喫緊の課題とした。

さらに，2018 年（平成 30 年）3 月に告示した高等学校学習指導要領の総則では，教育課程の編成において，図表 1-5 のように「各学校においては，生徒の発達の段階を考慮し，言語能力，情報活用能力（情報モラルを含む。），問題発見・解決能力等の学習の基盤となる資質・能力を育成していくことができるよう，各教科・科目等の特質を生かし，教科等横断的な視点から教育課程の編成を図るものとする。」と示し，情報活用能力を学習の基盤となる資質・能力と位置付けて，育成の重要性を説いた。

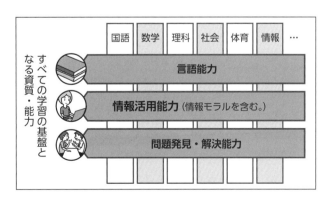

図表 1-5　教科等横断的な視点に立った資質・能力の育成

❷ 資質・能力の三つの柱に沿った情報活用能力の整理

　2017・2018年（平成29・30年）の学習指導要領の改訂では，教育課程全体を通して育成すべき資質・能力を，「知識及び技能」「思考力・判断力・表現力等」「学びに向かう力，人間性等」の三つの柱で整理した。「高等学校学習指導要領（平成30年告示）解説　情報編」[8]では，この資質・能力の三つの柱に沿って，情報活用能力を次のように整理している。

(1)　知識及び技能

> 　情報と情報技術を活用した問題の発見・解決等の方法や，情報化の進展が社会の中で果たす役割や影響，情報に関する法律・規則やマナー，個人が果たす役割や責任等について情報の科学的な理解に裏打ちされた形で理解し，情報と情報技術を適切に活用するために必要な技能を身に付けていること。

(1-1)　情報と情報技術を活用した問題の発見・解決等の方法

　問題の発見・解決の方法そのものと，統計処理やビッグデータの解析などの情報の活用，プログラミング，モデル化とシミュレーション，情報デザインの適用などの情報技術の活用により問題の発見・解決等を行う方法を示している。

(1-2)　情報化の進展が社会の中で果たす役割や影響

　情報化の進展により社会が便利になった情報化の「光」と，SNS（Social Networking Service）における誹謗中傷，デジタルデバイドなどの情報化の「影」の部分も含まれる。

(1-3)　情報に関する法律・規則やマナー

　情報や権利の保護と活用に関する法律（個人情報保護法，著作権法等），サイバー犯罪関連法などがある。マナーも含めてその意義を理解する必要がある。

(1-4)　個人が果たす役割や責任等

　間違った情報を発信しない，受信した情報の信頼性や信憑性を判断し確保すること，周りの人や所属する組織の情報を適切に保持し管理するための情報セキュリティ対策などがある。

　これらについて，「情報の科学的な理解」を基にした知識を深め，必要な技能を身に付けることが大切であると述べている。

(2)　思考力・判断力・表現力等

> 　様々な事象を情報とその結び付きの視点から捉え，複数の情報を結び付けて新たな意味を見いだす力や，問題の発見・解決に向けて情報技術を適切かつ効果的に活用する力を身に付けていること。

(2-1)　様々な事象を情報とその結び付きの視点から捉え

　社会，産業，生活，自然等のあらゆる事象を対象とし，情報科特有の視点で捉え，モデル化の手法を適用するなど，とりわけ後にコンピュータ等の情報技術を用いた処理に適するようなアプローチで事象を見ることにより，複雑であったり，混沌としたりしている事象を抽象化して「情報」と「複数の情報の結び付き」として把握することである。

(2-2)　複数の情報を結び付けて新たな意味を見いだす力や，問題の発見・解決に向けて情報技術を適切かつ効果的に活用する力

　把握された事象を，情報技術の活用（プログラミング，モデル化とシミュレーション，情報デ

ザインの適用など）を通して，例えば，プログラムの実行結果，分析によって得られた情報，デザインされた表現など，新たな情報として再構成し，それを活用して問題の発見・解決を遂行していく力のことであると述べている。

(3)　学びに向かう力，人間性等

情報や情報技術を適切かつ効果的に活用して情報社会に主体的に参画し，その発展に寄与しようとする態度を身に付けていること。

(3-1)　情報や情報技術を適切かつ効果的に活用して

情報モラル等にも留意した合理的な判断に基づいて，プログラミング，モデル化とシミュレーション，情報デザイン等の情報を扱う方法を適切に適用すること，解決が可能となるように問題を細分化したり，処理を最適化したりするなど，コンピュータ等の情報技術の特性をできる限り生かすことを志向すること，見通しを持った試行錯誤と評価・改善とを重ねながら問題の発見・解決を進めていくことなどである。

(3-2)　情報社会に主体的に参画し，その発展に寄与しようとする態度

（1）知識及び技能，（2）思考力・判断力・表現力等で示した内容を踏まえ，情報社会に積極的に参画し，身に付けた情報活用能力を生かしてその発展に寄与しようとする意欲的な態度のことである。

情報教育が育成を目指すこのような資質・能力を，実践的な行動に結び付けるには，情報社会に参画し，その発展に寄与しようとする態度の育成が不可欠である。こうした態度が育成されるとき，情報活用能力全体が高められることにつながっていくと述べている。

これらの情報活用能力に関わる資質・能力は個々に独立したものではなく，問題の発見・解決の過程を通して新たな知識や技能が獲得されるとともに，思考力，判断力，表現力等が育まれ，知識や技能は活用を通してより洗練されたものになる。また，これらの過程を通して，情報社会に主体的に参画し，その発展に寄与しようとする態度が育まれ，それが他の資質・能力とともに高まっていくことを説明している。そして，三つの資質・能力と情報活用能力が相互に影響し，高め合うように指導することの重要性を説いている。

1-3 初等中等教育における情報教育

1-3-1 各学校段階での情報教育

人工知能（AI）やロボット，IoT など革新的な情報技術の進化は著しく，「ものづくり」を基幹とする工業社会から，「こと（情報）創り」を基幹とする情報社会が進展し，情報技術を活用した知的創造や新しいサービスの開発など，価値を創造することができる資質・能力が求められている。

このような資質・能力は，高等学校情報科だけで育成するのではなく，小・中・高等学校を通じて，体系的かつ継続的に情報教育を実施する過程で育成していく。情報や情報手段を活用して問題発見・解決を行い，教科・科目等での学びを深める中で，発達段階に応じて情報に関わる資質・能力を身に付ける。

小・中・高等学校で行われる情報教育は，図表1-6 に示すように実施される[9]。

小学校では，身近な問題の発見・解決の学習を経験しつつ，情報手段（コンピュータ等）の基本的な操作を習得し，情報や情報手段に良さや課題があることに気付かせる。学習活動としては，文字入力やデータの保存などコンピュータの基礎的な操作を，各教科の学習を通じて習得させるとともに，プログラミングを体験させて「プログラミング的思考」を育成する。

中学校では，情報を効果的に活用して問題を発見・解決しつつ，情報手段を活用する経験を積み，自分の考えを形成したり抽象的な分析ができるようにする。学習活動としては，各教科等の学習を通じて行うが，特に技術・家庭科の技術分野「D　情報の技術」で，計測・制御や

小学校
・基本的な操作
・プログラミングの体験

（各教科等）
様々な問題の発見・解決の学習を経験しながら，そこに情報や情報手段が活用されていることや，身近な生活と社会の情報化との関係等を学び，情報や情報手段によさや課題があることに気付くとともに，情報手段の基本的な操作ができるようにするなど，発達段階に応じた資質・能力を小学校教育の本質的な学びを深める中で身に付ける。

（学習活動例）
・情報手段の基本的な操作…文字入力やデータ保存等に関する技術を習得する。
・プログラミング教育…プログラミングを体験させながら「プログラミング的思考」を育成する。

中学校
・計測・制御，双方向性のあるプログラミング

（各教科等）
情報を効果的に活用して問題を発見・解決したり，自らの考えを形成したりする経験や，その過程で情報手段を活用する経験を重ねつつ，抽象的な分析等も行えるようにするなど，発達段階に応じた資質・能力を中学校教育の基本的な学びを深める中で身に付ける。

（学習活動例）
・技術・家庭科の技術分野「情報の技術」…生活や社会における問題を，計測・制御や双方向性のあるコンテンツのプログラミングなど，情報の技術で解決する力を育成する。

高等学校
・情報デザイン
・データの活用
・問題解決でのプログラミング

（各教科等）
情報社会への主体的な参画に向けて，問題を発見・解決したり自らの考えを形成したりする過程や，情報手段等についての知識と経験を，科学的な知として体系化していくようにするなど，発達段階に応じた資質・能力を高等学校教育の本質的な学びを深める中で身に付ける。

（学習活動例）
・情報科の情報Ⅰ（共通必履修科目）…情報に関する資質・能力を育てる中核の科目として，情報や情報技術を問題の発見と解決に活用するための科学的な考え方（情報デザイン，モデル化とシミュレーション，プログラミング，データの活用など）を育成する。

図表1-6　小・中・高等学校を通じた情報教育の展開

コンテンツに関するプログラミング，デジタル情報の活用などの情報技術を習得する。

　高等学校では，問題を発見・解決する活動を通じて，自らの考えを形成したり，情報手段についての知識と経験を体系化する。学習活動としては，各教科の学習を通じて行うが，共通必履修科目の「情報Ⅰ」は，情報に関わる資質・能力を育てる中核の科目として，情報や情報技術を問題の発見・解決に活用するための科学的な見方・考え方を育成する。選択科目の「情報Ⅱ」は，情報や情報技術を問題の発見と解決に活用するための科学的な考え方を一層深める。

　このように，小・中・高等学校を通じて，情報技術を活用して問題を発見・解決する学習活動を継続して行い，情報技術を用いて個人やグループによる新たな知識を形成するなど情報を創造する経験を積むことで，情報社会に主体的に参画できる資質・能力を育成する。

1-3-2　情報教育の学習内容の体系化

　情報活用能力は，全ての学習の基盤となる資質・能力であり，その育成においては教科横断的な視点，及び小・中・高等学校の情報教育の接続性の視点から，カリキュラム・マネジメントの推進を通じて実施する。ここでは，情報教育全体の要素や領域を定め，それぞれにレベルやステップを設定して学習内容を体系化した二つの事例について紹介する。

❶ 情報活用能力の体系的な育成

　文部科学省では，次世代の教育情報化推進事業として「情報教育の推進等に関する調査研究」[10]を行い，情報教育推進校の実践を通じて，小・中・高等学校の各教科等の学習活動を通して体系的に育成すべき情報活用能力について整理を行った。図表1-7で示すように，情報活用能力の育成を特定科目に限定せずに，教科横断的な視点で育むことができるよう，初等中等教育で育成すべき資質・能力の三つの柱に沿って，情報活用能力の要素を分類している。

図表 1-7　情報活用能力の要素の例示 [10]

A. 知識及び技能	1	情報と情報技術を適切に活用するための知識と技能	①情報技術に関する技能 ②情報と情報技術の特性の理解 ③記号の組合せ方の理解
	2	問題解決・探究における情報活用の方法の理解	①情報収集，整理，分析，表現，発信の理解 ②情報活用の計画や評価・改善のための理論や方法の理解
	3	情報モラル・情報セキュリティなどについての理解	①情報技術の役割・影響の理解 ②情報モラル・情報セキュリティの理解
B. 思考力， 判断力， 表現力等	1	問題解決・探究における情報を活用する力 （プログラミング的思考・情報モラル・情報セキュリティを含む）	事象を情報とその結び付きの視点から捉え，情報及び情報技術を適切かつ効果的に活用し，問題を発見・解決し，自分の考えを形成していく力 ①必要な情報を収集，整理，分析，表現する力 ②新たな意味や価値を創造する力 ③受け手の状況を踏まえて発信する力 ④自らの情報活用を評価・改善する力　等
C. 学びに向かう力， 人間性等	1	問題解決・探究における情報活用の態度	①多角的に情報を検討しようとする態度 ②試行錯誤し，計画や改善しようとする態度
	2	情報モラル・情報セキュリティなどについての態度	①責任をもって適切に情報を扱おうとする態度 ②情報社会に参画しようとする態度

出典：文部科学省「情報活用能力を育成するためのカリキュラム・マネジメントの在り方と情報デザイン」

情報活用能力育成のための想定される学習内容としては，「基本的な操作等」「問題解決・探究における情報活用」「プログラミング」「情報モラル・情報セキュリティ」の四つを示し，それら4項目に分類される具体的な学習活動をステップ1（小学校低学年段階）からステップ5（高等学校修了段階）に分類して，情報活用能力の体系表例[10]を作成し公表している。

❷ 情報教育課程の設計指針

2020年（令和2年）9月には，日本学術会議から「情報教育課程の設計指針－初等教育から高等教育まで」[11]が報告された。この報告では，小学校から大学に至るまでの情報教育の学習内容とその水準（レベル）を示してまとめている。図表1-8に示すように，学習すべき内容を，六つの領域と11のカテゴリ（A～K）に分類している。各カテゴリは，さらに3～5項目の学習内容に分類され，それぞれにレベル1～4の学習水準とその内容及び学習の時期（小・中・高・大等）が示され，各学校段階にて情報教育を設計する上で参照可能な指針として発表した。

図表1-9は，カテゴリ「A.情報及びコンピュータの原理」に分類される「A1.情報が持つ特性やその表現方法に関する知識・理解」についての学習内容を示す。L1～L4はレベルを示し，（小情）は小学校の情報教育，（高必）は高等学校情報科の必履修科目，（大情）は大学の共通教育の情報科目として学ぶことを推奨している。このような学習項目をA～Kまでのカテゴリで各3～5項目ずつ（全体で44項目）提示し，小学校から大学まで通じた，情報教育の体系的な実施を提案している。

図表1-8　情報教育の領域とその分類

領域	カテゴリ
情報とコンピュータの仕組み	A. 情報及びコンピュータの原理
プログラミング	C. モデル化とシミュレーション・最適化 E. 計算モデル的思考 F. プログラムの活用と構築
情報の整理や作成・データの扱い	B. 情報の整理と創造 D. データとその扱い
情報コミュニケーションや情報メディアの理解	G. コミュニケーションとメディア及び協調作業
情報社会における情報の倫理と活用	H. 情報社会・メディアと倫理・法・制度
（総合情報処理能力）	I. 論理性と客観性 J. システム的思考 K. 問題解決

図表1-9　学習内容・学習水準・学習方法の事例

A1		情報が持つ特性やその表現方法に関する知識・理解。
	L1	情報（知らせ）とは何かということ。（小情）
	L2	情報を外部化（書き記すなど）により記録・表現できるということ。（小情）
	L3	デジタル／アナログ，二進表現，多様な情報の表現方法。（高必）
	L4	個体や組織とそれらにとって情報のやり取りが持つ意味。（大情）

高等学校で情報科教育のカリキュラムを検討するに当たっては，教員は，図表1-7や図表1-8に示すような情報教育の要素・領域や学びのステップ，さらに図表1-6に示す各学校段階での情報教育について理解する。その上で，学習者が学校に入学するまでにどのような情報教育を受け，どこまで習得できているかについて調査・把握して，これまでの学習との接続性を考慮した情報科教育を展開していく。

◉ **C**OLUMN　情報技術の革新とリテラシーの変化

　情報社会の進展は，職業や生活で求められるリテラシーにどのような変化をもたらすであろうか。ここでは，人の「移動手段」を例に解説する。

　自動車が発明されるまで，人は長い距離を移動する場合，自ら乗馬して移動する，あるいは籠（かご），馬車，人力車などを利用して移動していた。産業革命で蒸気機関車が発明され，さらに自動車や電車が誕生して普及するようになると，長距離の移動では，自動車や電車を利用するようになり移動手段は一変した。それに伴って，駕籠（かご）かきや御者などの職業はなくなり，新たな職業としてタクシーやバスのドライバーが登場した。人が移動するためのリテラシーも，乗馬術から自動車の運転技術へと変化した。しかし，現在の状況がこれから先ずっと続くわけではない。

　それでは人の移動手段は，将来どう変化するか。自動走行技術の普及は，その変化を引き起こすであろう。車のドライバーとしての職業は減少していく一方，車の自動走行を実現・運用するための情報技術者の採用が増加していくであろう。また，人が制御しなくても安全に走行する自動車を日常的に利用できるようになると，人が求められるリテラシーは，車を運転するスキルから自動運転の仕組みを理解し利用するスキルへと変化していくと考えられる。

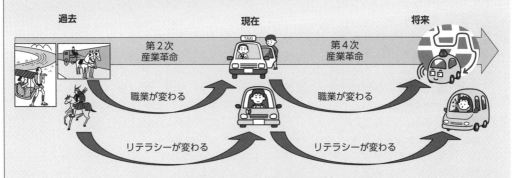

図表1-10　移動手段の進化から見た職業とリテラシーの変化

　このように，産業革命によって技術が大きく変革すると，それまで栄えていた産業から新しい産業へのシフトが生じ，それに伴って時代が求める職業やリテラシーも変化していく。

【考えてみよう】
　人が移動する手段から見た過去－現在－将来の変化，及び職業とリテラシーの変化を参考にして，人が計算する手段から見た過去－現在－将来の変化，及び職業とリテラシーの変化を説明しなさい。

章末問題

(1) AI や IoT など新しい情報技術の活用で解決が期待される社会的課題について，いくつか例示しなさい。

(2) 学校教育で学んだ情報教育の内容をいくつか挙げ，情報教育の 3 観点で分類しなさい。

(3) 学校教育で学んだ情報教育の内容をいくつか挙げ，資質・能力の三つの柱に沿って分類しなさい。

(4) 「情報教育の推進等に関する調査研究」[10] では，想定される学習内容を 4 項目（基本的な操作等，問題解決・探究における情報活用，プログラミング，情報モラル・情報セキュリティ）に分類し，情報活用能力をステップ 1 ～ 5 で示している。どのような育成・活用事例があるか具体的に調べ，説明しなさい。

参考文献

1) 増田米二「原典情報社会」ティビーエス・ブリタニカ，1985 年
2) 内閣府「Society 5.0」
   https://www8.cao.go.jp/cstp/society5_0/index.html
3) ドミニク・S. ライチェン，ローラ・H. サルガニク（著），立田 慶裕（監訳）「キー・コンピテンシー」明石書店，2006 年
4) P. グリフィン，B. マクゴー，E. ケア（編集），三宅なほみ（監訳）「21 世型スキル 学びと評価の新たなかたち」北大路書房，2014 年
5) 勝野頼彦（研究代表者）「社会の変化に対応する資質や能力を育成する教育課程編成の基本原理」，教育課程の編成に関する基礎的研究，報告書 5，国立教育政策研究所，2013 年
   https://www.nier.go.jp/kaihatsu/pdf/Houkokusho-5.pdf
6) 文部科学省「教育の情報化に関する手引」2010 年
   https://www.mext.go.jp/a_menu/shotou/zyouhou/1259413.htm
7) 文部科学省「体系的な情報教育の実施に向けて」情報化の進展に対応した初等中等教育における情報教育の推進等に関する調査研究協力者会議「第 1 次報告」1997 年
   https://www.mext.go.jp/b_menu/shingi/chousa/shotou/002/toushin/971001.htm
8) 文部科学省「高等学校学習指導要領（平成 30 年告示）解説　情報編」2018 年
   https://www.mext.go.jp/content/1407073_11_1_2.pdf
9) 文部科学省中央教育審議会「幼稚園，小学校，中学校，高等学校及び特別支援学校の学習指導要領等の改善及び必要な方策等について（答申）」2016 年
   https://www.mext.go.jp/b_menu/shingi/chukyo/chukyo0/toushin/1380731.htm
10) 文部科学省「情報活用能力を育成するためのカリキュラム・マネジメントの在り方と情報デザイン」，次世代の教育情報化推進事業「情報教育の推進等に関する調査研究」成果報告書第 2 章，2019 年
   https://www.mext.go.jp/content/20201014-mxt_jogai01-100003163_002.pdf
11) 日本学術会議情報学委員会「情報教育課程の設計指針－初等教育から高等教育まで」2020 年
   https://www.scj.go.jp/ja/info/kohyo/pdf/kohyo-24-h200925.pdf

   ＊ URL については，2021 年 11 月アクセス

第2章

情報科教育の体系と構成

　この章では，情報科教育の体系と構成について述べる。まず 2-1 で 1969 年 (昭和 44 年) から始まる情報科設置の背景と情報科教育の改訂の経緯について述べる。次に 2-2 において，情報科の構成と，科目履修モデルを示し，共通教科情報科の改訂と目標，専門教科情報科の改訂と目標について述べる。2-3 では，情報科教育の位置付けとして，中学校技術科との関係及び他教科との関係について述べる。

※本書における情報科の教科名は，下記各改訂の学習指導要領解説の表記に従う。
【各学科に共通する教科としての情報科】
　・普通教科「情報」：1999 年 (平成 11 年) 告示
　・共通教科情報科 ：2009 年 (平成 21 年) 及び 2018 年 (平成 30 年) 告示
【主として専門学科において開設される教科としての情報科】
　・専門教科「情報」：1999 年 (平成 11 年) 告示
　・専門教科情報科 ：2009 年 (平成 21 年) 及び 2018 年 (平成 30 年) 告示

2-1 情報科の設置と変遷

2-1-1 情報科設置の背景

　1969年（昭和44年）に理科教育及び産業教育審議会は「高等学校における情報処理の推進について」という建議を提出し，「情報処理に関する基礎的な理解，能力，態度の育成」「適当な教科・科目で実際に電子計算機を使用させて必要な資質を育成する」ことが掲げられた。そして，1970年（昭和45年）改訂の高等学校学習指導要領の数学（「数学一般」「数学IIA」）では，電子計算機と流れ図の単元が設けられ，工業科や商業科等ではプログラミング教育が開始された。

　その後，1984年（昭和59年）から開始された臨時教育審議会で，情報活用能力が「情報及び情報手段を主体的に選択し，活用していくための個人の基礎的な資質」と定義され，小学校，中学校，高等学校ごとにコンピュータ等を利用した学習指導，及びコンピュータなどに関する教育の在り方などが検討された[1]。なお，1983年（昭和58年）に文部省（当時）が行った調査では，マイクロコンピュータ（CPUとしてマイクロプロセッサを使用したコンピュータを総称した当時の呼び名。現在のパーソナルコンピュータと同義）の設置率は小学校で0.1％，中学校で1.8％，高等学校で45.6％であった。しかし，高等学校での利用の多くは，成績処理などの校務や授業支援的な使い方であり，コンピュータの活用に関する教育を行っているところはわずか15.9％であった[2]。

　1985年（昭和60年）に出された臨時教育審議会第一次答申において教育の情報化への対応が位置付けられ，翌年に出された第二次答申において，以下の情報化に対応した教育に関する三原則がまとめられた。

(1)　社会の情報化に備えた教育を本格的に展開する。

(2)　全ての教育機関の活性化のために情報手段の潜在力を活用する。

(3)　情報化の影を補い，教育環境の人間化に光をあてる。

　さらに，この第二次答申では「初等中等教育や社会教育などへの情報手段の活用と情報活用能力の育成」として，「高等学校については，普通科を含めた基礎的な情報教育の実施に向けての検討に早急に着手すべきである」と答申された。その後同年10月の教育課程審議会にて，情報化に関する事項が，高等学校（普通科）の教育課程として位置付けられた。

　この流れを受け，1989年（平成元年）に告示された学習指導要領では，まず中学校「技術・家庭科」の一領域として「情報基礎（選択）」が設置された。また，高等学校の数学，理科，家庭においてコンピュータの活用が学習内容や内容の取扱いに盛り込まれた。

　その後，1996年（平成8年）の第15期中央教育審議会（第一次答申）の中で，「国際化，情報化，科学技術の発展等社会の変化に対応する教育の在り方」が出された。西之園晴夫（当時鳴門教育大学教授）はこの答申を受け，高等学校普通科における情報教育カリキュラムの試案を作成し，「教養としての情報教育」「文系の情報教育」「理系の情報教育」の三つの区分の科目を想定した[3]。

　そして，1997年（平成9年）の「情報化の進展に対応した初等中等教育における情報教育の

推進等に関する調査研究協力者会議」報告では，「高等学校では，普通教育に関する教科として「情報（仮称）」を設置し，その中に科目を複数設定する」と提言があり，情報科設置に向けた動きとなる。翌 1998 年（平成 10 年）7 月には，「幼稚園，小学校，中学校，高等学校，盲学校，聾学校及び養護学校の教育課程の基準の改善について（答申）」として教育課程審議会から以下のような提言が出され，1999 年（平成 11 年）に告示された学習指導要領改訂で普通教科「情報」が新規に設置されることとなる。

> 情報化の進展に伴い，情報及びコンピュータや情報通信ネットワーク等の情報手段を適切に選択し活用するための知識，技能を身に付けることや，情報化の進展が人間や社会に及ぼす影響などを理解することは不可欠となっている。このような情報社会に主体的に対応する能力が身に付けられるよう，新たに普通教育としての教科「情報」を設け，必修とすることが適当である。
>
> （中略）
>
> 普通教科「情報」には，生徒が興味・関心等に応じて選択的に履修できるように，「情報 A」，「情報 B」，「情報 C」の 3 科目を置くものとする。

　なお，前述の西之園の情報教育カリキュラム試案の「教養としての情報教育」「文系の情報教育」「理系の情報教育」の考え方がそれぞれ「情報 A」「情報 C」「情報 B」に反映された。

2-1-2 情報科教育の改訂の経緯

　教科「情報」の新設後 6 年たった 2005 年（平成 17 年）2 月，文部科学大臣から中央教育審議会に国の教育課程の基準全体を見直しするよう諮問があり，審議が開始された。2008 年（平成 20 年）に中央教育審議会は「幼稚園・小学校・中学校・高等学校及び特別支援学校の学習指導要領等の改善について」の答申で以下のように提言した。

> 高等学校に入学してくる生徒の知識・技能に大きな差が見られること等を踏まえ，義務教育段階における指導内容を見直した検討を含め，その内容の改善を図る必要がある。
>
> （中略）
>
> 情報活用の実践力の確実な定着や情報に関する倫理的態度と安全に配慮する態度や規範意識の育成を特に重視した上で，生徒の能力や適性，興味・関心，進路希望等の実態に応じて，情報や情報技術に関する科学的あるいは社会的な見方や考え方について，より広く，深く学ぶことを可能とするよう現行の科目構成を見直し，「社会と情報」，「情報の科学」の 2 科目を設ける。

　この答申を受け，2009 年（平成 21 年）3 月に高等学校の学習指導要領の改訂が告示された。この改訂により，一般教養的な扱いであった「情報 A」は発展的に解消され，「社会と情報」「情報の科学」の基礎となった。また，理系の生徒向けといわれた「情報 B」は「情報の科学」に，文系の生徒向けといわれた「情報 C」は「社会と情報」に受け継がれた（図表 2-1）。

情報C（改訂前）	社会と情報（改訂後）	情報A（改訂前）
情報のディジタル化や情報通信ネットワークの特性を理解させ，表現やコミュニケーションにおいてコンピュータなどを効果的に活用する能力を養うとともに，情報化の進展が社会に及ぼす影響を理解させ，情報社会に参画する上での望ましい態度を育てる。 (1) 情報のディジタル化 (2) 情報通信ネットワークとコミュニケーション (3) 情報の収集・発信と個人の責任 (4) 情報化の進展と社会への影響	情報の特徴と情報化が社会に及ぼす影響を理解させ，情報機器や情報通信ネットワークなどを適切に活用して情報を収集，処理，表現するとともに効果的にコミュニケーションを行う能力を養い，情報社会に積極的に参画する態度を育てる。 (1) 情報の活用と表現 (2) 情報通信ネットワークとコミュニケーション (3) 情報社会の課題と情報モラル (4) 望ましい情報社会の構築	コンピュータや情報通信ネットワークなどの活用を通して，情報を適切に収集・処理・発信するための基礎的な知識と技能を習得させるとともに，情報を主体的に活用しようとする態度を育てる。 (1) 情報を活用するための工夫と情報機器 (2) 情報の収集・発信と情報機器の活用 (3) 情報の統合的な処理とコンピュータの活用 (4) 情報機器の発達と生活の変化

情報B（改訂前）	情報の科学（改訂後）	
コンピュータにおける情報の表し方や処理の仕組み，情報社会を支える情報技術の役割や影響を理解させ，問題解決においてコンピュータを効果的に活用するための科学的な考え方や方法を習得させる。 (1) 問題解決とコンピュータの活用 (2) コンピュータの仕組みと働き (3) 問題のモデル化とコンピュータを活用した解決 (4) 情報社会を支える情報技術	情報社会を支える情報技術の役割や影響を理解させるとともに，情報と情報技術を問題の発見と解決に効果的に活用するための科学な考え方を習得させ，情報社会の発展に主体的に寄与する能力と態度を育てる。 (1) コンピュータと情報通信ネットワーク (2) 問題解決とコンピュータの活用 (3) 情報の管理と問題解決 (4) 情報技術の進展と情報モラル	○新科目2科目のうちから1科目選択必履修 ○情報活用の実践力，情報モラルに関する内容は共通に履修 ○情報教育の目的の3つの能力・態度をバランスよく身に付けさせる学習内容は各科目共通 ○「社会と情報」は，主として情報社会に参画する態度を重視 ○「情報の科学」は，主として情報の科学的な理解を重視

図表2-1　これからの共通教科「情報」[4]

その後，2016年（平成28年）の中央教育審議会答申「幼稚園，小学校，中学校，高等学校及び特別支援学校の学習指導要領等の改善及び必要な方策等について」では，以下の提言がなされた。

> 　情報科は高等学校における情報活用能力育成の中核となってきたが，情報の科学的な理解に関する指導が必ずしも十分ではないのではないか，情報やコンピュータに興味・関心を有する生徒の学習意欲に必ずしも応えられていないのではないかといった課題が指摘されている。
> （中略）
> 　情報科は，小・中・高等学校の各教科等の指導を通じて行われる情報教育の中核として，小・中学校段階からの問題発見・解決や情報活用の経験の上に，情報や情報技術を問題の発見と解決に活用するための科学的な理解や思考力等を育み，ひいては，生涯にわたって情報技術を活用し現実の問題を発見し解決していくことができる力を育む教科と位置付けられる。
> （中略）
> 　情報科の科目構成については，現行の「社会と情報」及び「情報の科学」の2科目からの選択必履修を改め，問題の発見・解決に向けて，事象を情報とその結び付きの視点から捉え，情報技術を適切かつ効果的に活用する力を全ての生徒に育む共通必履修科目としての「情報Ⅰ」を設けるとともに，「情報Ⅰ」において培った基礎の上に，問題の発見・解決に向けて，情報システムや多様なデータを適切かつ効果的に活用する力や情報コンテンツを創造する力を育む選択科目としての「情報Ⅱ」を設けることが適当である。

この答申を受け，2018年（平成30年）3月に高等学校の学習指導要領の改訂が告示された。この改訂により，「社会と情報」及び「情報の科学」の2科目からの選択必履修であった情報科は，共通必履修科目としての「情報I」，そして「情報I」で培った基礎の上に選択科目「情報II」が設定された（図表2-2）。

情報II（改訂後）

　情報に関する科学的な見方・考え方を働かせ，情報技術を活用して問題の発見・解決を行う学習活動を通して，問題の発見・解決に向けて情報と情報技術を適切かつ効果的，創造的に活用し，情報社会に主体的に参画し，その発展に寄与するための資質・能力を次のとおり育成することを目指す。
(1) 多様なコミュニケーションの実現，情報システムや多様なデータの活用について理解を深め技能を習得するとともに，情報技術の発展と社会の変化について理解を深めるようにする。
(2) 様々な事象を情報とその結び付きとして捉え，問題の発見・解決に向けて情報と情報技術を適切かつ効果的，創造的に活用する力を養う。
(3) 情報と情報技術を適切に活用するとともに，新たな価値の創造を目指し，情報社会に主体的に参画し，その発展に寄与する態度を養う。
- -
(1) 情報社会の進展と情報技術
(2) コミュニケーションとコンテンツ
(3) 情報とデータサイエンス
(4) 情報システムとプログラミング
(5) 情報と情報技術を活用した問題発見・解決の探究

○「情報I」は，問題の発見・解決に向けて，事象を情報とその結び付きの視点から捉え，情報技術を適切かつ効果的に活用する力を全ての生徒に育む共通必履修科目。
○「情報II」は，「情報I」の基礎の上に，情報システムや多様なデータを適切かつ効果的に活用する力や，コンテンツを創造する力を育む選択科目。

社会と情報（改訂前）

　情報の特徴と情報化が社会に及ぼす影響を理解させ，情報機器や情報通信ネットワークなどを適切に活用して情報を収集，処理，表現するとともに効果的にコミュニケーションを行う能力を養い，情報社会に積極的に参画する態度を育てる。
- -
(1) 情報の活用と表現
(2) 情報通信ネットワークとコミュニケーション
(3) 情報社会の課題と情報モラル
(4) 望ましい情報社会の構築

情報の科学（改訂前）

　情報社会を支える情報技術の役割や影響を理解させるとともに，情報と情報技術の問題の発見と解決に効果的に活用するための科学的な考え方を習得させ，情報社会の発展に主体的に寄与する能力と態度を育てる。
- -
(1) コンピュータと情報通信ネットワーク
(2) 問題解決とコンピュータの活用
(3) 情報の管理と問題解決
(4) 情報技術の進展と情報モラル

情報I（改訂後）

　情報に関する科学的な見方・考え方を働かせ，情報技術を活用して問題の発見・解決を行う学習活動を通して，問題の発見・解決に向けて情報と情報技術を適切かつ効果的に活用し，情報社会に主体的に参画するための資質・能力を次のとおり育成することを目指す。
(1) 効果的なコミュニケーションの実現，コンピュータやデータの活用について理解を深め技能を習得するとともに，情報社会と人との関わりについて理解を深めるようにする。
(2) 様々な事象を情報とその結び付きとして捉え，問題の発見・解決に向けて情報と情報技術を適切かつ効果的に活用する力を養う。
(3) 情報と情報技術を適切に活用するとともに，情報社会に主体的に参画する態度を養う。
- -
(1) 情報社会の問題解決
(2) コミュニケーションと情報デザイン
(3) コンピュータとプログラミング
(4) 情報通信ネットワークとデータの活用

図表2-2　改訂前と改訂後の情報科 [5]

2-2 | 情報科の構成と目標

2-2-1 情報科の構成

　情報科は，共通教科情報科と，主として専門学科において開設される教科情報科（以下，「専門教科情報科」という。）から構成される。共通教科情報科は，先に述べたとおり，小学校・中学校からの情報教育の中核であるが，専門教科情報科は，情報産業の構造の変化や情報産業が求める人材の多様化，細分化，高度化に対応する観点から，情報の各分野における基礎的な知識と技術や職業倫理等を身に付けた人材を育成することをねらいとする教科である。

　2018年（平成30年）改訂の共通教科情報科の科目構成については，2009年（平成21年）改訂の高等学校学習指導要領の「社会と情報」及び「情報の科学」の2科目からの選択必履修を改め，問題の発見・解決に向けて，事象を情報とその結び付きの視点から捉え，情報技術を適切かつ効果的に活用する力を全ての生徒に育む共通必履修科目としての「情報Ⅰ」を設けるとともに，「情報Ⅰ」において培った基礎の上に，問題の発見・解決に向けて，情報システムや多様なデータを適切かつ効果的に活用する力やコンテンツを創造する力を育む選択科目としての「情報Ⅱ」を設けた。なお，標準単位数はいずれも2単位である。

　「情報Ⅰ」では，プログラミング，モデル化とシミュレーション，ネットワーク（関連して情報セキュリティを扱う）とデータベースの基礎といった基本的な情報技術と情報を扱う方法とを扱うとともに，コンテンツの制作・発信の基礎となる情報デザインを扱い，さらに，この科目の導入として，情報モラルを身に付けさせ情報社会と人間との関わりについても考えさせる。

　「情報Ⅱ」では，情報システム，ビッグデータやより多様なコンテンツを扱うとともに，情報技術の発展の経緯と情報社会の進展との関わり，さらに人工知能やネットワークに接続された機器等の技術と今日あるいは将来の社会との関わりについて考えさせる。

　専門教科情報科は，「情報産業と社会」，「情報の表現と管理」，「情報テクノロジー」，「情報セキュリティ」，「情報システムのプログラミング」，「ネットワークシステム」，「データベース」，「情報デザイン」，「コンテンツの制作と発信」，「メディアとサービス」，「課題研究」，「情報実習」といった12科目で構成されている。

　専門教科情報科の科目の内容は，共通教科情報科の「情報Ⅰ」，「情報Ⅱ」の学習内容をより広く，深く学習する際に参考となる。生徒の多様な学習要求に応えるとともに，生徒の情報活用能力をより一層高めたり，進路希望等を実現させたりするために，共通教科情報科の各科目の履修に引き続いて専門教科情報科の科目を履修させることも可能である。

　例えば，専門教科情報科の科目のうち基礎的分野に位置付けられている「情報産業と社会」，「情報の表現と管理」，「情報テクノロジー」，「情報セキュリティ」の各科目は，それぞれ情報産業と社会との関わり，情報の表現と管理，情報産業を支える情報技術，情報セキュリティに関する基礎的な知識と技術を身に付け，それぞれを活用する能力と態度を養うことを目指している。そこで，「情報Ⅰ」や「情報Ⅱ」の学習内容のうち，これらに関する内容，情報システム分野やコンテンツ分野の内容をより広く，深く学ばせたい場合には，共通教科情報科の科目に引き続いて専門教科情報科の科目を選択履修させることが考えられる（図表2-3）。

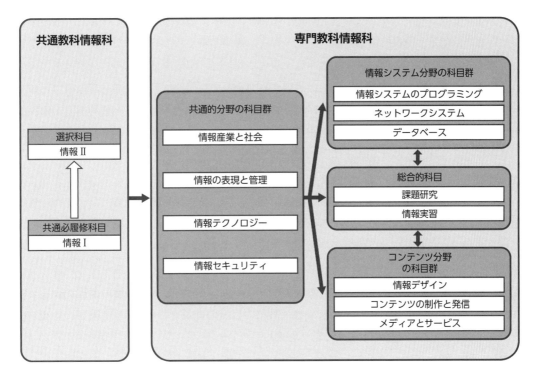

図表 2-3　情報科の科目履修のモデル [5]

2-2-**2**　共通教科情報科の改訂と目標

❶ 共通教科情報科の課題と改訂

　2016 年（平成 28 年）12 月の中央教育審議会答申では，共通教科情報科における 2009 年（平成 21 年）改訂の学習指導要領の成果と課題が次のように示された。

> 　近年，情報技術は急激な進展を遂げ，社会生活や日常生活に浸透するなど，子供たちを取り巻く環境は劇的に変化している。今後，人々のあらゆる活動において，そうした機器やサービス，情報を適切に選択・活用していくことがもはや不可欠な社会が到来しつつある。それとともに，今後の高度情報社会を支える IT 人材の裾野を広げていくことの重要性が，各種政府方針等により指摘されている。そうした中，情報科は高等学校における情報活用能力育成の中核となってきたが，情報の科学的な理解に関する指導が必ずしも十分ではないのではないか，情報やコンピュータに興味・関心を有する生徒の学習意欲に必ずしも応えられていないのではないかといった課題が指摘されている。
> 　こうしたことを踏まえ，小・中・高等学校を通じて，情報を主体的に収集・判断・表現・処理・創造し，受け手の状況などを踏まえて発信・伝達できる力や情報モラル等，情報活用能力を含む学習を一層充実するとともに，高等学校情報科については，生徒の卒業後の進路等を問わず，情報の科学的な理解に裏打ちされた情報活用能力を育むことが一層重要となってきている。

2018 年（平成 30 年）の改訂では，「情報の科学的な理解」に裏打ちされた情報活用能力を育むとともに，情報と情報技術を問題の発見・解決に活用するための科学的な考え方等を育むことが求められていることから，問題の発見・解決に向けて，事象を情報とその結び付きの視点から捉え，情報技術を適切かつ効果的に活用する力を全ての生徒に育む共通必履修科目としての「情報Ⅰ」が設置された。そして「情報Ⅰ」において培った基礎の上に，問題の発見・解決に向けて，情報システムや多様なデータを適切かつ効果的に活用する力やコンテンツを創造する力を育む選択科目としての「情報Ⅱ」が設置された。

具体的には，コンピュータについての本質的な理解に資する学習活動としてのプログラミングや，より科学的な理解に基づく情報セキュリティに関する学習活動を充実した。また，統計的な手法の活用も含め，情報技術を用いた問題発見・解決の手法や過程に関する学習が充実された。「情報Ⅰ」に関しては，全ての生徒が学ぶという共通性と，情報技術を活用しながら問題の発見・解決に向けて探究するという学習過程を重視することを踏まえ，取り扱う内容について，これからの社会を生きる上で真に必要なものであり，生徒にとって過度の負担とならないよう配慮されている。なお，「情報Ⅰ」では，教科の目標の実現を目指し，「情報Ⅱ」では，参画するだけではなく，発展に寄与することも求められている。

また，第 1 章 1-3 でも述べたとおり，情報教育は，情報や情報手段を活用して問題発見・解決を行い，発達段階に応じた情報に関わる資質・能力を，それぞれの校種の教科・科目等での学びを深める中で身に付けることが肝要である。特に，共通教科情報科は，小・中・高等学校の各教科等の指導を通じて行われる情報教育の中核として位置付けられる。そのため，カリキュラム・マネジメントを通じた，中学校の関連する教科等との縦の連携，高等学校の他教科等との横の連携も極めて重要である。

❷ 共通教科情報科の目標

❶で述べた課題，及び「知識及び技能」，「思考力，判断力，表現力等」，「学びに向かう力，人間性等」の三つの柱に沿って整理された小・中・高等学校の各教科等の学習を通じて全ての児童・生徒に育成を目指す情報に関わる資質・能力を踏まえ，共通教科情報科において育成を目指す資質・能力が整理された。

共通教科情報科における「情報に関する科学的な見方・考え方」については，これまでの学習指導要領の中で，「情報に関する科学的な見方や考え方」として教科の目標に位置付けられたり，評価の観点の名称として用いられたりしてきた。今回の改訂において，共通教科情報科では，「情報に関する科学的な見方・考え方」については，「事象を，情報とその結び付きとして捉え，情報技術の適切かつ効果的な活用（プログラミング，モデル化とシミュレーションを行ったり情報デザインを適用したりすること等）により，新たな情報に再構成すること」であると整理された。

共通教科情報科の学習は，社会，産業，生活，自然等の種々の事象の中から問題を発見し，プログラムを作成・実行したりシミュレーションを実行したりするなど，情報技術を活用して問題の解決に向けた探究を行うという過程を通して展開される。実際の学習過程には多様なものがあると考えられる。

全ての生徒が履修する科目である「情報Ⅰ」と，「情報Ⅰ」の履修を前提として選択的に履修される科目である「情報Ⅱ」の目標を包括して以下に示す。

> 　情報に関する科学的な見方・考え方を働かせ，情報技術を活用して問題の発見・解決を行う学習活動を通して，問題の発見・解決に向けて情報と情報技術を適切かつ効果的に活用し，情報社会に主体的に参画するための資質・能力を次のとおり育成することを目指す。
>
> (1)　情報と情報技術及びこれらを活用して問題を発見・解決する方法について理解を深め技能を習得するとともに，情報社会と人との関わりについての理解を深めるようにする。
>
> (2)　様々な事象を情報とその結び付きとして捉え，問題の発見・解決に向けて情報と情報技術を適切かつ効果的に活用する力を養う。
>
> (3)　情報と情報技術を適切に活用するとともに，情報社会に主体的に参画する態度を養う。

　各目標を具体的に示すと以下のとおりである。

(1) 情報と情報技術についての知識と技能，情報と情報技術を活用して問題を発見・解決する方法についての知識と技能を身に付けるようにするとともに，情報社会と人との関わりについては，情報に関する法規や制度及びマナー，個人が果たす役割や責任等について，情報と情報技術の理解と併せて身に付けるようにすること。

(2) 情報に関する科学的な見方・考え方を働かせ，様々な事象を情報とその結び付きの視点から捉え，複数の情報を結び付けて新たな意味を見いだす力を養うとともに，問題を発見・解決する各段階で情報と情報技術を活用する過程を振り返り改善することで，情報と情報技術を適切かつ効果的に活用する力を養うこと。

(3) 情報と情報技術を適切に活用することを通して，法規や制度及びマナーを守ろうとする態度，情報セキュリティを確保しようとする態度などの情報モラルを養い，これらを踏まえて情報と情報技術を活用することで情報社会に主体的に参画する態度を養うこと。

● COLUMN　障害のある生徒への指導

　全ての教科等で，障害のある生徒に対して個々の生徒の困難さに応じた指導内容や指導方法を工夫する必要がある。例えば，学習活動を行う場合，「見えにくさ，聞こえにくさ，道具の操作の困難さ，移動上の制約，健康面や安全面での制約，発音のしにくさ，心理的な不安定，人間関係形成の困難さ，読み書きや計算等の困難さ，注意の集中を持続することが苦手である」など，個々の生徒によって生じる困難さが異なることに留意する。

　また，共通教科情報科においては，目標や内容の趣旨，学習活動のねらいを踏まえ，学習内容の変更や学習活動の代替を安易に行うことがないよう留意するとともに，生徒の学習負担や心理面にも配慮する必要がある。例えば，「コンピュータ等の画面が見えにくい。コンピュータ等の発する音が聞きとりにくい。キーボードによる文字入力やマウス操作等の動作に困難がある。コンピュータ等を扱いながら指示を聞くことに困難がある。集中して学習を継続することが難しい。自ら問題解決の計画を立てたり設計したりすることが難しい。」のような場合には，それぞれの困難さに応じた配慮をする。

2-2-**3** 専門教科情報科の改訂と目標

❶ 専門教科情報科の課題と改訂

2016年（平成28年）12月21日の中央教育審議会答申において，職業に関する各教科・科目の課題は次のようにまとめられた。

> ・科学技術の進展，グローバル化，産業構造の変化等に伴い，必要とされる専門的な知識・技術も変化するとともに高度化している。
> ・専門的な知識・技術の定着を図るとともに，多様な課題に対応できる課題解決能力を育成することが重要であり，地域や産業界との連携の下，産業現場等における長期間の実習等の実践的な学習活動をより一層充実させる。
> ・職業学科に学んだ生徒の進路が多様であることから，大学等との接続についても検討する。

さらに，専門教科情報科の改善事項として以下が示された。

> 知識基盤社会の到来，情報社会の進展，高度な情報技術を持つIT人材の需要増大などを踏まえ，情報関連産業を通して，地域産業をはじめ情報社会の健全で持続的な発展を担う職業人を育成するため，次のような改善・充実を図る。
> ・情報セキュリティに関する知識と技術を習得させ，情報の安全を担う能力と態度を育成する学習の一層の充実
> ・情報コンテンツを利用した様々なサービスや関連する社会制度についての知識や技術を習得させ，実際に活用する能力と態度を育成する学習の一層の充実
> ・システムの設計・管理と情報コンテンツの制作・発信に関する実践力の一体的な習得
> ・情報メディアと情報デザインに関する知識と技術の一体的な習得
> ・問題解決やプログラミングに関する学習の充実
> ・統計的手法の活用やデータの分析，活用，表現に関する学習の充実
> ・データベースの応用技術に関する学習の充実
> ・ネットワークの設計，構築，運用管理，セキュリティに関する学習の充実
> ・コンピュータグラフィックや情報コンテンツの制作に関する学習の充実

これらの課題を踏まえ，専門教科情報では，知識基盤社会の到来，情報社会の進展，高度な情報技術を持つIT人材の需要増大に対応し，体系的・系統的な知識と技術，課題を発見し合理的かつ創造的に解決する力，職業人に求められる倫理観，自ら学ぶ力，主体的かつ協働的に取り組む態度を身に付けた人材を育成する観点から，次の12科目に再編された（図表2-4）。

図表2-4　専門教科情報科の科目及び分野の構成

分野・科目群	科目名
共通的分野	情報産業と社会，情報の表現と管理，情報テクノロジー，情報セキュリティ
情報システム分野	情報システムのプログラミング，ネットワークシステム，データベース
コンテンツ分野	情報デザイン，コンテンツの制作と発信，メディアとサービス
総合的科目	課題研究，情報実習

このうち，「情報産業と社会」(情報に関する各学科において，より専門的な学習への動機付けや進路について生徒の意識を高めることを目的とした科目)と「課題研究」(課題の発見・解決を図る学習活動を通して，情報に関する専門的な知識と技術の深化，統合化を図るとともに，課題を発見・解決する能力や自発的，創造的な学習態度を養うための科目)の2科目が原則履修科目とされた。

❷ 専門教科情報の目標

専門教科情報の12科目を総括した目標は以下のとおりである。

> 情報に関する科学的な見方・考え方を働かせ，実践的・体験的な学習活動を行うことなどを通して，情報産業を通じ，地域産業をはじめ情報社会の健全で持続的な発展を担う職業人として必要な資質・能力を次のとおり育成することを目指す。
> (1) 情報の各分野について体系的・系統的に理解するとともに，関連する技術を身に付けるようにする。
> (2) 情報産業に関する課題を発見し，職業人に求められる倫理観を踏まえ合理的かつ創造的に解決する力を養う。
> (3) 職業人として必要な豊かな人間性を育み，よりよい社会の構築を目指して自ら学び，情報産業の創造と発展に主体的かつ協働的に取り組む態度を養う。

各目標を具体的に示すと以下のとおりとなる。

(1) 情報システム分野やコンテンツ分野などのこの教科に関わる各分野の学習を，現代社会を支え，発展させている情報産業の視点で捉え，情報の意義や役割も含め，将来のスペシャリストとして必要な知識と技術を体系的・系統的に身に付けるようにすること。

(2) 情報産業においては，情報に関する科学的な見方・考え方を働かせて課題を発見すること，科学的で論理的な方法で課題を解決すること，創造的な解決方法を考えることで新たな価値を生み出すこと。その際，情報技術者には国民の生活様式や様々なサービス，社会システムなどを提供する側として，遵法精神や安全に配慮するなどの社会的責任が強く求められていることを理解することが重要である。

(3) 情報産業に携わり，新たな価値を生み出すためには，みずみずしい感性や協調性など職業人として必要な豊かな人間性を養うことが大切であること，進展の著しい情報技術に対応するためには自ら学ぶ態度が必要であること。

2018年(平成30年)告示の学習指導要領改訂においては，知識基盤社会の到来，情報社会の進展，高度な情報技術を持つIT人材の需要増大などを踏まえ，情報の各分野における専門性に関わる資質・能力を育成する教育を重視した。専門教科情報では，これらの資質・能力の育成を通して，情報の各分野に関わる将来のスペシャリストに必要な能力や態度を養うことになる。

　共通教科情報科の学習内容は，中学校技術・家庭科技術分野の内容「D　情報の技術」との系統性を重視している。今回の改訂では，「D　情報に関する技術」について，小学校におけるプログラミング教育の成果を生かして発展させるという視点から，プログラミング，情報セキュリティに関する項目等が充実された。具体的な改訂の内容は以下のとおりである（図表2-5）。

図表2-5　中学校技術・家庭科技術分野の学習指導要領改訂[6]

新（平成29年告示）情報の技術	旧（平成20年告示）情報に関する技術
D　情報の技術	**D　情報に関する技術**
(1)　生活や社会を支える情報の技術について調べる活動などを通して，次の事項を身に付けることができるよう指導する。 　ア　情報の表現，記録，計算，通信の特性等の原理・法則と，情報のデジタル化や処理の自動化，システム化，情報セキュリティ等に関わる基礎的な技術の仕組み及び情報モラルの必要性について理解すること。 　イ　技術に込められた問題解決の工夫について考えること。	(1)　情報通信ネットワークと情報モラルについて，次の事項を指導する。 　ア　コンピュータの構成と基本的な情報処理の仕組みを知ること。 　イ　情報通信ネットワークにおける基本的な情報利用の仕組みを知ること。 　ウ　著作権や発信した情報に対する責任を知り，情報モラルについて考えること。
(2)　生活や社会における問題を，ネットワークを利用した双方向性のあるコンテンツのプログラミングによって解決する活動を通して，次の事項を身に付けることができるよう指導する。 　ア　情報通信ネットワークの構成と，情報を利用するための基本的な仕組みを理解し，安全・適切なプログラムの制作，動作の確認及びデバッグ等ができること。 　イ　問題を見いだして課題を設定し，使用するメディアを複合する方法とその効果的な利用方法等を構想して情報処理の手順を具体化するとともに，制作の過程や結果の評価，改善及び修正について考えること。	(2)　ディジタル作品の設計・制作について，次の事項を指導する。 　ア　メディアの特徴と利用方法を知り，制作品の設計ができること。 　イ　多様なメディアを複合し，表現や発信ができること。
(3)　生活や社会における問題を，計測・制御のプログラミングによって解決する活動を通して，次の事項を身に付けることができるよう指導する。 　ア　計測・制御システムの仕組みを理解し，安全・適切なプログラムの制作，動作の確認及びデバッグ等ができること。 　イ　問題を見いだして課題を設定し，入出力されるデータの流れを元に計測・制御システムを構想して情報処理の手順を具体化するとともに，制作の過程や結果の評価，改善及び修正について考えること。	(3)　プログラムによる計測・制御について，次の事項を指導する。 　ア　コンピュータを利用した計測・制御の基本的な仕組みを知ること。 　イ　情報処理の手順を考え，簡単なプログラムが作成できること。

新 (平成 29 年告示) 情報の技術	旧 (平成 20 年告示) 情報に関する技術
D　情報の技術	**D　情報に関する技術**
(4)　これからの社会の発展と情報の技術の在り方を考える活動などを通して，次の事項を身に付けることができるよう指導する。 　ア　生活や社会，環境との関わりを踏まえて，技術の概念を理解すること。 　イ　技術を評価し，適切な選択と管理・運用の在り方や，新たな発想に基づく改良と応用について考えること。	(1)　情報通信ネットワークと情報モラルについて，次の事項を指導する。 　エ　情報に関する技術の適切な評価・活用について考えること。

　共通教科情報科の指導を行うためには，これらの中学校技術・家庭科技術分野の改善内容を十分踏まえることが重要である。

　さらに，中学校学習指導要領第 1 章総則第 2 の 2 の (1) には，「各学校においては，生徒の発達の段階を考慮し，言語能力，情報活用能力 (情報モラルを含む。)，問題発見・解決能力等の学習の基盤となる資質・能力を育成していくことができるよう，各教科等の特質を生かし，教科等横断的な視点から教育課程の編成を図るものとする。」と規定されている。生徒は，中学校の各教科，道徳，総合的な学習の時間及び特別活動で，中学校までの発達の段階に応じた情報活用能力 (情報モラルを含む) を身に付けて高等学校に入学してくる。生徒が義務教育段階において，どのような情報活用能力を身に付けてきたかについて，あらかじめその内容と程度を的確に把握して，共通教科情報科の指導に生かす必要がある。

2-3-2　他教科との関係

　高等学校学習指導要領改訂のポイントとして，①言語能力の確実な育成，②理数教育の充実，③伝統や文化に関する教育の充実，④道徳教育の充実，⑤外国語教育の充実，⑥職業教育の充実，⑦主権者教育，消費者教育，防災・安全教育等の充実，⑧情報教育 (プログラミング教育を含む) などが挙げられる。

　当然のことながら，高等学校段階における情報教育は，共通教科情報科だけが担うわけではない。高等学校学習指導要領第 1 章総則第 3 款の 1 の (3) には「第 2 款の 2 の (1) に示す情報活用能力の育成を図るため，各学校において，コンピュータや情報通信ネットワークなどの情報手段を活用するために必要な環境を整え，これらを適切に活用した学習活動の充実を図ること。また，各種の統計資料や新聞，視聴覚教材や教育機器などの教材・教具の適切な活用を図ること。」とあるように，「義務教育段階と同様，高等学校段階においても，教科等の特質に応じて教科等横断的に情報活用能力を身に付けさせる教育のより一層の充実が求められている」と記載されている。

　さらに，高等学校学習指導要領第 2 章第 10 節情報第 3 款の 1 の (2) に「他の各教科・科目等の学習において情報活用能力を生かし高めることができるよう，他の各教科・科目等との連携を図ること。」とあるように，共通教科情報科の学びによって身に付けた能力や態度を他の教科・科目等の学習において積極的に活用していくことが重要である。

　また，第 3 款の 1 の (4) に「公民科及び数学科などの内容との関連を図るとともに，教科の目標に即した調和のとれた指導が行われるよう留意すること。」とあるように，(2) の内容をよ

り明確に示す規定を設け，他教科等との関連が重要なことを示している。学習指導要領の他教科の内容から情報科との関連が認められる項目をまとめたものが図表2-6である。

図表2-6　情報科と他教科との関連が認められる項目（一部）

教科	科目	内容
国語	現代の国語	・主張と論拠など情報と情報との関係について理解する。 ・個別の情報と一般化された情報との関係について理解する。 ・情報の妥当性や信頼性の吟味の仕方について理解を深め使う。
地理歴史	地理総合	・地図や地理情報システムの役割や有用性について理解する。
	世界史探求	・人工知能と労働の在り方の変容，情報通信技術の発達と知識の普及などから知識基盤社会の展開と課題を理解する。
公共	倫理	・人工知能（AI）をはじめとした先端科学技術の利用と人間生活や社会の在り方についても思索できるよう指導する。
数学	数学Ⅰ	・コンピュータ等の情報機器を用いるなどして，データを表やグラフに整理したり，分散や標準偏差などの基本的な統計量を求めたりする。
	数学Ⅱ	・日常の事象や社会の事象などを数学的に捉え，コンピュータなどの情報機器を用いて軌跡や不等式の表す領域を座標平面上に表すなどして，問題の解決に活用。
理科	科学と人間生活	・科学技術の発展が今日の人間生活に対してどのように貢献してきたかについて理解する。 ・科学技術の発展と人間生活との関わりについて科学的に考察し表現する。
保健体育	保健	・生涯を通じる健康に関する情報から課題を発見し，健康に関する原則や概念に着目して解決の方法を思考し判断する。 ・健康を支える環境づくりに関する情報から課題を発見し，健康に関する原則や概念に着目して解決の方法を思考し判断する。
芸術	音楽Ⅰ	・自己や他者の著作物及びそれらの著作権の創造性を尊重する態度の形成を図るとともに，必要に応じて音楽に関する知的財産権について触れる。
	美術Ⅰ	・感じ取ったことや考えたこと，目的や機能などを基に映像メディアの特性を生かして主題を生成する。 ・光色や視点，動きなどの映像表現の視覚的な要素の働きについて考え，創造的な表現の構想を練る。 ・意図に応じて映像メディア機器などの用具の特性を生かす。 ・映像メディア表現の特質や表現効果などを感じ取り，作者の心情や意図と創造的な表現の工夫などについて考え，見方や感じ方を深める。 ・創造することの価値をとらえ，自己や他者の作品などに表れている創造性を尊重する態度の形成を図るとともに，必要に応じて，美術に関する知的財産権や肖像権などについて触れるようにする。
外国語	英語コミュニケーションⅠ・Ⅱ・Ⅲ（共通）	・多様な手段を通して情報などを得る場面で，情報通信ネットワークを活用すること。 ・英語による情報の発信に慣れさせるためにキーボードを使って英文を入力するなどの活動を効果的に取り入れる。
	英語コミュニケーションⅢ	・社会的な話題について，複数のニュースや講演などから話の展開に注意しながら必要な情報を聞き取り，概要や要点，詳細を把握する活動。
家庭	家庭基礎	・健康で快適な衣生活に必要な情報の収集・整理ができること。 ・生活情報を適切に収集・整理ができる。 ・自立した消費者として，生活情報を活用し，適切な意思決定に基づいて行動することや責任ある消費について考察し，工夫する。
理数	理数探究基礎・理数探究（共通）	・観察・実験などの家庭での情報の収集・検索，計測・制御，結果の集計・処理などにおいて，コンピュータや情報通信ネットワークなどを積極的かつ適切に活用する。

学校全体での情報教育を考えるときには，共通教科情報科と他教科等の学習内容や学習活動との関連をよく検討してカリキュラム・マネジメントを行い，効果的な指導計画を立てることが大切である。

なお，参考までに，以下は情報科に関する中央教育審議会（教育課程審議会）答申，学習指導要領改訂などを示した表である。

図表 2-7　学習指導要領の改訂

年月	項　目	概　要
1985 年 6 月	臨時教育審議会第一次答申	学校教育における情報化への対応が必要とされた。
1986 年 4 月	臨時教育審議会第二次答申	情報活用能力の育成，情報手段の教育での活用，情報化の光と影への対応を挙げる。情報及び情報手段を主体的に選択し活用していくための個人の基礎的な資質として，「情報活用能力」という概念が示された。
1987 年 12 月	教育課程審議会答申	社会の情報化に主体的に対応できる基礎的な資質を養う観点から，情報の理解，選択，整理，処理，創造など必要な能力及びコンピュータ等の情報手段を活用する能力と態度の育成が図られるよう配慮する。なお，その際，情報化のもたらす様々な影響にも配慮する。
1989 年 3 月	学習指導要領改訂	中学校 (平成 5 年実施) の技術・家庭科に「情報基礎」(選択領域) の新設。
1997 年 10 月	調査協力者会議「第 1 次報告」	初等中等教育段階における情報教育で育成すべき「情報活用能力」を焦点化し，系統的，体系的な情報教育の目標として位置付けた。三つの観点 (情報活用の実践力，情報の科学的な理解，情報社会に参画する態度) に情報教育の目標を再構築。
1998 年 7 月	教育課程審議会答申	「情報化への対応」として，高等学校に教科「情報」，中学校の技術・家庭科の技術分野に「情報とコンピュータ」(必修領域) の新設。
1998 年 12 月	小学校及び中学校学習指導要領改訂	小学校の各教科や「総合的な学習の時間等で積極的に情報機器を活用。中学校の技術・家庭科の技術分野「情報とコンピュータ」において，(1) ～ (4) は必履修，(5)，(6) は選択履修。
1999 年 3 月	高等学校学習指導要領改訂	高等学校において，普通教科「情報」が必履修となる。「情報 A」，「情報 B」，「情報 C」いずれか 1 科目 (2 単位) を必履修選択。
2008 年 1 月	中央教育審議会答申	高等学校に入学してくる生徒の知識・技能に大きな差が見られること等を踏まえ，義務教育段階における指導内容を見直した検討を含め，その内容の改善を図る必要がある。
2008 年 3 月	小学校及び中学校学習指導要領告示	中学校の技術・家庭科の技術分野「D　情報に関する技術」において，情報の活用と表現，コンピュータの仕組みや基礎的なプログラミングを学習。
2009 年 3 月	高等学校学習指導要領告示	高等学校共通教科情報科において，「社会と情報」，「情報の科学」いずれか 1 科目 (2 単位) を必履修選択。
2016 年 12 月	中央教育審議会答申	情報科を生涯にわたって情報技術を活用し現実の問題を発見し解決していくことができる力を育む教科と位置付ける。
2017 年 3 月	小学校及び中学校学習指導要領告示	小学校において，「プログラミング的思考」を育むプログラミング教育を実施，中学校の技術・家庭科の技術分野「D　情報の技術」において，プログラミングに関する教育を重視。
2018 年 3 月	高等学校学習指導要領告示	高等学校共通教科情報科において，「情報 I」を共通必履修科目，「情報 II」を選択科目に設定。「情報 I」において，プログラミング，情報セキュリティ，データの活用など，情報の科学的な内容を重視。

章末問題

(1) 1999 年 (平成 11 年) に教科「情報」が設置されて以来，普通教科 (共通教科) 情報科の科目名の変遷を指導要領の改訂の時期も含めてまとめなさい。

(2) 共通教科情報科の目標と専門教科情報科の目標の違いを述べなさい。

(3) 共通教科情報科と他教科との連携を図る上で，考えられる学習活動を 200 〜 400 字程度で述べなさい。

(4) 共通教科情報科と専門教科情報科のねらいの違いについて，100 字程度でまとめなさい。

(5) 学習指導要領の改訂により，専門教科情報科の科目が，どのように変遷してきたかを調べ，科目数や科目名をまとめなさい。

参考文献

1) 岡本敏雄，高橋参吉，西野和典編著「情報科教育法第 2 版」丸善出版，2015 年
2) 科学技術庁「昭和 57 年度科学技術白書」1983 年
3) 西之園晴夫「高等学校普通科における情報教育カリキュラムの試案」日本学術協力財団編「21 世紀を展望する新教育課程編成への提案」大蔵省印刷局，1996 年
4) 文部科学省「高等学校学習指導要領 (平成 21 年告示) 解説　情報編」2010 年
https://www.mext.go.jp/component/a_menu/education/micro_detail/__icsFiles/afieldfile/2012/01/26/1282000_11.pdf
5) 文部科学省「高等学校学習指導要領 (平成 30 年告示) 解説　情報編」2018 年
https://www.mext.go.jp/content/1407073_11_1_2.pdf
6) 文部科学省「中学校学習指導要領 (平成 29 年告示) 解説　技術・家庭科編」2017 年
https://www.mext.go.jp/component/a_menu/education/micro_detail/__icsFiles/afieldfile/2019/03/18/1387018_009.pdf
7) 月刊高等教育編集部「高等学校新学習指導要領全文と解説」学事出版，2018 年

＊ URL については，2021 年 11 月アクセス

共通教科情報科の目標と内容

　この章では，学習指導要領[1]（以下，特に注釈がない場合，平成 30 年告示のものを指す）に記載されている共通教科情報科の目標と内容について述べる。まず 3-1 で，情報Ⅰ及び情報Ⅱの目標，各科目の大項目（単元）ごとのねらい（学習目標）について述べ，次に 3-2 以降において，単元の内容（学習内容や学習活動）について述べる。

　なお，3-2 以降においては，「情報Ⅰ」，「情報Ⅱ」という科目ではなく，学習項目ごとに章や節を改めている。よって，それぞれの節では，「情報Ⅰ」，「情報Ⅱ」の順で学習内容や学習活動を続けて記述している。

※第 3 章中の「＊」はダウンロードデータ「用語集」に掲載の用語であることを示している。下記 URL の「書籍・ダウンロード検索」で「情報科教育法」を検索。
https://www.jikkyo.co.jp/

「情報Ⅰ」は，全て生徒が身に付けるべき資質・能力を踏まえ，設定された必履修科目である。学習指導要領では，この科目の目標は，以下のように示されている。

> 　情報に関する科学的な見方・考えを働かせ，情報技術を活用して問題の発見・解決を行う学習活動を通して，問題の発見・解決に向けて情報と技術を適切かつ効果的に活用し，情報社会に主体的に参画するための資質・能力を次のとおり育成することを目指す。
> (1) 　効果的なコミュニケーションの実現，コンピュータやデータの活用について理解を深め技能を習得するとともに，情報社会と人の関わりについて理解を深めるようにする 。
> (2) 　様々な事象を情報とその結び付きとして捉え，問題の発見・解決に向けて情報と情報技術を適切かつ効果的に活用する力を養う。
> (3) 　情報と情報技術を適切に活用するとともに，情報社会に主体的に参画する態度を養う。

学習指導要領の解説では，これについて以下のように記述されている。

> 　この科目のねらいは，具体的な問題の発見・解決を行う学習活動を通して，問題の発見・解決に向けて情報と情報技術を活用するための知識と技能を身に付け，情報と情報技術を適切かつ効果的に活用するための力を養い，情報社会に主体的に参画するための資質・能力を育成することである。

　一方，「情報Ⅱ」は，情報Ⅰの履修を前提として設定された選択科目であり，「情報Ⅰ」の発展的な内容で構成されている。学習指導要領には，この科目の目標は，以下のように示されている。

> 　情報に関する科学的な見方・考えを働かせ，情報技術を活用して問題の発見・解決を行う学習活動を通して，問題の発見・解決に向けて情報と技術を適切かつ効果的，創造的に活用し，情報社会に主体的に参画し，その発展に寄与するための資質・能力を次のとおり育成することを目指す。
> (1) 　多様なコミュニケーションの実現，情報システムや多様なデータの活用について理解を深め技能を習得するともに，情報社会の発展と社会の変化について理解を深めるようにする 。
> (2) 　様々な事象を情報とその結び付きとして捉え，問題の発見・解決に向けて情報と情報技術を適切かつ効果的，創造的に活用する力を養う。
> (3) 　情報と情報技術を適切に活用するとともに，新たな価値の創造を目指し，情報社会に主体的に参画し，その発展に寄与する態度を養う。

学習指導要領の解説では，これについて以下のように記述されている。

> 　この科目のねらいは，具体的な問題の発見・解決を行う学習活動を通して，問題の発見・解決に向けて情報と情報技術を活用するための知識と技能を身に付けるようにし，適切かつ効果的，創造的に活用する力を養い，情報社会に主体的に参画し，その発展に寄与するための資質・能力を養うことである。

「情報Ⅰ」の科目は，次の四つの大項目（単元）の内容から構成されている。

(1)　情報社会の問題解決

(2)　コミュニケーションと情報デザイン

(3)　コンピュータとプログラミング

(4)　情報通信ネットワークとデータの活用

　「情報Ⅰ」は新しい科目ではあるが，基本的には，従来の学習指導要領（平成21年告示）[2]の共通教科情報科の「社会と情報」「情報の科学」を発展させた内容である。ただし，情報デザイン，データの活用については，新しい内容を多く含んでいる。

　「情報Ⅱ」の科目は，次の四つの大項目（単元）の内容から構成されている。

(1)　情報社会の進展と情報技術

(2)　コミュニケーションとコンテンツ

(3)　情報とデータサイエンス

(4)　情報システムとプログラミング

(5)　情報と情報技術を活用した問題発見・解決の探究

　なお，「情報Ⅰ」の(3)と(4)に関連する項目が「情報Ⅱ」では入れ替わり，(5)の項目が追加されている。また，「情報Ⅱ」の特徴について，「情報Ⅰ」との関係も考慮して簡単に示す[3]。

(1) については，「情報Ⅰ」では，現在のことを中心に考えたが，「情報Ⅱ」では，将来を展望し，「情報技術の発展による人の知的活動の変化」にも言及している。

(2) については，「情報Ⅰ」で身に付けたデザインの考え方を活用してコンテンツを作成する。

(3) については，統計を活用したモデル化と予測を行うとともに，データサイエンスの基礎について学ぶ。

(4) については，具体的な身近な情報システムの設計・制作を通して学ぶ。

(5) については，情報と情報技術を活用して問題を発見・解決する活動を通して，新たな価値の創造を目指す「情報Ⅰ」にはない単元である。

3-1-2 「情報Ⅰ」の学習目標

　「情報Ⅰ」の各単元の学習のねらい（学習目標）は，学習指導要領の解説に記載されている。学習目標の内容を分かりやすくまとめると次のようになる。

(1)　「情報社会の問題解決」の学習目標

・情報やメディアの特性を踏まえ，情報の科学的な見方・考え方を働かせて，情報と情報技術を活用して問題を発見・解決する活動を通して，問題を発見・解決する方法を身に付ける。

・情報技術が人や社会に果たす役割と影響，情報モラルなどについて理解し，情報と情報技術を適切かつ効果的に活用して問題を発見・解決し，望ましい情報社会の構築に寄与する力を養う。

・情報社会における問題の発見・解決に情報と情報技術を適切かつ効果的に活用しようとする態度，情報モラルなどに配慮して情報社会に主体的に参画しようとする態度を養う。

(2)　「コミュニケーションと情報デザイン」の学習目標

・目的や状況に応じて受け手に分かりやすく情報を伝える活動を通して情報の科学的な見方・考え方を働かせて，メディアの特性やコミュニケーション手段の特徴について科学的に理解

する。

・効果的なコミュニケーションを行うための情報デザインの考え方や方法を身に付け，コンテンツを表現し，評価し改善する力を養う。

・上記の2項目を踏まえ，情報と情報技術を活用して効果的なコミュニケーションを行おうとする態度，情報社会に主体的に参画しようとする態度を養う。

(3) 「コンピュータとプログラミング」の学習目標

・問題解決にコンピュータや外部装置を活用する活動を通して情報の科学的な見方・考え方を働かせて，コンピュータの仕組みとコンピュータでの情報の内部表現，計算に関する限界などを理解する方法を身に付ける。

・アルゴリズムを表現しプログラミングによってコンピュータや情報通信ネットワークの機能を使う方法や技能を身に付ける。

・生活の中で使われているプログラムを改善しようとすることなどを通して情報社会に主体的に参画しようとする態度を養う。

・モデル化やシミュレーションの考え方を様々な場面で活用することを考える活動を通して，問題解決にコンピュータを積極的に活用する方法や結果を振り返って改善する方法を身に付ける。

(4) 「情報通信ネットワークとデータの活用」の学習目標

・情報通信ネットワークや情報システムにより提供されるサービスを活用する活動を通して情報の科学的な見方・考え方を働かせて，情報通信ネットワークや情報システムの仕組みを理解する方法を身に付ける。

・データを蓄積，管理，提供する方法，データを収集，整理，分析する方法，情報セキュリティを確保する方法を身に付ける。

・目的に応じて情報通信ネットワークや情報システムにより提供されるサービスを安全かつ効率的に活用する力やデータを問題の発見・解決に活用する力を養う。

・情報技術を適切かつ効果的に活用しようとする態度，データを多面的に精査しようとする態度，情報セキュリティなどに配慮して情報社会に主体的に参画しようとする態度を養う。

3-1-3 「情報Ⅱ」の学習目標

「情報Ⅱ」の各単元の学習のねらい（学習目標）は，「情報Ⅰ」と同様に学習指導要領の解説に記載されている。学習目標の内容を分かりやすくまとめると次のようになる。

(1) 「情報社会の進展と情報技術」の学習目標

・情報技術の発展の歴史を踏まえて，情報セキュリティ及び情報に関する法規・制度の変化を含めた情報社会の進展，情報技術の発展や情報社会の進展によるコミュニケーションの多様化や人の知的活動に与える影響を理解する。

・コンテンツの創造と活用，情報システムの創造やデータ活用の意義について考える。

・情報社会における問題の発見・解決に情報技術を適切かつ効果的，創造的に活用しようとする態度，情報社会の発展に寄与しようとする態度を養う。

(2) 「コミュニケーションとコンテンツ」の学習目標

・コンテンツを制作・発信する学習活動を通して情報の科学的な見方・考え方を働かせ，多様なメディアを組み合わせてコンテンツを制作・発信する方法を理解し，必要な技能を身に付ける。

・情報デザインに配慮してコンテンツを制作し，評価・改善する力を養う。

・制作したコンテンツを適切かつ効果的に発信しようとする態度，コンテンツを社会に発信した時の効果や影響を考えようとする態度，コンテンツを評価・改善しようとする態度を養う。

(3) 「情報とデータサイエンス」の学習目標

・整理，整形，分析などの結果を考察する学習活動を通して，社会や身近な生活の中でデータサイエンスに関する多様な知識や技術を用いて，人工知能による画像認識，翻訳など，機械学習を活用した様々な製品やサービスが開発されたり，新たな知見が生み出されたりしていることを理解する。

・データの収集，整理，整形，モデル化，可視化，分析，評価，実行，効果検証などの各過程における方法を理解し，必要な技能を身に付ける。

・データに基づいて科学的に考えることにより問題解決に取り組む力を養う。

・データを適切に扱うことによって情報社会に主体的に参画しその発展に寄与しようとする態度を養う。

(4) 「情報システムとプログラミング」の学習目標

・情報システムを調査する活動や情報システムを設計し制作する活動を通して，情報システムの仕組み，情報セキュリティを確保する方法，情報システムを設計しプログラミングする方法を理解し，必要な技能を身に付ける。

・情報システムの制作によって課題を解決したり新たな価値を創造したりする力を養う。

・情報システムの設計とプログラミングに関わろうとする態度，新しい考え方や捉え方によって解決策を構想しようとする態度，問題解決の過程を振り返り，改善・修正しようとする態度，情報セキュリティなどに配慮して安全で適切な情報システムの制作を通して情報社会に主体的に参画しその発展に寄与しようとする態度を養う。

(5) 「情報と情報技術を活用した問題発見・解決の探究」の学習目標

・情報と情報技術を活用して問題発見・解決の探究を通して，情報の科学的な見方・考え方を働かせて，情報と情報技術を適切かつ効果的に活用するための知識及び技能の深化・総合化，思考力，判断力，表現力等の向上を図る。

・活動を通して情報社会における問題の発見・解決に情報と情報技術を適切かつ効果的に活用しようとする態度，新たな価値を創造しようとする態度，情報社会に参画しその発展に寄与しようとする態度を養う。

3-2 情報社会における問題解決と情報技術

3-2-1 情報社会の問題解決

　ここでは，「情報Ⅰ」(1)の三つの項目に対応した表題を，「(ア)問題の発見・解決の方法，(イ)情報社会における個人の果たす役割と責任，(ウ)情報社会における個人の果たす役割と望ましい情報社会の構築」として，各項目における学習内容及び学習活動について述べる。なお，学習目標は，3-1-2に記述した「情報Ⅰ」(1)の目標である。

> ＜学習指導要領の内容の記述＞
> 学習指導要領の内容は，「ア 次のような知識及び技能を身に付けること。」「イ 次のような思考力，判断力，表現力等を身に付けること。」の順に記述されており，各大項目(単元)は，それぞれ(ア)(イ)(ウ)の三つの項目から構成されている。また，解説における内容とその取扱いでは，「アの(ア)，イの(ア)」「アの(イ)，イの(イ)」「アの(ウ)，イの(ウ)」(本章の次節以降では，三つの項目を(ア)(イ)(ウ)と記述)の順に，学習内容及び学習活動が記述されている。

⑦ 問題の発見・解決の方法

　学習指導要領解説の「情報Ⅰ」(1)の(ア)で記述されている学習内容から主な学習項目を抜き出すと，図表3-1に示すとおりである。

図表3-1　学習項目(「情報Ⅰ」(1)(ア))

情報の特性	メディアの特性	問題解決の流れ	文章や図への可視化
問題解決のフィードバック・評価・改善		周りとの共有	「情報」と「もの」の比較
携帯端末の利用方法	データの比較	問題解決のゴール	問題の発見	解決法の提案

　次に，学習指導要領で記載されている学習内容と学習活動の中からいくつかを示し(図表3-2)，説明する。

図表3-2　学習内容及び学習活動の例(「情報Ⅰ」(1)(ア))

学習内容 1.1 知識・技能	情報の特性やメディアの特性を理解するようにし，問題解決の一連の流れ及び各場面で必要な知識及び技能を身に付ける。
学習内容 1.2 思考・判断・表現	問題を発見・解決するための一連の流れの中で，情報と情報技術を適切かつ効果的に活用し，思考を広げ整理し深め，科学的な根拠をもって物事を判断する力を養う。
学習活動 1.1	「情報」と「もの」とを比較し，例を挙げて考えることを通して，情報の特性を扱う。

　情報には，「形がない」「消えない」「簡単に複製できる」「容易に伝播する」などの特徴があり，**残存性**＊・**複製性**＊・**伝播性**＊といわれる。まずは，「情報」と「もの」とを例を挙げて比較することにより，**情報の特性**＊について考える。次に，「情報の特徴との関係から個人情報＊の流出の理由やその対策について考える。」のような学習活動を通して，その対策を考える問題解決の流れの中で，情報に関連する法律や情報モラル＊，情報セキュリティ＊の重要性を総合的に考える力を養う。また，「情報モラルに配慮した情報の受信・発信について考える」のような学習活動も考えられ，情報モラルの配慮については，マナーだけでなく，科学的な根拠をもって

判断する力を養う。

　メディア*は，表現，伝達，記録などに使われており，メディアには特性がある。まず，**メディアの特性***について理解した後，例えば，「情報の**信憑性***やメディアリテラシー*について考える。」などの学習活動を通して，思考力や判断力を養う。

　なお，従来の学習指導要領（平成21年告示）では，「理解」となっている内容が，学習指導要領（平成30年告示）「情報Ⅰ」では，「力」となっている例が多い。ここでの内容である問題の発見・解決*については，従来の学習指導要領では，「一連の過程の理解」が必要であったが，ここでは，統計を活用した思考・判断・表現を用いて，図表3-3のように「一連の過程で必要な力」が求められている[3]。

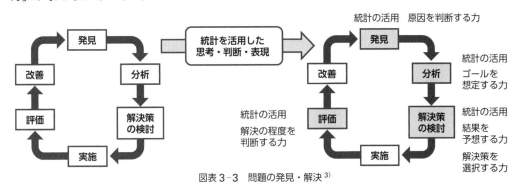

図表3-3　問題の発見・解決 [3]

❹ 情報社会における個人の果たす役割と責任

　学習指導要領解説の「情報Ⅰ」(1)の(イ)で記述されている学習内容から主な学習項目を抜き出すと，図表3-4に示すとおりである。

図表3-4　学習項目（「情報Ⅰ」(1)(イ)）

知的財産に関する法律	個人情報の保護に関する法律	不正アクセス行為の禁止に関する法律
マナーの意義・基本的内容	情報セキュリティの3要素	ソーシャルエンジニアリング

サイバー犯罪	パスワード	生体認証	個人認証	セキュリティ更新プログラム

　次に，学習指導要領に記載されている学習内容と学習活動の中からいくつかを示し（図表3-5），説明する。

図表3-5　学習内容及び学習活動の例（「情報Ⅰ」(1)(イ)）

学習内容 1.3 知識・技能	知的財産に関する法律，個人情報の保護に関する法律，不正アクセス行為の禁止等に関する法律などを含めた法規，さらに，マナーの意義や基本的内容，情報を扱う上で個人の責任があることなどを理解する。
学習内容 1.4 知識・技能	情報セキュリティの3要素である機密性・完全性・可用性の重要性，情報セキュリティを確保するには組織や個人が行うべき対策があり，技術的対策だけでは対応できないことなどを理解する。
学習活動 1.2	サイバー犯罪などの原因を調べ，対策を考えることを通して，推測されにくいパスワードや生体認証などの個人認証の必要性，ソフトウェアのセキュリティ更新プログラムを適用する必要性などを扱う。

著作権法*，個人情報保護法*，不正アクセス禁止法*などの基本的な内容を理解した上で，情報の受信・発信など情報を取り扱う際は，個人に責任があることを理解する。なお，個人情報については，**匿名加工情報***，例外的な第三者への提供にも触れ，情報社会における個人情報の保護と活用について考える。また，**情報セキュリティ***については，**機密性***・**完全性***・**可用性***の3要素が重要であることを理解した上で，情報セキュリティを確保する際には，組織や個人が行うべき対策があり技術的対策だけでは対応できないことなども理解する。ユーザとして心構えや**ソーシャルエンジニアリング***への対策についても考える。なお，組織が行う対策の詳細については，3-5で扱う。

このような法規や制度，情報セキュリティなどの基本的な内容に対する知識を身に付けた上で，例えば，「著作物*のダウンロードと著作権侵害について考える」，「個人情報の漏えいに関連して，個人認証*の重要性や情報セキュリティ対策について考える」，「パスワード*の設定と管理について考える」のような活動を通して，情報に関する法規や制度に適切に対応する力，情報モラルに配慮して情報を発信する力，情報セキュリティを確保する力などを養う。

ここでの内容である法律や制度，情報モラルやセキュリティについては，従来の学習指導要領[2)]では，「内容や必要性の理解」が必要であったが，ここでは，さらに「その意義を知るとともに，背景にある情報技術を理解し適切に対応する力」が求められている。また，情報技術が果たす役割と影響については，従来の学習指導要領では，「理解」が必要であったが，ここでは，さらに「対応を考察し提案する力」が求められている。

情報技術が果たす役割と望ましい情報社会の構築

学習指導要領解説の「情報I」(1)の(ウ)で記述されている学習内容から主な学習項目を抜き出すと，図表3-6に示すとおりである。

図表3-6　学習項目（「情報I」(1)(ウ)）

情報技術の発展	サイバー犯罪	情報格差	健康への影響	情報化の光と影
SNSなどの特性や利用状況	時間や場所を超てのコミュニケーション		誹謗中傷	ネット依存
テクノストレス	電子マネー	ICカード	ICチップ	自動改札
セルフレジ	ユニバーサルデザイン	ユーザビリティ		アクセシビリティ

次に，学習指導要領に記載されている学習内容と学習活動の中からいくつかを示し（図表3-7），説明する。

図表3-7　学習内容及び学習活動の例（「情報I」(1)(ウ)）

学習内容1.5 知識・技能	人工知能やロボットなどで利用される情報技術の発展が社会の利便性を高め，人の生活や経済活動を豊かにさせる反面，サイバー犯罪や情報格差，健康への影響などを生じさせていること，人工知能などの発達により，人に求められる仕事の内容が変化していくことなどについて理解する。
学習活動1.3	電子マネーやICカード，ICチップなどの普及によって，自動改札やセルフレジなどが増加したこと，人工知能やロボットが発達したことなどで，人の仕事内容が変化したことなどを扱う。

人工知能（AI）*や**ロボット***などの情報技術の発展により社会は大きく変化し，人の生活や経済活動への影響を与えてきた。身の回りで起こっている生活の変化，例えば，**電子マネー***

や IC カード*，IC チップ*などの普及により自動改札やセルフレジなどが増加していることなどを扱うことにより，「情報技術が情報社会に果たす役割」を理解させる。また，少子高齢化による人口減少が続く社会においては，例えば，介護ロボットや癒しロボットなどの活用は，今後も，果たす役割は大きいといえる。当然の結果として，人の仕事内容も変化してきており，将来なくなる職業もある。どのような職業があるのか調査することも，このような情報社会に対応する力を養う学習活動の一つとして考えられる。

　一方で，個人情報の漏えいや新たな**サイバー犯罪***も生まれ，**情報格差***（デジタルデバイド）も生まれてくる。さらには，**ネット依存***などによる健康への影響も生まれてきている。このような「情報技術が情報社会に及ぼす影響」についても理解する。そして，このような情報社会への対応を考察するための学習活動が重要である。

　なお，3-2-1で述べた学習活動とも関連して，「情報Ⅰ」(1)の最後に全体的な学習活動が示されている。例えば，校内の学習活動としては，生徒会活動の活性化や図書館を魅力的にする活動が挙げられている。生徒会活動では，食堂問題，学校行事，校則問題など，生徒が主体的に取り組めるテーマを選択し，図表3-3で示した問題の発見・解決手順にしたがって取り組むことが重要である。また，校外の学習活動では，地域の商店街の活性化計画や生徒が地域の人々に SNS*の使い方を教える SNS に関する講座の提案などの活動が考えられ，地域の関係機関との連携も必要となってくる。学習指導要領に記載されている学習活動の例を図表3-8に示す。

図表3-8　校内及び校外における学習活動の例（「情報Ⅰ」全体）

校内の学習活動	生徒会活動における問題や図書館の利用における問題を発見し，それをアンケート調査やインタビュー等を通じて根拠をもって論理的・合理的な解決方法を提案する活動が考えられる。
校外の学習活動	商店街の活性化計画では，問題を認識するとともに，それを解決するために，情報通信ネットワーク等を効果的に活用したり，また，情報技術を取り入れることにより，どのような効果が期待されるのかを調査して当事者の立場に立って提案したりすることなどが考えられる。

3-2-2　情報社会の進展と情報技術

　ここでは，「情報Ⅱ」の三つの項目に対応した表題を，「(ア)情報技術の発展及び情報技術と情報社会の在り方，(イ)コミュニケーションの多様化する社会におけるコンテンツの創造と活用，(ウ)人の知的活動の変化する社会における情報システムの創造とデータ活用」として，各項目における学習内容及び学習活動について述べる。なお，学習目標は，3-1-3に記述した「情報Ⅱ」(1)の目標である。

⑦ 情報技術の発展及び情報技術と情報社会の在り方

　ここでの問題の発見・解決の方法については，「情報Ⅰ」の(1)「情報社会の問題解決」の学習内容を踏まえて，情報と情報技術を活用した具体的な問題の発見・解決の活動の中で扱うので，3-2-1を参考にすること。また，情報に関する法規・制度，情報セキュリティについては，「情報Ⅰ」の(1)「情報社会の問題解決」や(4)「情報通信ネットワークとデータの活用」の学習内容と関連付けて扱うので，3-2-1，3-5-1を参考にすること。

　学習指導要領解説の「情報Ⅱ」(1)の(ア)で記述されている学習内容から主な学習項目を抜き出すと，図表3-9に示すとおりである。

図表 3-9　学習項目（「情報Ⅱ」(1)(ア)）

情報技術の発展	情報社会の進展	情報技術の高度化	機能・価格の多様化
社会の変化	生活の変化	情報セキュリティの必要性	情報セキュリティの関連法
情報社会の在り方	歴史的経緯	コンピュータ・携帯電話の技術的発達	情報セキュリティポリシー

　次に，学習指導要領に記載されている学習内容と学習活動の中からいくつかを示し（図表 3-10)，説明する。

図表 3-10　学習内容及び学習活動の例（「情報Ⅱ」(1)(ア)）

学習内容 2.1 知識・技能	情報技術の発達が社会や人の生活に大きな影響を与えたこと，情報技術が高度化するとともに機能や価格も多様化したこと，社会や人の生活の変化がさらに進んだこと，このような情報技術の発展による社会の変化は今後も続いていくことなどを理解する。
学習内容 2.2 思考・判断・表現	将来の情報技術と情報社会への影響を考える力，情報技術の担う部分と人が担う部分の内容を判断し適切かつ効果的に情報技術を活用する力，情報セキュリティに関連する法律の意味や目的を考えて対応する力，適切な情報セキュリティ対策を考える力などを養う。
学習活動 2.1	コンピュータや携帯電話などの情報機器を取り上げ，その技術的発達について調べたり，将来の技術について考えたりすることによって，社会や人の生活への影響，情報セキュリティに関連した法律や技術の必要性を扱う。

　コンピュータ*，インターネット*や携帯電話*に代表される情報技術の発達によって社会は大きく変化してきた。そして，普及によって情報技術が高度化するとともに機能や価格も多様化し，社会や人の生活に影響を与え，変化がさらに進んだことなどを，まずは，情報技術を適切に活用するために，情報技術の発達の歴史や経緯を調べる学習活動を通して，理解しておくことは大切である。このことによって，情報社会の安全を維持し向上させるために，将来の情報技術の発達，情報社会への影響などについて考える力，さらに情報技術を活用できる力，情報関連の法律や制度に対して対応する力などを養うことができる。

❶ コミュニケーションの多様化する社会におけるコンテンツの創造と活用

　ここでのコミュニケーションの多様化，情報デザインやコンテンツについては，「情報Ⅰ」の(2)「コミュニケーションと情報デザイン」の学習内容と関連するので，3-3 を参考にすること。
　学習指導要領解説の「情報Ⅱ」(1)の(イ)で記述されている学習内容から主な学習項目を抜き出すと，図表 3-11 に示すとおりである。

図表 3-11　学習項目（「情報Ⅱ」(1)(イ)）

コミュニケーションの多様化	SNS などによるコミュニケーションの長所や短所	コミュニケーション手段の適切な活用	
コンテンツの創造の意義	データ活用の意義	人にとって分かりやすい情報デザイン	
情報デザインが人や社会に与えている影響	ユニバーサルデザイン	ユーザビリティ	ピクトグラム
電車の路線図	インフォグラフィックス	音楽・映像，コンピュータグラフィックス	音声対話機能

　次に，学習指導要領に記載されている学習内容と学習活動で重要と考えられる例を示すにとどめる（図表 3-12)。これらは，学習指導要領に記載されている「情報Ⅰ」(2)の学習内容や学習活動であり，ここでは説明を省略するので，3-3-1 を参照すること。

図表 3-12　学習内容及び学習活動の例 (「情報 I」(2))

学習内容 2.3 知識・技能	急激な情報技術の進展によりコミュニケーションの形態や手段が多様化していることを踏まえ，これらの変化が社会や人に与える影響，今後も与え続けることを理解する。
学習内容 2.4 思考・判断・表現	人にとって分かりやすい情報デザイン，情報デザインが人や社会に与えている影響，目的に応じたコンテンツ，コンテンツを活用する意義について考える力を養う。
学習活動 2.2	コミュニケーション手段の多様化を取り上げ，個人と個人でやり取りする電子メール，不特定多数に向けて情報を発信する Web サイト，コミュニティを形成する SNS などを例に，コミュニケーションの形態がなぜ変化してきたのかなどを扱う。
学習活動 2.3	受け手にとって分かりやすく送り手の意図が受け手に伝わる例を取り上げ，ピクトグラム，電車の路線図などにおいてデータを視覚的に表現するインフォグラフィクス，音楽，映像，コンピュータグラフィクスなどを扱う。

❷ 人の知的活動の変化する社会における情報システムの創造とデータ活用

　ここでの情報システムや情報通信ネットワーク，データの活用については，「情報 I」の (3)「コンピュータとプログラミング」及び (4)「情報通信ネットワークとデータの活用」の学習内容と関連するので，3-4，3-5 を参考にすること。

　学習指導要領解説の「情報 II」(1) の (ウ) で記述されている学習内容から主な学習項目を抜き出すと，図表 3-13 に示すとおりである。

図表 3-13　学習項目 (「情報 II」(1)(ウ))

人の知的活動への影響	人工知能の機能や影響	人の働き方	情報システムの創造の意義
データ活用の意義	情報システムの在り方	仕事の変化	人に求められる資質・能力
自動運転におけるデータの活用		マーケティングにおけるデータの活用	

　次に，学習指導要領に記載されている学習内容と学習活動で重要と考えられる例を示すにとどめる (図表 3-14)。これらは，学習指導要領に記載されている「情報 I」(3)(4) の学習内容や学習活動であり，ここでは説明を省略するので，3-4-1，3-5-1 を参照すること。

図表 3-14　学習内容及び学習活動の例 (「情報 I」(3)(4))

学習内容 2.5 知識・技能	情報システムが社会の様々な場面で活用されていること，情報システムは互いに連携しながら社会生活を支える役割を果たし，人の活動，とりわけ，人の知的活動に影響を及ぼしていることを理解する。
学習内容 2.6 思考・判断・表現	人情報システムの利用による人の活動の変化や社会の変化，人間が安全に快適に利用することを目指した情報システムの在り方，データを活用する意義について考える力を養う。
学習活動 2.4	情報技術の進展による人工知能の機能や性能の向上を取り上げ，社会の変化や仕事の変化及び人に求められる資質・能力の変化を扱う。
学習活動 2.5	将来の情報技術を活用した新たな情報システムを取り上げ，その効果と影響を扱うことが考えられる。

　ブレーンストーミング*とは，アメリカのアレックス・F・オズボーンが考案した問題解決の技法である。会議形式で行い自由にアイデアを数多く出し合っていく。"ブレーン（頭脳）で問題にストーム（突撃）すること"で，ひらめきや名案を浮かび上がらせる方法である。何らかの解決策を手に入れることができ，創造的な問題解決能力や態度，思考が体得していくことができる。

　通常6～7名のグループで実施する。次の四つのルールに従わなければならない。

　(1) 自由奔放な発言：固定観念や常識にとらわれない発想を歓迎し，夢物語でもかまわない。

　(2) 他人の批判厳禁：どんな意見が出てきても，それを批判してはいけない。

　(3) 質より量：数で勝負する。量の中から質の良いものが生まれる。

　(4) 他人のアイデア便乗発展：出てきたアイデアを結合し，改善して，さらに発展させる。

　KJ法*とは，日本の文化人類学者川喜田二郎が考案した創造性開発（または創造的問題解決）の技法で，川喜田の「K」と二郎の「J」をとって名付けられている。

┌─────────────────────┐
│　　　**KJ法の手順例**　　　│
│　1. カードづくり　　　　　　│
│　2. カードの分類（グループ編成）│
│　3. 図解　　　　　　　　　　│
│　4. 文章化　　　　　　　　　│
└─────────────────────┘

　ブレーンストーミング法などで出されたアイデアや意見や様々な方法で収集された情報を1枚ずつ小さなカードに書き込み，それらの中から近い感じのするもの同士を数枚ずつ集めてグループ化していく。そして，それらを小グループから中グループ，大グループへと組み立てて図解していく。こうした作業の中から，解決に役立つヒントやひらめきを生み出していこうとするものである。KJ法の基本的な手順は次の通りである。

1. カードづくり

　「探検」と呼ばれ，外部探検と内部探検がある。外部探検は，現場で様々な情報や事実を収集することで，内部探検は，頭脳に蓄えられた知識や経験を探検することである。収集された情報は1枚ずつ，小さな「カード」に書き込んでいく。

2. カードのグループ化

　カードを分類していく作業である。

①1枚1枚のカードを広げる。

②近く感じるカードを集めていく。

③集まったカードに「表札」をつける。

　なお，小グループ同士を中グループに，そして大グループへとまとめていく方法もある。

3. 図解及び文章化

　グループ同士の関係を示し，図解していく。図解を基に論文や記事などに文章化していく。簡略化して口頭で発表したり，図解から再度ブレーンストーミングを実施し，発想を発展させたりすることもある。

3-3 | コミュニケーションと情報デザイン・コンテンツ

ここでは,「情報Ⅰ」(2) の三つの項目に対応した表題,「(ア) メディアの特性やコミュニケーション手段の特徴,(イ) 情報デザイン*の考え方と社会に果たす役割,(ウ) コンテンツの表現と評価,改善」として,各項目における学習内容及び学習活動について述べる。また,学習活動全体を通して,科学的な見方・考え方を働かせ,情報と情報技術を活用して効果的なコミュニケーションを行おうとする態度,情報社会に主体的に参画する態度を養う。なお,学習目標は,3-1-2 に記述した「情報Ⅰ」(2) の目標である。

⑦ メディアの特性やコミュニケーション手段の特徴

学習指導要領解説の「情報Ⅰ」(2) の (ア) で記述されている学習内容から主な学習項目を抜き出すと,図表3-15 に示すとおりである。

図表3-15 学習項目(「情報Ⅰ」(2)(ア))

メディアの特性	メディアの分類	コミュニケーション手段の特徴	文章や図への可視化
コミュニケーション手段の変遷	情報のデジタル化	二進法による表現	伝送と圧縮
音質や画質とファイルサイズの変化	静止画と動画	ラスタ形成とベクタ形式	可逆圧縮と非可逆圧縮
数値や文字のデジタル化		電子メールやSNSでのコミュニケーション	
マスメディアの情報伝達手段の変遷		メディアやコミュニケーション手段の複数選択と評価・改善	

次に,学習指導要領に記載されている学習内容と学習活動の中からいくつかを示し(図表3-16),説明する。

図表3-16 学習内容及び学習活動の例(「情報Ⅰ」(2)(ア))

学習内容 1.1 知識・技能	メディアの特性やコミュニケーション手段の特徴や変化について理解し,情報の蓄積,編集,表現,圧縮,転送が容易にできたり,複数のメディアを組み合わせて統合したり,大量の情報を効率よく伝送したりできることなどについて理解する。
学習内容 1.2 思考・判断・表現	複数のメディアとコミュニケーション手段の組合せについて考える力,受け手の状況に応じて適切で効果的な組合せを選択する力,振り返り評価・改善する力を養う。
学習活動 1.1	電子メールの送受信や SNS でのコミュニケーションの際に利用する数値や文字,静止画や動画,音声や音楽などの情報について,アナログ情報をデジタル化する一連の手続(標本化,量子化,符号化)を行い,効率的に伝送するためにデータの圧縮を行う。
学習活動 1.2	メディアの扱いやコミュニケーション手段を体験し,それぞれのメリットやデメリットについて扱い,選択したメディアやコミュニケーション手段の組合せを振り返り,評価し改善する。

効果的なコミュニケーション*を行うために,表現,伝達,記録などに使われるメディア*の特性を理解するために,具体例を分類し比較するなど表にまとめる。また,コミュニケーション手段について,例えば手紙と電子メールの特徴と違いについて比較し,同期*や非同期*,1対1や1対多数などの人数によって分類し,目的に応じて適切なメディアを選択できるようにする。例えば,急ぎの用件を電子メールで送ったことを電話で伝えるような,複数のメディア

を組み合わせて，より効果的なコミュニケーションが実現できるようにする。情報技術の発達によりコミュニケーション手段が変化したことや，情報の流通が広範囲に広がり，即時性*や利便性*が高まったこと，効果や影響が拡大したこと，コミュニケーションの役割の変化などについて理解する。さらに，実際にメディアの扱いやコミュニケーション手段を体験し，それぞれのメリットやデメリットについて扱うことや，選択したメディアやコミュニケーション手段の組合せを振り返り，評価し改善する学習活動を行う。

　情報のデジタル化に関しては科学的な見方考え方を働かせて，音声，画像，文字などのメディアごとの標本化*，量子化*，符号化*，2進法*による表現などを理解し，標本化の精度や量子化のレベルによって，**ファイルサイズ***や音質，画質の変化が生じることを科学的に理解する。文字や数値については，テキストエディタなどを使って保存し，文字数や全角・半角の違い，改行やスペースの入力によって，ファイルサイズが変化することを確認する。静止画*については，解像度*に応じてファイルサイズが変化したり，同じ解像度でもファイル形式*を変えることで圧縮方法が変わってファイルサイズが変化したりすることから，画質とファイルサイズが**トレードオフ***の関係になっていることを確認する。さらに，静止画を点の集まりとして扱うラスタ形式*と座標として扱うベクタ形式*について，実際に静止画を扱って特性の違いを理解し，用途に応じて使い分ける。ファイルの圧縮方法については，完全に元に戻せる可逆圧縮*と完全には元に戻せない非可逆圧縮*を用いて，実際にファイルを圧縮*・展開*してそれぞれの特性の違いを確認する。

　また，情報をデジタル化することにより，情報の蓄積，編集，表現，圧縮，転送が容易にできたり，複数のメディアを組み合わせて統合したり，大量の情報を効率よく伝送したりできることなどについて理解する。よりよいコミュニケーションのために，複数のメデイアやコミュニケーション手段の組合せについて考え，目的や受け手に応じて選択できる力，自ら評価し改善する力を養う。

❼ 情報デザインの考え方と社会に果たす役割

　ここで扱う情報デザイン*の考え方を図表3-17に示す。

図表3-17　情報デザインの考え方に基づく学習活動

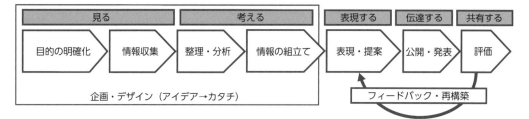

　情報デザインとは，効果的なコミュニケーションや問題解決のために，情報を整理したり，目的や意図を持った情報を受け手に対して分かりやすく伝達したり，操作性を高めたりするためのデザインの基礎知識や表現方法及びその技術のことである。情報デザインの考え方や方法については，「情報Ⅰ」の(3)で学ぶアルゴリズムやプログラミング，(4)のネットワークやデータの扱いでも意識して学習内容を計画する。(3)や(4)においても，プロセス，ツールやインタ

フェースを考案する際，人々がよりよく生きるために重要な考え方となる情報デザインが人や社会に果たしている役割を理解する。

学習指導要領解説の「情報Ⅰ」(2)の(イ)で記述されている学習内容から主な学習項目を抜き出すと，図表3-18に示すとおりである。

図表3-18　学習項目（「情報Ⅰ」(2)(イ)）

情報デザイン	情報の抽象化	情報の可視化	情報の構造化
ユニバーサルデザイン	ユーザビリティ	アクセシビリティ	シグニファイア
コミュニケーション目的の明確化	伝える情報の明確化	情報デザインが果たす役割	

次に，学習指導要領に記載されている学習内容と学習活動の中からいくつかを示し（図表3-19），説明する。

図表3-19　学習内容及び学習活動の例（「情報Ⅰ」(2)(イ)）

学習内容1.3 知識・技能	目的や受け手の状況に応じて伝達する情報を抽象化，可視化，構造化する方法，年齢，言語や文化及び障害の有無などに関わりなく情報を伝える方法を理解する。
学習内容1.4 思考・判断・表現	コミュニケーションの目的を明確にする力，伝える情報を明確にする力，目的や受け手の状況に応じて適切かつ効果的な情報デザインを考える力を養う。
学習活動1.3	道路標識や場所を示すサイン等の具体的な情報デザインを取り上げ，情報を抽象化，可視化，構造化する方法を扱う。
学習活動1.4	全ての人に伝わりやすい情報デザインの工夫を取り上げ，ユニバーサルデザイン，ユーザビリティ，アクセシビリティやシグニファイアなどを扱う。

全ての人に情報を伝えるために，目的や対象を明確にし，扱う情報やメディアの種類によって適切な表現方法を選択する力，年齢，言語や文化及び障害の有無や多様性に配慮した情報デザインを考える力を養う。まずは道路標識やトイレの場所を示すサインやWebページなどを取り上げ，情報を抽象化する方法としてアイコン*，ピクトグラム*，ダイヤグラム*，地図のモデル化など，情報を可視化する方法として表，図解，グラフなど，情報を構造化する方法として，文字の配置，ページレイアウト*，Webサイトの階層構造*，ハイパーリンク*などを扱う。さらに，人によって色の見え方が違うことから，色だけの情報になっていないか[4]など，評価・改善する活動を取り入れることで，情報デザインの意味や社会に果たす役割を理解する[5]。その上で，次の(ウ)の学習活動例にあるような，ピクトグラムの制作と関連して，登下校時などを利用したフィールドワーク*で観察や情報収集を行い，図表3-17のような学習活動を行うことが考えられる。

● コンテンツの表現と評価・改善

学習指導要領解説の「情報Ⅰ」(2)の(ウ)で記述されている学習内容から主な学習項目を抜き出すと，図表3-20に示すとおりである。

図表3-20　学習項目（「情報Ⅰ」(2)(ウ)）

効果的なコミュニケーション	コンテンツの設計・制作・実行・評価・改善
情報デザインの考え方	評価・改善の方法

次に，学習指導要領に記載されている学習内容と学習活動の中からいくつかを示し（図表3-21），説明する。

図表3-21　学習内容及び学習活動の例（「情報Ⅰ」(2) (ウ)）

学習内容 1.5 知識・技能	目的や受け手の状況に応じたコンテンツの設計，制作，実行，評価，改善などの一連の過程，情報デザインの考え方や方法について理解し，技能を身に付ける。
学習内容 1.6 思考・判断・表現	効果的なコミュニケーションを行うために，情報デザインの考え方や方法を用いてコンテンツを設計，制作，実行，評価，改善する力を養う。
学習活動 1.5	情報デザインの考え方や方法を活用した作品制作を取り上げ，問題の解決策を提案するポスターなどを作成し，作品の評価や具体的な改善策を提案する。
学習活動 1.6	Webページやポスター等のコンテンツの制作を取り上げ，情報デザインに関する問題を発見するためにブレーンストーミングや情報通信ネットワークを通じた情報収集を行い，得られた情報を関連付けたり，表にしたり，図解したりすることで情報を整理する。

　効果的なコミュニケーションのための情報デザインの基本的な考え方を理解した上で，(2)全体を通した学習活動を実施する。情報と情報技術を活用して問題を発見し，その解決に向けて [3] 適切かつ効果的なメディアやコミュニケーション手段を選択し，情報デザインの考え方や方法に基づいてコンテンツを設計，制作，実行，評価，改善する。例えば，Webページの作成やWebサイトの設計，アプリケーション等のインタフェースの作成，クラスの実態調査の結果から問題の解決策を提案するポスターの作成などが考えられる。評価活動ではユーザビリティ*やアクセシビリティ*に加え，ダイバーシティ（多様性）やバイアス（偏り，先入観，偏見）などに配慮した行動デザインの視点（7章コラム p.158 参照）も取り入れる。なお，図表3-17の一連の活動においては，情報の受信者への配慮や多様性に配慮したデザイン制作などコミュニケーション対象者への配慮を行おうとする態度，情報社会に主体的に参画する態度を養うことが考えられる。例えば，多目的トイレについて，標識が男女差を表すデザインになっていないか，配置場所が男女トイレの真ん中など男女差を区別しない場所になっているかなどを観察し評価する。

　(2)の全体にわたる学習活動としては，情報と情報技術を活用して問題を発見し，その解決に向けて適切かつ効果的なメディアやコミュニケーション手段を選択し，情報デザインの考え方や方法に基づいて図表3-17に示す過程に取り組む。その際に，コミュニケーションに重要な受け手の状況や個人情報，メディアに対する知的財産*に配慮する力や態度を養う。学校紹介や学校行事などの特別活動などと連携した例を図表3-22に示した。

図表3-22　校内及び校外における学習活動の例―学校や行事の情報化（サイン計画）（「情報Ⅰ」(2) 全体）

校内の学習活動 1	学校内のトイレの案内やサインについて，ピクトグラムを考案・制作する。情報デザインの考え方を用いて評価し，問題を発見して，適切な解決方法を考えて新しいデザインを考案する（情報の可視化）。
校内の学習活動 2	学校紹介や学校行事などの特別活動などと連携したWebページやポスター等のコンテンツの制作を行う。情報デザインに関する問題を発見するためにブレーンストーミングや情報通信ネットワークを通じた情報収集を行い，得られた情報を関連付けて，表や図解することで情報を整理する。
校外の学習活動	学校周辺の案内板や標識，ピクトグラムについて調査・撮影（画像収集）を行い，情報デザインの観点で評価し，問題を発見して，新しいデザインを企画・提案して制作する。

3-3-2 コミュニケーションとコンテンツ

　ここでは，「情報II」の三つの項目に表題，「（ア）多様なコミュニケーションの形態とメディアの特性，（イ）情報デザインに配慮したコンテンツ制作と評価・改善，（ウ）コンテンツの発信と評価・改善」を付けて，学習内容及び学習活動について述べる。また，「情報I」の(2)「コミュニケーションと情報デザイン」で学習する内容と関連するので，3-3-1の学習内容を参考にする。なお，学習目標は，3-1-3に記述した「情報II」(2)の目標である。

⑦ 多様なコミュニケーションの形態とメディアの特性

　3-3-1では，コミュニケーション手段やメディアの特徴について扱った。ここでは，効果的なコミュニケーションを実現するために，コミュニケーションの多様な形態やメディアの特性を理解する。また，目的や状況に応じてコミュニケーション形態やメディアを選択し，その組合せを判断する。学習指導要領解説の「情報II」の(2)の(ア)で記述されている学習内容から主な学習項目を抜き出すと，図表3-23に示すとおりである。

図表3-23　学習項目（「情報II」(2)(ア)）

多様なコミュニケーションの形態	メディアの特性	情報を表現するメディア
情報を伝えるメディア		メディアの選択と組合わせ

　次に，学習指導要領に記載されている学習内容と学習活動の中からいくつかを示し（図表3-24），説明する。

図表3-24　学習内容及び学習活動の例（「情報II」(2)(ア)）

学習内容2.1 知識・技能	コミュニケーションには多様な形態があること，情報を表現するメディアには特性の違いがあること，情報を伝えるメディアには同期・非同期型のものがあり，コミュニケーションの形態とメディアの特性の組合せが重要であることを理解する。
学習内容2.2 思考・判断・表現	目的や状況に応じて，必要なコミュニケーションの形態を選択する力，コンテンツを制作するために複数のメディアを組み合わせる力とそれらを判断する力を養う。
学習活動2.1	グループで協働してWebサイトなどを制作する活動を取り上げ，多様なコミュニケーションの形態と様々なメディアとの組合せを扱う。
学習活動2.2	既存のコンテンツなどを取り上げ，そこで使用されているメディアの組合せ，想定されるコミュニケーションの形態などについて扱う。

　コミュニケーションの形態やメディアの特性の科学的な見方や考え方を働かせ，目的や状況に応じて1対1，1対多数，特定少数対不特定多数などの多様なコミュニケーションの形態を考える。さらに，情報を表現するメディアには文字，音声，静止画，動画などによる特性の違いがあること，情報を伝えるメディアには電話，テレビ・ラジオなどのような同期型のものと，手紙，電子メール，新聞のような非同期型のものがあり，それらを選択し組み合わせる力，必要な技能や判断する力を養う。また，受け手の状況を考えて情報を伝える際には個人情報に配慮し，メディアの選択の際には知的財産*に配慮する態度を養う。このような学習活動によって，情報デザインに配慮してコンテンツ*を制作し評価・改善する力を養うことをねらいとしている。

その際，既存のコンテンツを利用してメディアの組合せ状況やその効果を検証するなどの学習活動において，コンテンツに対する要求を整理する活動を取り入れる。

❶ 情報デザインに配慮したコンテンツ制作と評価・改善

情報デザインの考え方や方法については，「情報Ⅱ」の「(3)情報とデータサイエンス」「(4)情報システムとプログラミング」でも扱うことを意識しながら学習内容を計画する。学習指導要領解説の「情報Ⅱ」の(2)の(イ)で記述されている学習内容から主な学習項目を抜き出すと，図表3-25に示すとおりである。

図表3-25　学習項目（「情報Ⅱ」(2)(イ)）

次に，学習指導要領に記載されている学習内容と学習活動の中からいくつかを示し（図表3-26），説明する。

図表3-26　学習内容及び学習活動の例（「情報Ⅱ」(2)(イ)）

学習内容 2.3 知識・技能	文字，音声，静止画，動画などを適切に組み合わせてコンテンツを制作する方法，レイアウトや時間軸に沿った情報の配置を行うことの重要性を理解し，コンテンツを制作する技能を養う。
学習内容 2.4 思考・判断・表現	情報デザインに配慮して文字，音声，静止画，動画などを適切に組み合わせてコンテンツを制作する力，コンテンツを適切に評価し改善する力を養う。
学習活動 2.3	PDCAサイクルにより，コンテンツを制作する活動などを取り上げ，評価と改善を繰り返して情報デザインに配慮したコンテンツの質の向上について扱う。
学習活動 2.4	文字や静止画のみで構成されたコンテンツに必要に応じて音声や動画を組み合わせて対象をよりよく伝えたり，情報デザインに配慮してより分かりやすく伝えたりする。

目的や状況に応じて効果的なコミュニケーションを行うために，文字，音声，静止画，動画などを組み合わせたコンテンツを制作する技能を修得する。そして，情報デザインに配慮したコンテンツを制作し，制作過程においてグループ協議などでコンテンツに対する要求を整理・確認しながら，評価と改善を繰り返して最適化に取り組む。その際，発信者，受信者双方の視点からコンテンツを評価する。さらに，コンテンツの制作におけるプロトタイプ*の作成や，新しいコミュニケーションの形態に配慮して，仮想現実，拡張現実，複合現実などの技術の導入，ユーザの評価や利用状況の分析を基にしたコンテンツの改善なども考えられる。

❷ コンテンツ発信と評価・改善

「情報Ⅰ」の2の(1)「情報社会の問題解決」での個人情報*や知的財産*の扱い，暗号化（デジタルすかし）*などで情報を保護する方法，データを圧縮*する方法なども関連するので，3-2の学習内容を参考にする。学習指導要領解説の「情報Ⅱ」の(2)の(イ)で記述されている学習内容から主な学習項目を抜き出すと，図表3-27に示すとおりである。

図表3-27　学習項目（「情報Ⅱ」(2)(ウ)）

コンテンツの発信	印刷物	デジタルメディア	情報通信ネットワーク	コンテンツの発信方法	発信手段
知的財産	情報の保護	データの圧縮	情報デザインの考え方と方法	コンテンツの評価・改善
アンケートシステム	アクセス解析	定量分析	協働作業	Webサイト制作	ブレーンストーミング
自己評価	相互評価	ルーブリック評価	アクセシビリティ	ユーザビリティ評価

　次に，学習指導要領に記載されている学習内容と学習活動の中からいくつかを示し（図表3-28），説明する。

図表3-28　学習内容及び学習活動の例（「情報Ⅱ」(2)(ウ)）

学習内容2.5 知識・技能	印刷物やデジタルメディア，情報通信ネットワークなどを通じてコンテンツを発信する方法，発信の手段やコンテンツを評価し改善する方法について理解し，必要な技能を養う。その際，個人情報の取扱いや知的財産の扱いも踏まえ，暗号化などの情報を保護する方法，データを圧縮する方法などについて理解する。
学習内容2.6 思考・判断・表現	社会にコンテンツを発信する力，コンテンツの発信が及ぼす効果や影響について考える力，発信の手段やコンテンツを評価し改善する力などを養う。その際，情報デザインの考え方や方法を適切に活用する力を養う。
学習活動2.5	コンテンツの発信が及ぼす効果や影響について取り上げ，Web上のアンケートシステムやアクセス履歴などから定量的な分析を行い，コンテンツの改善について扱う。
学習活動2.6	グループでコンテンツを制作する活動を取り上げ，インターネット上のサービスを利用した協働作業の長所と短所について扱う。

　ここでは，(イ)で制作したコンテンツを発信するために，コンテンツを様々な手段で適切かつ効果的に社会に発信する方法を理解し，実際にコミュニケーションを行うために必要な技能を養う。また，発信したときの効果や影響を考えて発信手段やコンテンツを評価し改善するための学習活動を行う。その際，コンテンツに対する要求を整理する活動や発信者，受信者双方の視点からコンテンツを評価する活動を取り入れる。

　(2)の全体にわたる学習活動として，目的や状況に応じ文字，音声，静止画，動画などを組み合わせたコンテンツを制作して発信する際に，情報デザインに配慮したコンテンツになっているかなどをグループで話し合い，評価や改善を通じてよりよいコンテンツの制作や発信につなげることが考えられる。制作における一連の活動は，図表3-17に示した学習活動である。

図表3-29　全体にわたる学習活動の例─Webサイトの制作（「情報Ⅱ」(2)全体）

設計段階	ブレーンストーミングなど思考を拡散する方向で目的や状況を広く考えた後，実際に制作するものについて情報を整理し，目的の明確化と目標設定や課題を設定し，目的を達成するための設計につなげる（新しいコミュニケーションの形態に配慮し，仮想現実等の技術を取り入れる）。
制作段階	グループで協働して取り組むことを前提として，役割分担を行い並行して作業を進める。その際，情報デザインに配慮し，地域や学校の実態及び生徒の状況に応じてコンピュータなどを適切に利用して，静止画や動画などの素材を加工するソフトウェアなどを活用する。
発信段階	発信する情報の内容，想定される効果と影響について考え，必要に応じて発信の範囲を限定し，情報セキュリティや個人情報保護を考慮するなどの工夫を行う。
評価・改善の段階	一連の過程を振り返り，自己評価や相互評価，ルーブリック等で定めた基準による評価を行い，コンテンツや発信方法を改善する。評価と改善を繰り返すことで，コンテンツの最適化を図る。

3-4 コンピュータと情報システムにおける プログラミング

3-4-1 コンピュータとプログラミング

ここでは，「情報Ⅰ」(3)の(ア)(イ)(ウ)の三つの項目に表題，「(ア)コンピュータの仕組み，(イ)アルゴリズムとプログラミング，(ウ)モデル化とシミュレーション」を付けて，学習内容及び学習活動について述べる。ここでの学習目標は，3-1-2に記述した「情報Ⅰ」(3)の目標である。

⑦ コンピュータの仕組み

学習指導要領の「情報Ⅰ」(3)の(ア)で記述されている学習内容から主な学習項目を抜き出すと，図表3-30に示すとおりである。

図表3-30 学習項目(「情報Ⅰ」(3)(ア))

コンピュータの仕組み	外部装置の仕組み	コンピュータにおける情報の内部表現
計算の限界	オペレーティングシステム	精度とデータ容量のトレードオフ	計算の手順

次に，学習指導要領で記載されている学習内容と学習活動の中からいくつかを示し(図表3-31)，説明する。

図表3-31 学習内容及び学習活動の例(「情報Ⅰ」(3)(ア))

学習内容 1.1 知識・技能	コンピュータや外部装置の仕組みや特徴，コンピュータでの情報の内部表現と計算に関する限界について理解する。
学習内容 1.2 思考・判断・表現	コンピュータで扱われる情報の特徴とコンピュータの能力との関係について考察する。
学習活動 1.1	コンピュータの特性を踏まえて活用するために，コンピュータの基本的な構成や演算の仕組み，オペレーティングシステムによる資源の管理と入力装置や出力装置などのハードウェアを抽象化して扱う考え方，コンピュータ内部でのプログラムやデータの扱い方，値の範囲や精度について理解するようにする。
学習活動 1.2	コンピュータの特性を踏まえて活用するために，コンピュータの能力を適切に判断する力，精度とデータ容量のトレードオフの関係などを踏まえ，コンピュータを適切に活用する力を養う。

この単元では，コンピュータ*の基本的原理であるAND*，OR*，NOT*という論理演算*と論理回路*の働き，ハードウェア*としてのコンピュータの基本的な構成と動作，ソフトウェア*としてのオペレーティングシステムによる資源の管理と入力装置*や出力装置*などを抽象化して扱う考え方，コンピュータ内部でのプログラム*やデータの扱い方，値の範囲や計算精度*，ソフトウェアがオペレーティングシステム(OS)*の機能を利用して動作していること，などを理解するようにする。また，コンピュータでは定められたビット数のデータが扱われるために表現できる値の範囲や精度が有限であることで計算結果は原理的に誤差*を含む可能性があることを実際にプログラムを作成して，誤差を体験して理解するようにする。

さらに，コンピュータの特性を踏まえて活用するために，情報のデジタル化に伴う精度とデータ量*のトレードオフの関係などを理解し，コンピュータを適切に活用する力を養い，計算

などによって意図しない結果が生じたときに，データの扱い方や精度，計算の手順などに注目して，改善しようとする態度を養うことが考えられる。

❼ アルゴリズムとプログラミング

学習指導要領の「情報Ⅰ」(3)の(イ)で記述されている学習内容から主な学習項目を抜き出すと，図表3-32に示すとおりである。なお，コンピュータでの情報の内部表現や情報の抽象化，情報デザインについては，「情報Ⅰ」(2)「コミュニケーションと情報デザイン」の内容と関連付けて扱うこととなっている。

図表3-32　学習項目（「情報Ⅰ」(3)(イ)）

アルゴリズム	プログラミング	情報通信ネットワーク	オープンデータ	探索のアルゴリズム
整列のアルゴリズム	アルゴリズムによる効率の違い	プログラミング言語	ライブラリ	API
アクチュエータ	フローチャート	アクティビティ図	プログラミング言語	

次に，学習指導要領に記載されている学習内容と学習活動の中からいくつかを示し（図表3-33），説明する。

図表3-33　学習内容及び学習活動の例（「情報Ⅰ」(3)(イ)）

学習内容1.3 知識・技能	アルゴリズムを表現する手段，プログラミングによってコンピュータや情報通信ネットワークを活用する方法について理解し，技能を身に付ける。
学習内容1.4 思考・判断・表現	目的に応じたアルゴリズムを考え適切な方法で表現し，プログラミングによりコンピュータや情報通信ネットワークを活用するとともに，その過程を評価し，改善する。
学習活動1.3	気象データや自治体が公開しているオープンデータなどを用いて数値の合計，平均，最大値，最小値を計算する単純なアルゴリズムや，探索や整列などの典型的なアルゴリズムを考えたり表現したりする活動を取り上げ，アルゴリズムの表現方法，アルゴリズムを正確に表現することの重要性，アルゴリズムによる効率の違いなどを扱う。
学習活動1.4	プログラミングによってコンピュータの能力を活用することを取り上げ，対象に応じた適切なプログラミング言語の選択，アルゴリズムをプログラムとして表現すること，プログラムから呼び出して使う標準ライブラリやオペレーティングシステム及びサーバなどが提供するライブラリ，プログラムの修正，関数を用いてプログラムをいくつかのまとまりに分割してそれぞれの関係を明確にして構造化することなどを扱う。

この単元では，コンピュータを効率よく活用するために，アルゴリズム*を文章，フローチャート（流れ図）*，アクティビティ図*などによって表現する方法や，データ*やデータ構造*，プログラム*の構造，外部のプログラムとの連携を含めたプログラミングについて理解するとともに，必要な技能を身に付けるようにする。その際，例えば探索*のアルゴリズムとして線形探索*と二分探索*のアルゴリズムを示して二つの処理の結果や効率に違いが出ることや，整列（ソート）*のアルゴリズムとして選択ソート*とクイックソート*を示して，アルゴリズムを正確に記述することの重要性，プログラミングの意義や可能性等について理解するようにする。

また，コンピュータを効率よく活用するための，アルゴリズムを表現する方法を選択し正しく表現する力，アルゴリズムの効率を考える力，プログラムを作成する力，作成したプログラムの動作を確認したり，不具合の修正をしたりする力を養う。その際，処理の効率や分かりやすさなどの観点で適切にアルゴリズムを選択する力，表現するプログラムに応じて適切なプログラミング言語*を選択する力，プログラミングによって問題を解決したり，コンピュータの

能力を踏まえて活用したりする力を養う。

図表3-34 「情報Ⅰ」の教科書で使われている主なプログラミング言語

言語	特徴	プログラム (選択構造) の記述例
Scratch	MIT のメディアラボで学習用に開発されたビジュアルプログラム言語で，ブロックを組み合わせることで，直感的にプログラミングすることができる。	

VBA	マイクロソフトの Office シリーズで利用でき，マクロ機能を持つプログラム言語で，処理を自動化したり，定型的な作業や複雑な作業を自動で実行できる。	If coin = 500 Then
		  c = 1
		Else
		  c = −1
		End If

JavaScript	今までの静的な Web ページに対し，ページ内に組み込んで，動的な Web ページを作成するためのプログラミング言語で，ライブラリも豊富にそろっている。	If (coin == 500) {
		  c = 1;
		} else {
		  c = −1;
		}

Python	人工知能やビッグデータの処理などにも使われている言語で，拡張性があり，インデント (字下げ) がブロックを処理を意味しており，構造が分かりやすい。	If coin == 500 :
		  c = 1
		else :
		  c = −1

注) プログラムの記述例は，7-6 の「釣り銭」問題で，変数 coin は 500 円硬貨の支払いを意味している。

　なお，学習指導要領解説では，中学校技術・家庭科技術分野との系統性を重視する旨が示されている。高等学校情報科では，例えば，ここで取り上げたようなボード型コンピュータによる計測・制御システムを使って，センサーなどの入力装置や LED などの外部装置と接続し，さらにネットワーク*を利用した計測・制御システムを構築してプログラムを作成するプロセスの実習を通して，コンピュータの仕組み，外部装置の接続，ネットワークの仕組みを総合的かつ系統的に理解させる。

● モデル化とシミュレーション

　学習指導要領の「情報Ⅰ」(3) の (ウ) で記述されている学習内容から主な学習項目を抜き出すと，図表3-35 に示すとおりである。なお，モデル化とシミュレーションについては，高等学校数学科の「数学 A」の 2 の (2)「場合の数と確率」との関連が深く，地域や学校の実態及び生徒の状況に応じて教育課程を工夫して，相互の内容の関連を図ることが大切である。

図表3-35　学習項目 (「情報Ⅰ」(3) (ウ))

社会事象のモデル化	自然現象のモデル化	シミュレーション	モデルの評価と改善
シミュレーションによる問題解決	モデル化の限界	アクチュエータ	確率的モデル

　次に，学習指導要領に記載されている学習内容と学習活動の中からいくつかを示し (図表3-36)，説明する。

図表 3-36　学習内容及び学習活動の例（「情報Ⅰ」(3)(ウ)）

学習内容 1.5 知識・技能	社会や自然などにおける事象をモデル化する方法，シミュレーションを通してモデルを評価し改善する方法について理解する。
学習内容 1.6 思考・判断・表現	目的に応じたモデル化やシミュレーションを適切に行うとともに，その結果を踏まえて問題の適切な解決方法を考える。
学習活動 1.5	現実の事象をモデル化してシミュレーションする活動を取り上げ，現実の事象を抽象化することでコンピュータが扱える形に表現するモデル化のメリットや抽象化に起因するモデル化の限界を理解し，シミュレーション結果から予測を行ったり最適な解決方法を検討したりする。

　ここでは，モデル化*とシミュレーション*を身近な問題を発見し解決する手段として活用するために，実際の事象を図や数式などにモデル化して表現する方法や，モデル化した事象をシミュレーションできるように表現し条件を変えるなどしてシミュレーションする方法，作成したモデルのシミュレーションを通じてモデルを改善する方法を理解する。その際，モデルの形式*としては，静的モデル*と動的モデル*があること，さらに，動的モデルには確定的モデル*と確率的モデル*があり，シミュレーションの結果や精度が異なる場合があることについて理解することが求められている。

　また，モデル化とシミュレーションの考え方を様々な場面で活用するために，身の回りで活用されているシミュレーションを考えたり，モデル化をしてシミュレーションをするプログラムを実際に作成し，問題の発見や解決に役立てたり，その結果から問題の適切な解決方法を考えたり選択したりする力を養う。具体例として，自動販売機の動作では，状態遷移図*を使って図式化して考えさせる。また，物体の放物線運動では，物理的法則を使ってプログラムを作成し，シミュレーションを行い見えるようにして，どの角度が一番遠くに飛ぶかを考えさせる。

　(3)の全体にわたる学習活動の例としては，コンピュータや外部装置についての仕組みや特徴，モデル化とシミュレーションの考え方などを学び，生徒の希望する問題についての学習を深める中で，アルゴリズムやプログラミングなどについて自ら学び，問題の発見・解決に必要な資質・能力を獲得することなどが考えられる（図表 3-37）。

図表 3-37　全体にわたる学習活動の例（「情報Ⅰ」(3)）

学習活動 1	コンピュータや携帯情報端末などで使われているアプリケーションソフトウェアの特徴的な動作や機能を図や文章を用いて整理することで，コンピュータや携帯情報端末のハードウェアとしての機能の共通性や違いに着目し，演算処理・メモリ・入出力といった機能など基本的な構成について理解しようとする態度を養う。
学習活動 2	ハードウェアの機能はオペレーティングシステムやアプリケーションソフトウェアによる指示や制御の下で動作していることに着目し，身の回りのコンピュータや携帯情報端末についてハードウェアとソフトウェアの関係や CPU とメモリとのデータのやり取りについて学ぶ。
学習活動 3	手順を明確化して表現する学習活動を通して，アルゴリズムの違いによる効率の違いが体験できるよう，様々なアルゴリズムや生徒自身が考えたアルゴリズムを比較・評価する学習活動を行う。

高等学校で，この単元を教えるにあたり留意すべきことは，

(1) 学習指導要領の改訂で，小学校，中学校，高等学校と全ての校種にわたって，プログラミング教育が必修化されたこと。

(2) プログラミング教育は，「あらゆる活動においてコンピュータ等を活用することが求められるこれからの社会を生きていく子どもたちにとって，将来どのような職業に就くとしても極めて重要となる」[7] ということで導入されたこと。

(3) プログラミング教育は，特定の教科・科目だけでなく，例えば小学校では，算数や理科，音楽，総合的な学習の時間，といったような普段の教科の中でプログラミング教育を実施することや，中学校では技術・家庭科の技術分野の情報の技術の中で学ぶ。

ということである。

　また，プログラミング教育の目的は，「プログラミング的思考」を育むこと，情報技術の重要性に気付きそれを活用しようとする態度を育むこと，各教科での学びをより確実なものとすること，となっていることに注目する必要がある。

　なお，プログラミング的思考は，「自分が意図する一連の活動を実現するために，どのような動きの組合せが必要であり，一つ一つの動きに対応した記号をどのように組み合わせたらいいのか，記号の組合せをどのように改善していけば，より意図した活動に近づくのか，といったことを論理的に考えていく力である。」とされている [8]。

3-4-**2** 情報システムとプログラミング

　ここでは，「情報 II」(4) の (ア) (イ) (ウ) の三つの項目に表題，「(ア) 情報システムの仕組み，(イ) 情報システムの設計，(ウ) 情報システムのプログラミング」を付けて，学習内容及び学習活動について述べる。なお，ここでの学習目標は，3-1-2 に記述した「情報 II」(4) の目標である。

⑦ 情報システムの仕組み

　学習指導要領の「情報 II」(4) の (ア) で記述されている学習内容から主な学習項目を抜き出すと，図表 3-38 に示すとおりである。

図表 3-38　学習項目（「情報 II」(4) (ア)）

情報システムにおける情報の流れと処理の仕組み	情報セキュリティを確保する方法や技術
情報システムの在り方や社会に果たす役割と及ぼす影響	IC カードによる RFID の技術や処理の仕組み
位置情報システムの仕組みとオプトアウト	情報システムにおける個人情報の利用の在り方

　次に，学習指導要領に記載されている学習内容と学習活動の中からいくつかを示し（図表 3-39），説明する。

図表 3-39　学習内容及び学習活動の例（「情報 Ⅱ」(4) (ア)）

学習内容 2.1 知識・技能	情報システムにおける，情報の流れや処理の仕組み，情報セキュリティを確保する方法や技術について理解する。
学習内容 2.2 思考・判断・表現	情報システム及びそれによって提供されるサービスについて，その在り方や社会に果たす役割と及ぼす影響について考察する。
学習活動 2.1	交通系 IC カードを利用したシステムを取り上げ，RFID などの技術や処理の仕組み，情報システム全体の情報の流れ，情報システムに蓄積された情報の利用方法を扱うことが考えられる。
学習活動 2.2	携帯情報端末の位置情報システムを取り上げ，GPS (Global Positioning System) 衛星や携帯情報端末の基地局，無線 LAN を使用した機器からの情報を用いることで使用者の位置を正確に特定するための仕組み，ユーザの無線 LAN で接続される機器の位置情報の利用を無効にできるオプトアウト方式などの制度，情報システムにおける個人情報の利用の在り方などを扱う。

　ここでは，情報システム*を活用するために，ユーザが提供する情報，情報システムが提供する利便性，これらの情報の流れや処理の仕組み，情報システムを構成する情報技術などについて理解するようにする。その際，暗号化*，ファイアウォール*の設置，個人認証*，アクセス制御*，ネットワークのセグメント化*などのシステムや組織としての情報セキュリティを確保する方法についても理解するようにする。

　また，情報システムが提供するサービスを活用するために，そのサービスが生活に与える効果や影響，サービスが停止した時の影響，個人情報が漏洩した時の影響について考える力，サービスの停止や個人情報の漏洩に対応する力を養うとともに，人間が安全かつ快適に利用できることを目指した情報システムの在り方や社会に果たす役割と影響について考える力を養う。

❹ 情報システムの設計

　学習指導要領の「情報 Ⅱ」(4) の (イ) で記述されている学習内容から主な学習項目を抜き出すと，図表 3-40 に示すとおりである。

図表 3-40　学習項目（「情報 Ⅱ」(4) (イ)）

情報の流れや処理の仕組み	情報セキュリティを確保する方法や技術	情報システムの機能分割と統合
開発の効率や運用の利便性を考慮した設計	モジュールを活用した複数人による情報システムの設計，制作，テスト，統合	

　次に，学習指導要領に記載されている学習内容と学習活動については，「情報 Ⅱ」(4) の学習内容や学習活動のまとめでもある。解説については，3-3-1 を参照すること。

図表 3-41　学習内容及び学習活動の例（「情報 Ⅱ」(4) (イ)）

学習内容 2.3 知識・技能	情報システムにおける，情報の流れや処理の仕組み，情報セキュリティを確保する方法や技術について理解する。
学習内容 2.4 思考・判断・表現	情報システムをいくつかの機能単位に分割して制作し統合するなど，開発の効率や運用の利便性などに配慮して設計する。
学習活動 2.3	情報システムの設計の例として掲示板システムを取り上げ，その開発プロセス，文字データをサーバに送るモジュール，サーバ側で受け取った文字データをファイルに保存するモジュール，保存したデータの内容を Web ブラウザに表示するモジュールなどへの分割，各モジュールを構成する関数などの仕様の決定などを扱う。

　よりよい情報システムを開発するために，情報システムに求められる機能や性能を明確化す

る要件定義，ユーザが利用する画面やその遷移などを設計する外部設計，プログラミングの観点からユーザから見えない部分を設計する内部設計，設計に基づいてプログラムを作成する実装，仕様通りに正しく動作するかを確認するテスト，完成したシステムを稼働させる運用などを経て開発されること，複数人が役割を分担し協力しながら開発を進めていく方法について理解するようにする。

　また，複数の人が協力して品質の高いプログラムの開発を行うために情報システムを機能単位であるモジュールに分割したり，モジュールをその内部に含まれるいくつかの関数*などの集まりとして分割したり，関数の「書式」，「機能」，「引数*」，「戻り値*」などを適切に定義したり，それらを使って情報システムを構成するソフトウェアを設計する力を養う。

　その際，過去に自分が作成した関数，他人が作成した関数も含めてどのような関数を利用すれば効率的な開発ができるかを判断する力や，プログラムの誤り（バグ）*の発見と修正が容易になる方法を考える力を養う。

🔿 情報システムのプログラミング

　「情報II」での情報システムや情報通信ネットワーク，データの活用については，「情報I」(3)「コンピュータとプログラミング」及び(4)「情報通信ネットワークとデータの活用」で学習する内容と関連するので，3-4，3-5の学習内容を参考にすること。学習指導要領の「情報II」(4)の(ウ)で記述されている学習内容から主な学習項目を抜き出すと，図表3-42に示すとおりである。

図表3-42　学習項目（「情報II」(4)(ウ)）

情報システムを構成するプログラムを制作する方法の理解	
情報システムを構成するプログラムの制作	プログラム制作の過程の評価と改善

　高等学校の授業で実務的なプログラムを作成するには時間が不足するので，例えば，API*を利用してプログラムを作成すればよい。特に，Web上のサービスや通信へのアクセスに関するプログラムは，WebAPIを使うことで比較的簡単に作成することができる。

　学習指導要領に記載されている学習内容と学習活動については，情報IIの(3)(4)の学習内容や学習活動のまとめとしての意味もあり，ここでは記述内容を示すにとどめる（図表3-43）。解説については，3-4-1，3-5-1を参照すること。

図表3-43　学習内容及び学習活動の例（「情報II」(4)(ウ)）

学習内容2.5 知識・技能	情報システムを構成するプログラムを制作する方法について理解し，技能を身に付ける。
学習内容2.6 思考・判断・表現	情報システムを構成するプログラムを制作し，その過程を評価・改善する。
学習活動2.4	グループで掲示板システムを構成するプログラムを制作する学習を取り上げ，サーバ側のプログラムについて適切なプログラミング言語の選択，設計段階で作成した設計書に基づくプログラムの制作を扱う。
学習活動2.5	自分が制作したプログラムと他のメンバーが制作したプログラムの統合，テスト，デバッグ，制作の過程を含めた評価と改善について扱う。

　目的とする情報システムを開発するために，プログラミング言語の構文，人間が理解できる

言語で書かれたプログラムをコンピュータで実行させるために必要な言語プロセッサ，プログラムの誤りを見つけて手直しをする方法などについて理解し，必要な技能を身に付けるようにする。その際，プログラムの誤りを発見するために変数の値を表示してチェックする簡便な方法や，それを実現するためのソフトウェア等を使用する方法などについて理解し，必要な技能を身に付けるようにする。

　また，情報システムを構成するプログラムを制作するために適切なプログラミング言語を選択したり，目的に応じたプログラムを制作したり，プログラムを評価し改善したりする力を養う。その際，適切に関数などを定義して利用することでプログラムを構造化する力，適切なプロジェクト・マネジメントにより，グループで協働して計画的に情報システムを制作するとともに制作の過程を振り返って評価し改善する力を養う。

COLUMN　プログラミング的思考とその育成

　プログラミング的思考は，「論理的に考えていく力」である。意図した一連の活動（学習課題）に対して，「必要な動きを分けて考える」「動きに対応した命令にする」「それらを組み合わせる」「必要に応じて継続的に改善する」といった試行錯誤を行う中でプログラミング的思考を働かせる（下図参照）。

　プログラミング的思考を育成するには，思考力，判断力，表現力等を育む中に，プログラミング的思考の育成につながるプログラミングの体験を計画的に取り入れ，位置付けていくことが必要となる。

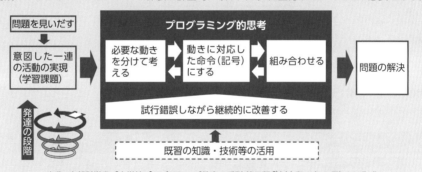

出典：文部科学省「小学校プログラミング教育の手引 第三版 8)」(令和2年2月) より作成。

3－5 情報通信ネットワークとデータサイエンス

3-5-1 情報通信ネットワークとデータの活用

　ここでは，学習指導要領の内容において，「情報Ⅰ」(4)の(ア)(イ)(ウ)の三つの項目に表題，「(ア)情報通信ネットワークと情報セキュリティ，(イ)情報システム，(ウ)データ活用」を付けて，学習内容及び学習活動について述べる。なお，ここでの学習目標は，3-1-2に記述した「情報Ⅰ」(4)の目標である。図表3-44のように，まとめることができる。

図表3-44　情報通信ネットワークとデータの活用

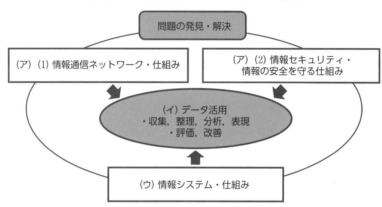

㋐ 情報通信ネットワークと情報セキュリティ

　学習指導要領の「情報Ⅰ」(4)の(ア)で記述されている学習内容から主な学習項目を抜き出すと，図表3-45に示すとおりである。

図表3-45　学習項目（「情報Ⅰ」(4)(ア)）

PC間接続の仕組み		クライアント	サーバ	パケット	プロトコル	経路制御
伝送制御	階層構造	個人認証	暗号化	暗号化プロトコル		デジタル署名
小規模ネットワークの仕組み		ネットワークの構成要素		ネットワークプロトコル		電子メール
ネットワークの設計	有線LAN	無線LAN	公衆無線LAN		情報セキュリティ	

　次に，学習指導要領で記載されている学習内容と学習活動の例（図表3-46）を説明する。

図表3-46　学習内容及び学習活動の例（「情報Ⅰ」(4)(ア)）

学習内容 1.1 知識・技能	情報通信ネットワークの仕組みや構成要素，プロトコルの役割及び情報セキュリティを確保するための方法や技術について理解する。
学習内容 1.2 思考・判断・表現	目的や状況に応じて，情報通信ネットワークにおける必要な構成要素を選択するとともに，情報セキュリティを確保する方法について考える。
学習活動 1.1	家庭内 LAN 等の小規模な情報通信ネットワークの仕組みについて，目的や方法に応じて必要な構成要素やプロトコルを学習する。
学習活動 1.2	電子メールを送受信するときの情報の流れなどについて，安全で効率的な情報通信ネットワークの設計に必要なこと，有線 LAN と無線 LAN の違い及び無線 LAN において情報セキュリティを確保する方法や安全・安心に利用するための注意点について学習する。

コンピュータ同士を接続する仕組みや情報通信ネットワークを構成するクライアント*やサーバ*，ハブ*，ルータ*などの構成要素の役割について理解する。

データをパケット*に分けて伝送すること，プロトコル*には経路制御や伝送制御など役割があり，複数の階層からなる構造を持つこと，個人認証や情報の暗号化，通信されるデータを暗号化するプロトコル，デジタル署名*や電子証明書（デジタル証明書）*などの情報セキュリティを確保するために開発された技術の仕組みと必要性などについて理解する。

コンピュータ等を用いて安全かつ効率的な通信を行うために必要な構成要素やプロトコルを適切に選択する力を養う。また，情報セキュリティを確保する方法について調べ，その意義を考えることにより，情報通信ネットワークを適切に活用しようとする態度を養う。

❶ 情報システム

学習指導要領の「情報Ⅰ」（4）の（イ）で記述されている学習内容から主な学習項目を抜き出すと，図表3-47に示すとおりである。

図表3-47　学習項目（「情報Ⅰ」（4）（イ））

情報システムが提供するサービス	情報システムにおけるデータの位置付け	データベース
データベース管理システム	データモデル	関係データモデル	構造化	構造化されていないデータ
サービスモデル	配置モデル	POSシステム	ATM	情報処理システム
トレーサビリティ	情報提供サービス	サービスの利用方法	ネットバンキング	分散管理
情報システムの連携	データ分析サービス	オープンデータ	データ分析の方法

次に，学習指導要領で記載されている学習内容と学習活動の例（図表3-48）を説明する。

図表3-48　学習内容及び学習活動の例（「情報Ⅰ」（4）（イ））

学習内容1.3 知識・技能	情報システムが提供するサービスを安全かつ効率的に活用するために，情報システムにおけるデータの位置付け，蓄積，管理，提供するデータベースについて理解する。
学習内容1.4 思考・判断・表現	情報システムが提供するサービスの効果的な活用について，目的に応じて適切なサービスを選択するために，様々なサービスが自らの生活にどのように役立っているかを考え，よりよいサービスの使い方を模索する力を養う。
学習活動1.3	POSシステムやATMなどの情報システム，荷物や商品の追跡などのトレーサビリティを確保する情報提供サービスなどの仕組みや活用例を取り上げ，情報システムにおけるデータの重要性，情報システムが提供するサービスを利用するための方法を扱う。
学習活動1.4	インターネットを介した銀行等の取引サービスの仕組みや特徴，取引データを守る工夫，利用する側と提供する側双方のメリットを学習する。取引データを蓄積するデータベースを分散管理し，情報システム同士を連携させる仕組みについて学習する。

情報システムのデータベース*を利用して，データを蓄積，管理，提供する方法，情報通信ネットワークを介してサービスを提供する仕組みと特徴について理解する。

複数のサービスを比較検討し，最適なものを選択したり，組み合わせたりして活用する力を養う。サービスを活用する際に，個人情報と受けるサービスとの関係に留意することを考える。

データベースとは，ある目的のために収集した情報を一定の規則に従ってコンピュータに蓄積し利用するための仕組みであること，ソフトウェアとしてデータベース管理システム*が必要であること，関係（リレーショナル）データモデル*などの構造化されたものだけでなく，多

様かつ大量のデータを扱うことに適したもの，自由に記述されたテキストなどの構造化されていないデータを扱うことができるものもあること，サービスの多くが情報通信ネットワーク上のシステムで稼働していること，これらのサービスやシステムの技術的な特徴などについて理解する。

❷ データ活用

学習指導要領の「情報 I」(4) の (ウ) で記述されている学習内容から主な学習項目を抜き出すと，図表 3-49 に示すとおりである。

図表 3-49　学習項目（「情報 I」(4)(ウ)）

データの形式	データ処理の流れ	データ処理の収集、整理、分析	関係データベース
表形式データ	時系列データ	テキストマイニング	名義尺度	順序尺度	間隔尺度

比例尺度	尺度水準	カテゴリ型データ	数量型データ	データ収集	データ整理

欠損値	外れ値	データ変換	データ分析	可視化	テキストデータ

整形	出現頻度	アンケート	相関係数	統計指標

相関関係	因果関係	交絡因子	単回帰分析	データの傾向	散布図

次に，学習指導要領で記載されている学習内容と学習活動の例（図表 3-50）を説明する。

図表 3-50　学習内容及び学習活動の例（「情報 I」(4)(ウ)）

学習内容 1.5 知識・技能	データを表現，蓄積するための表し方と，データを収集，整理，分析する方法について理解し，技能を身に付ける。
学習内容 1.6 思考・判断・表現	データの収集，整理，分析及び結果の表現の方法を適切に選択・実行・評価・改善する。
学習活動 1.5	気象データ，総務省統計局のデータ及び国や地方公共団体などのオープンデータなどを利用し，データ収集の偏りを考え，表計算ソフトウェアや統計ソフトウェアで扱うために整理，加工し，適切な分析や分かりやすい可視化の方法について話し合う。
学習活動 1.6	テキストマイニングの学習として，新聞記事や小説などのテキストデータを読み込み，適当な整形等を行った上で，単語の出現頻度について調べ，出現頻度に応じた文字の大きさで単語を一覧表示したタグクラウドを作り，単語の重要度や他の単語との関係性を捉える学習活動などを行う。

データを問題の発見・解決に活用するために，データの様々な形式，収集，整理，分析する一連のデータ処理の流れ及びその評価について理解する。リレーショナルデータベース（関係データベース）*や表計算ソフトウェア等で扱われる表形式で表現されるデータをはじめとして，様々な形式のデータを扱う。名義尺度*，順序尺度*，間隔尺度*，比例尺度*などのデータの尺度水準*の違い，文字情報として得られる質的データ*と数値情報として得られる量的データ*などの扱い方の違いを理解する。

データの収集は，内容や形式，収集方法を理解する。データの整理では欠損値*や外れ値*の扱い，データを整理，変換する必要性を理解する。データの分析では，基礎的な分析及び可視化の方法，テキストマイニング*の基礎やその方法を理解する。

データを問題の発見・解決に活用するために，必要なデータの収集，選択，判断する力，適切なデータの整理や変換の方法を判断する力，分析の目的に応じた方法を選択，処理する力，

結果について多面的な可視化を行い，傾向を見いだす力を養う。

結果に関する生徒個々人の解釈をグループで協議し，評価する学習活動などを行う。

データの傾向に関して評価するために，客観的な指標を基に判断する力，生徒自身の考えを基にした適正な解釈を行う力を養う。地域や学校の実態及び生徒の状況に応じて，数学科と連携し，データを収集する前に，分析の構想を練り紐付ける項目を洗い出したり，外れ値の扱いについて確認したり，データの傾向について評価するために仮説検定*の考え方などを学習する。

英語と日本語では，テキストマイニングをする際にどのような部分に違いがあるのか討論したり，実際にテキストマイニングを行って比較したりする活動などを行う。

図表3-51　全体にわたる学習活動の例（「情報Ⅰ」(4)）

学習活動 5.1.7	修学旅行の行程を決めるために生徒の意見を集約するなどの学習活動を行う。アンケート等を行い，必要なデータを収集し，分析結果を回答者などに示す。
学習活動 5.1.8	気温や為替などの変動，匿名化したスポーツテストの結果やオリンピック・パラリンピックの記録などのデータを分析する学習活動を行い，グラフや表などを用いてデータを可視化して全体の傾向を読み取ったり，問題を発見したり，予測をしたりすることを考える。

3-5-2　情報とデータサイエンス

ここでは，学習指導要領の内容において，「情報Ⅱ」(3)の(ア)(イ)(ウ)の三つの項目に表題，「(ア)データ活用，(イ)モデル化，(ウ)結果の評価と改善」を付けて，学習内容及び学習活動について述べる。なお，ここでの学習目標は，3-1-2に記述した「情報Ⅱ」(3)の目標である。図表3-52のように，簡潔にまとめることができる。

図表3-52　情報とデータサイエンス

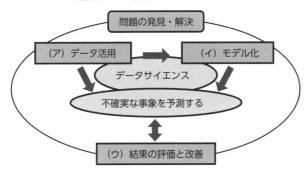

ⓐ データ活用

学習指導要領の「情報Ⅱ」(3)の(ア)で記述されている学習内容から主な学習項目を抜き出すと，図表3-53に示すとおりである。

図表3-53　学習項目（「情報Ⅱ」(3)(ア)）

様々なデータ	データベース	選択バイアス	情報バイアス	機械学習	人工知能	テキストマイニング

次に，学習指導要領で記載されている学習内容と学習活動の例（図表3-54）を説明する。

図表 3-54　学習内容及び学習活動の例（「情報Ⅱ」(3)(ア)）

学習内容 2.1 知識・技能	社会の様々なデータ，情報システムや情報機器などによって生成される大量のデータを活用する必要性，機械学習などから生み出されるデータの新たな社会的な価値，データを活用したサービス及び製品の仕組みや役割について理解する。データの種類や単位，データの値の意味，データの収集や整理，整形する方法を理解し，必要な技能を身に付ける。
学習内容 2.2 思考・判断・表現	結果に影響を与える交絡因子，信頼性の高いデータの収集，整理や整形，収集する際のバイアスやデータ入手元の違いによるデータ特性について判断する力を養う。機械学習を用いた人工知能判断精度向上のために，用意するデータを考える力を養う。
学習活動 2.1	Web ページなどに掲載されている記事やデータ，グラフ等について，その収集の方法や対象について調べ，目的にあった公正な収集がなされているか，その分析や可視化に関して，適切な方法の選択や解釈がなされているかについて話し合う。

　データの整理とは，データを処理しやすいように欠損値や外れ値に関して適切な処理を施したり，不要なデータなどを削除したり，適当な長さに分割，調整，結合したり，値や単位の変換を行うことであり，データの整形とは，必要に応じて表形式のデータなどに変換したり，必要な項目を追加，削除したり，あらかじめ必要な値を計算するなどのデータ全体の加工を意味している。データの収集，整理，整形に関しては，リレーショナルデーターベースの関係演算を扱うとともにデータベースの管理や操作を行うプログラミング言語について触れる。

　バイアスとは，データを収集する際に生じる偏りのことであり，対象となるデータを選択する際に生じる偏りである選択バイアスや，データを測定する際に生じる情報バイアスといわれるものがある。収集が適切か，過少申告や過剰反応などを誘導するものではないか，データについての信頼性や信憑性を考慮する際に必要となる要素である。

❹ モデル化

　学習指導要領の「情報Ⅱ」(3)の(イ)で記述されている学習内容から主な学習項目を抜き出すと，図表 3-55 に示すとおりである。

図表 3-55　学習項目（「情報Ⅱ」(3)(イ)）

確率や統計	データの傾向や特性	回帰・分類・クラスタリング	重回帰分析

条件付確率・近傍法・木構造などを用いた予測	階層的方法と非階層的方法	機械学習

　次に，学習指導要領で記載されている学習内容と学習活動の例（図表 3-56）を説明する。

図表 3-56　学習内容及び学習活動の例（「情報Ⅱ」(3)(イ)）

学習内容 2.3 知識・技能	確率や統計を用いたモデルの基本について理解する。データを適切なソフトウェアやプログラミングなどを活用して，処理し可視化などを行うことによって，データの傾向や特性などを理解する方法と技能を身に付ける。
学習内容 2.4 思考・判断・表現	将来の現象を予測し，複数の現象間の関連を明らかにするために，適切なモデル化や処理，解釈・表現を行う。回帰，分類，クラスタリングなどを通して，データを基にモデル化し，検討結果を基に不確実な事象について予測，判断する力を養う。単に可視化や分析された結果をそのまま使うだけではなく，得られたモデルを用いて新たな問題について検討し，予測が適切であるかを判断し，詳細な予測を行うために必要なデータを考える。
学習活動 2.2	日本の各都道府県に関する平均気温や降雨量，または特定の食物に関する嗜好などに関して，近隣の都道府県との比較，分類を行い，その結果を GIS などの地理情報データを基に可視化するなどの学習活動を行う。

データの処理に関しては，回帰*，分類，クラスタリング*及びそれらがどのような場面で活用されているか，これらを応用して人間が判断や意思決定を行う代わりにデータを基にどのような仕組みでコンピュータが判断を行っているかを理解する。回帰に関しては，重回帰分析などについて扱い，そのモデルを変更することによって結果がどのように変化するか，分類に関しては，条件付確率，近傍法，木構造などを用いた予測について扱い，これらの手法や技術がどのような場面に活用されているか，それぞれ適切なソフトウェアの活用を通して理解する。

　クラスタリングに関しては，階層的方法と非階層的方法について扱い，適切なソフトウェアの活用を通して活用場面についても考える。数学や統計学の専門的な内容に深入りすることなく，可視化やソフトウェアによる処理結果を基に，その概念を理解する。機械学習の基になる考え方や手法に関しては，具体的な問題に応じて分析や予測の手法を選択，判断する力を養う。

⊙ 結果の評価と改善

　学習指導要領の「情報Ⅱ」(3)の(ウ)で記述されている学習内容から主な学習項目を抜き出すと，図表3-57に示すとおりである。

図表3-57　学習項目（「情報Ⅱ」(3)(ウ)）

データ処理と人の判断	適切なモデル	データ処理	回帰直線と多項式近似曲線	統計ソフトウェア
数式処理ソフトウェア	機械学習	オープンデータ	質的データ	量的データ	3変量以上の複数散布図
文字認識	人工知能やロボット	個人情報	データ分析を用いた問題解決

　次に，学習指導要領で記載されている学習内容と学習活動の例（図表3-58）を説明する。

図表3-58　学習内容及び学習活動の例（「情報Ⅱ」(3)(ウ)）

学習内容2.5 知識・技能	機械学習を扱う際，あらかじめ用意した訓練データで学習させた結果について，どの程度の予測や判断ができているかを訓練データとは異なるテストデータによって試し，モデルのあてはめの度合いについての評価・判断を行う方法について理解する。訓練データの多様性の不足などにより単純すぎるモデルを作ってしまうために認識率が落ちる適合不足や，訓練データでの認識率は高いが実際の認識率が上がらない過剰適合についても学習する。
学習内容2.6 思考・判断・表現	データを処理した結果と人の判断がどの程度近いか，どのようなモデルを作ればあてはめの度合いが高まるのかについて検討，判断する力を養う。その際，未来の事象を予測するにはどのようなデータが必要であるか，どのような処理が必要であるか考える。
学習活動2.3	2変量のデータに関する回帰直線と多項式による近似曲線を比較して，予測する際の問題について考える。それらのモデルにデータを一つ加えたときの変動についてもデータを容易に扱うことができる統計ソフトウェアや数式処理ソフトウェアを活用して理解する。

　データ処理の目的は問題解決であり，単にデータ処理を行うことで，必ずしも目的が達成できるわけではないことや，適合不足や過剰適合に関しては，訓練データに合うモデルを作成するだけでは，それ以外のデータについての予測ができない場合があることを理解する。図表3-59に，全体にわたる活動を示す。

図表3-59　全体にわたる学習活動の例（「情報Ⅱ」(3)）

学習活動	Webページに掲載されているデータの整形を行い，散布図などを作成してその傾向を読み取り，重回帰分析等のモデルを作成し，その予測モデルに関する評価指標を調べ，ソフトウェアで作成したモデルと比較して，そのモデルにどのような改善が必要であるかを議論する学習活動を行う。このようなデータによる予測により，どのような問題に関して機械による判断が可能であるかを考える。

3-6 情報と情報技術を活用した問題発見・解決の探究

　ここでは，学習指導要領の内容において，「情報Ⅱ」(5)の学習内容及び学習活動について，「(ア)コンピュータや情報システムの基本的な仕組みと活用，(イ)コミュニケーションのための情報技術の活用，(ウ)データを活用するための情報技術の活用，(エ)情報社会と情報技術」として述べる。なお，ここでの学習目標は，3-1-3に記述した「情報Ⅱ」(5)の目標である。学習指導要領で記載されている学習活動の中から解説する。

⑦ コンピュータや情報システムの基本的な仕組みと活用

　学習指導要領に記載されている学習活動の中から考えられる例を挙げる（図表3-60）。コンピュータの仕組みを活用した問題の発見と解決，情報システムを活用した問題の発見と解決などが考えられる。

図表3-60　学習活動の例（「情報Ⅱ」(5)）

学習活動2.1	物理現象や数学的事象のシミュレーションを行ったり，グループで作業を進めるためのメッセージやファイルの交換や共有，作業の進捗状況の管理などを行うための情報システムを作成したりする。
学習活動2.2	画像認識，音声認識，カメラやセンサなどの外部機器や，その管理に必要なプログラムを使用することにより，作成するプログラムに機能を追加したり，ユーザビリティやアクセシビリティを向上したりする。
学習活動2.3	機械学習などの外部プログラムを使用することにより，ユーザの操作に応じて適切な情報を選択して表示したり，対話的な操作でコンピュータに指示を与えたり，自動運転などのように外部からの刺激に対して自律的な動作を行うプログラムを作成したりする。

⑦ コミュニケーションのための情報技術の活用

　学習指導要領で記載されている学習活動の中から考えられる例を挙げる（図表3-61）。伝えたいことに応じて文字，音・音声，静止画，動画などを編集して用いることが基本であり，必要に応じて仮想現実（VR)*，拡張現実（AR)*，複合現実（MR)*などの技術も含めてコンテンツを制作したり，制作したコンテンツを組み合わせて用いたりすることが考えられる。

図表3-61　学習活動の例（「情報Ⅱ」(5)）

学習活動2.4	インターネット上で公開された動画などと連携したリーフレットの作成，仮想現実を用いた没入感のある作品の制作，拡張現実を用いた状況に応じた情報の提供，複合現実を用いた靴や洋服などの三次元の物体のデータを現実世界に重ね合わせた情報の提供をする。
学習活動2.5	映像などをプロジェクタで物体に投影するプロジェクションマッピング，仮想世界を探検する中で，様々な情報を提供する作品の制作をする。

⑦ データを活用するための情報技術の活用

　学習指導要領に記載されている学習活動の中から考えられる例を挙げる（図表3-62）。目的に応じてインターネット上で公開されたデータを組み合わせることにより問題の発見や解決を行うことが考えられる。また，蓄積されたデータを解析することにより，今後の方向性を予測することなどが考えられる。

学習活動 2.6	外国人観光客の出身国や滞在期間，訪問する地域や施設などの様々なデータを解析することで，観光案内をどの言語で書けばよいか，滞在に必要な施設の特性，求められるイベントの種類などの具体的な対応につなげる。
学習活動 2.7	自然現象や災害に関して蓄積されたデータを解析することにより，災害の起こる場所や頻度，次の災害が起きるまでの期間，現在の地図と重ね合わせることにより被害などを予測する。
学習活動 2.8	記述式のアンケートなどのテキストデータなどをデータマイニングなどの手法で分析することにより新たな知見を引き出したり，スポーツの記録を分析することで勝つための方策を見いだしたり，コンビニエンスストアの来店記録を分析することで，季節別，時間帯別の来店者や購入商品の傾向から新たな販売戦略を立てるなど，情報システムやネットワークに蓄積された多様で大量のデータを分析することにより，価値を生み出す学習活動を行う。

☎ 情報社会と情報技術

　学習指導要領に記載されている学習内容と学習活動の中から考えられる例を挙げる（図表 3-63）。現在使われている情報技術，あるいは将来予測される情報技術により情報社会が受ける効果や影響についてまとめ，必要な対策を考えるなどの学習活動が考えられる。

図表 3-63　学習活動の例（「情報Ⅱ」(5)）

学習活動 2.9	人工知能の発達による社会や生活の変化について多角的に検討し，その効果や影響についてまとめ，人間に求められる能力の変化や，社会で必要とされる新たな職業について提案する。
学習活動 2.10	高度に発達した情報システムにより個人情報が収集されることによる利便性と危険性について調べ，個人情報の保護と活用についての学習教材や啓発リーフレットを作成する。
学習活動 2.11	拡張現実を用いた観光案内などの素材を多数作成し，これを別に作成した観光案内アプリケーションから GPS 機能などを用いて場所を特定し，今いる場所に関係した観光案内をインターネットから呼び出して表示するなどの情報システムを作成する。
学習活動 2.12	図書検索システムなどにユーザーが書籍の評価や感想なども入力できるようにしておき，書籍を検索すると，該当の本に対するユーザーの評価や感想なども表示されたりする。

　複数の項目に関わる課題については，情報技術を組み合わせたりすることによって提供するサービスの質を改善したり，機能を追加したりする学習活動が考えられる。このような活動を通じて，情報や情報技術を用いて問題を発見・解決する過程を通して新たな価値を創り出そうとする態度の育成につなげることが考えられる。

　なお，本章では，学習指導要領に基づく学習項目や内容について記述したが，具体的な学習内容や指導については，文部科学省が公表している「情報Ⅰ」「情報Ⅱ」の教員研修用教材[9), 10)]や実践事例集[11)]，そして，第7章で述べる授業の事例を参照していただきたい。

○● **C**OLUMN　　ジャンケンに勝つ！

　機械学習は，人工知能（AI）の一種とみなされている。データを使って学習し，自動で改善する。データから規則性などを発見し，予測などが可能となる。

　例として，「ジャンケンに勝つ！」をテーマとして，ジャンケンゲームを考えてみよう。

例題

　人が出した「グー・チョキ・パー」のデータを蓄積していき，次に何が出るか予想してみよう。なお，前提として，以下のようにする。

　・人は，「グー・チョキ・パー」の出し方には，何らかの傾向，偏りがある。
　・人は，乱数を発生することはできない。

〈考え方〉

（1）人が出した「グー・チョキ・パー」のデータを蓄積していき，その偏りを加味した乱数を発生させ，人は次に何を出すか予想する。

（2）ある人の統計データをとった結果，仮に，「グー・チョキ・パー」を出す割合を「3：4：5」とする。そして，コンピュータが出した一様乱数の値が，
　　・0 以上，0.25（3/12）未満のとき，「グー」
　　・0.25 以上，0.5833（(3+4)/12）未満のとき。「チョキ」
　　・0.5833（(3+4)/12）以上，1 未満のとき，「パー」
　とすると，次の表のようになる。

種類	度数	確率	累積確率
グー	3	0.2500	0.2500
チョキ	4	0.3333	0.5833
パー	5	0.4167	1.0000
1.0000	12	1.0000	

（3）今，コンピュータが出した値が，0.6789　とすると，「人はパーを出す」と予想し，「コンピュータはチョキを出す」ことにする。

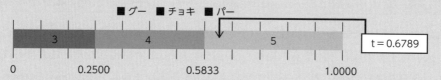

（4）「グー・チョキ・パー」を出す割合を「3：4：5」としたとき，アルゴリズムを考える。

〈アルゴリズム〉

```
t  ←  （0 以上 1 未満の乱数の値）
If  t  < （グーの累積確率）Then
        "人はグーを出す" と予想し，"コンピュータはパーを出す" ことにする。
Else
        If  t  < （チョキの累積確率）Then
        "人はチョキを出す" と予想し，"コンピュータはグーを出す" ことにする。
        Else
        "人はパーを出す" と予想し，"コンピュータはチョキを出す" ことにする
        End If
End If
```

章末問題

3-2

(1) 情報セキュリティの 3 要素について説明した後，情報セキュリティを確保するための個人が行うべき対策についてまとめ，説明しなさい。

(2) 個人情報の保護に関する法律における個人データの例外的な第三者提供について述べ，個人情報の保護と活用について，自らの考えをまとめなさい。

(3) 情報社会における個人の果たす役割と責任の観点から考えられる学習活動を，「サイバー犯罪，パスワード，生体認証，個人認証」のキーワードを入れて，100 ～ 200 字程度にまとめなさい。

3-3

(4) メディアを三つの側面に分け，その意味についてまとめ，説明しなさい。

(5) コミュニケーションの形態とメディアの特性について，手紙とメールを比較し，手紙を選択する場合は，どんなケースがあるか，情報セキュリティの観点も含めて 100 ～ 200 字程度にまとめなさい。

(6) 人の行動をよりよい方向へ導くデザインの身近な例を調査し，なぜ人々を無意識によりよい方向へ導くかを考え，話し合うなどの考えられる学習活動を 100 ～ 200 字程度にまとめなさい。

3-4

(7) コンピュータは，表現できる値の範囲や精度が有限であり，誤差が含まれる可能性がある。その誤差にはどのようなものがあるかについて，まとめなさい。

(8) アルゴリズムの違いによって，処理の結果や効率に違いが出ることを示した上で，アルゴリズムを正確に記述することの重要性について，まとめなさい。

(9) モデル化してシミュレーションを行う身の回りの事例をあげて，問題の発見や解決を考えさせる学習活動を 100 ～ 200 字程度にまとめなさい。

3-5

(10) データの尺度水準の特徴についてまとめ，説明しなさい。

(11) 情報提供するサービスの事例を示して，そのサービスを活用する際に，個人情報と受けるサービスとの関係について，自らの考えをまとめなさい。

(12) 情報通信ネットワークを構成するクライアントやサーバなどの構成要素の役割を考えさせる学習活動を 100 ～ 200 字程度にまとめなさい。

参考文献

1) 文部科学省「高等学校学習指導要領（平成 30 年告示）解説　情報編」2018 年
   https://www.mext.go.jp/content/1407073_11_1_2.pdf
2) 文部科学省「高等学校学習指導要領（平成 21 年告示）解説　情報編」2010 年
   https://www.mext.go.jp/component/a_menu/education/micro_detail/__icsFiles/afieldfile/2012/01/26/1282000_11.pdf
3) 鹿野利春「新しい情報科に向けて準備をしよう―じっきょう情報教育資料 52 号」実教出版，2021 年
   https://www.jikkyo.co.jp/download/detail/61/9992659731
4) オフィス伝わる（高橋佑磨・片山なつ）「伝わるデザイン｜研究発表のユニバーサルデザイン」2018 年
   https://tsutawarudesign.com/
5) 東京都福祉保健局「東京都カラーユニバーサルデザインガイドライン」
   https://www.fukushihoken.metro.tokyo.lg.jp/kiban/machizukuri/kanren/color.files/colorudguideline.pdf
6) Cass R. Sunstein, Licia A. Reisch, 大竹文雄（解説），遠藤真美（訳）「Trusting NUDGES データで見る行動経済学」日経 BP，2020 年
7) 文部科学省「小学校段階におけるプログラミング教育の在り方について（議論の取りまとめ）」2016 年
   https://www.mext.go.jp/b_menu/shingi/chukyo/chukyo3/053/siryo/__icsFiles/afieldfile/2016/07/08/1373901_12.pdf
8) 文部科学省「小学校プログラミング教育の手引第三版」2020 年
   https://www.mext.go.jp/content/20200218-mxt_jogai02-100003171_002.pdf
9) 文部科学省「高等学校情報科「情報 I」教員研修用教材」2019 年
   https://www.mext.go.jp/a_menu/shotou/zyouhou/detail/1416756.htm
10) 文部科学省「高等学校情報科「情報 II」教員研修用教材」2020 年
    https://www.mext.go.jp/a_menu/shotou/zyouhou/detail/mext_00742.html
11) 文部科学省「高等学校「情報」実践事例集」2021 年
    https://www.mext.go.jp/a_menu/shotou/zyouhou/detail/mext_01342.html

　＊ URL については，2021 年 11 月アクセス

第 4 章

専門教科情報科の
各科目

　この章では，学習指導要領 [1)]（以下，特に注釈がない場合，平成 30 年告示のものを指す）に記載されている専門教科情報科の目標と各科目の内容について述べる。まず 4-1 で専門教科情報科の目標及び全体の構造について述べ，次に 4-2 以降において，各科目の目標及び内容，履修上の注意等について述べる。専門教科情報科は主として情報の専門学科で教えられているが，専門学科以外でも，選択科目として設置される場合も多い。

　情報科の免許は，共通教科と専門教科のいずれも教えることができるものであり，公立高校の教員であれば，専門教科の科目が開設されている学校に着任した際は，それを教える必要がある。私立学校でも，専門教科情報科の科目が開設されている学校に勤務する場合は，それを教える必要がある。専門教科情報科の各科目の目標及び内容についての知識を持ち，それを深め，教員として指導できるようにすることは，極めて重要なことである。

4－1 専門教科情報科の各科目

　今回，2018 年（平成 30 年）の学習指導要領の改訂では，知識基盤社会の到来，情報社会の進展，高度な情報技術を持つ IT 人材の需要増大などを踏まえ，情報の各分野における専門性に関わる資質・能力を育成する教育を重視し，専門教科の 12 科目の各目標を包括したものとして，以下のような教育目標が示されている。

　情報に関する科学的な見方・考え方を働かせ，実践的・体験的な学習活動を行うことなどを通して，情報産業を通じ，地域産業をはじめ情報社会の健全で持続的な発展を担う職業人として必要な資質・能力を次のとおり育成することを目指す。

(1)　情報の各分野について体系的・系統的に理解するとともに，関連する技術を身に付けるようにする。

(2)　情報産業に関する課題を発見し，職業人に求められる倫理観を踏まえ合理的かつ創造的に解決する力を養う。

(3)　職業人として必要な豊かな人間性を育み，よりよい社会の構築を目指して自ら学び，情報産業の創造と発展に主体的かつ協働的に取り組む態度を養う。

　専門教科情報科では，この教育目標を達成するために 12 の科目を設定している。それぞれの科目は，下図に示すように共通的分野，情報システム分野，コンテンツ分野という三つの分野と総合的科目に分類している。

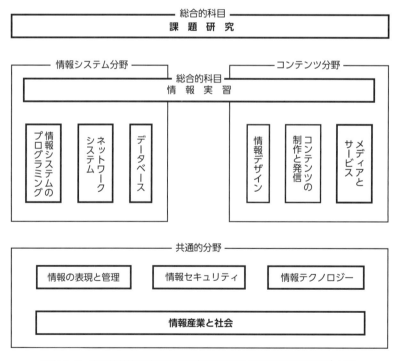

図表 4-1　専門教科情報科の科目及び分野の構成（学習指導要領解説 [1] より）

情報の専門学科においては，専門教科情報科の目標を達成するために，これらの科目を25単位以上履修することになっている。共通的分野の科目は，ほとんどの生徒が履修するものであるが，情報システム分野の科目，コンテンツ分野の科目は，生徒の進路希望などに応じて選択することが多い。なお，「課題研究」と「情報産業と社会」は原則履修科目となっており，全員が履修する。

　普通高校などにおいて専門教科情報科の科目を設置する場合は，選択科目としての扱いになる。その際，「情報Ⅰ」または「情報Ⅱ」を履修してから，その内容を深めるために専門教科の各科目を履修する。その際，共通教科と専門教科の接続について無理のないようにするとともに，必要な場合は，専門教科の履修に必要な学習を追加で行うようにするなどの配慮も必要である。なお，改訂前・改訂後の学習指導要領における専門教科の内容についての新旧科目対照表は以下のようになっている。

改訂	改訂前	備考
情報産業と社会	情報産業と社会	整理統合
課題研究	課題研究	
情報の表現と管理	情報の表現と管理	
	情報と問題解決	
情報テクノロジー	情報テクノロジー	
情報セキュリティ		新設
情報システムのプログラミング	アルゴリズムとプログラム	名称変更
ネットワークシステム	ネットワークシステム	
データベース	データベース	
	情報システム実習	
情報デザイン	情報メディア	整理統合
	情報デザイン	
コンテンツの制作と発信	表現メディアの編集と表現	名称変更
メディアとサービス		新設
情報実習	情報コンテンツ実習	整理統合

図表 4-2　新旧科目対照表（学習指導要領解説 [1) より）

　これらの変更は，情報産業の進展に対応し，必要な資質・能力を生徒に身に付けさせるために行ったものである。各科目の内容は，それに応じて高度になっているので，専門学科情報科で教えている教員であっても，その内容を確認し，必要な準備を行う必要がある。

　普通高校及び大学の教員養成課程においては，設備及び時間の関係で，各科目について十分に学ぶことが難しいことも考えられる。その際は，本書で各科目の概要を理解するとともに，コンピュータ関係の専門書や，Web上のコンテンツで内容を深めるようにして，専門教科情報科の目標が達成されるようにしていただきたい。

4-2 | 共通的分野の科目

　共通的分野の科目としては，「情報産業と社会」，「情報の表現と管理」，「情報セキュリティ」，「情報テクノロジー」の四つが設定されている。情報の専門学科では，情報システム分野，コンテンツ分野のいずれに進むにしても，これらの科目を履修しておくことが望ましい。普通高校などでは，「情報Ⅰ」を履修した後に「情報セキュリティ」を選択科目として履修するようにして，情報セキュリティ分野の人材育成を行うことも考えられる。

4-2-1　情報産業と社会

❶科目の目標と内容

　この科目の目標は，以下のように示されている。

　情報に関する科学的な見方・考えを働かせ，実践的・体験的な学習活動を行うことなどを通して，情報産業を通じ，地域産業をはじめ情報社会の健全で持続的な発展を担う職業人として必要な基礎的な資質・能力を次のとおり育成することを目指す。

(1)　情報産業と社会について体系的・系統的に理解するとともに，関連する技術を身に付けるようにする。

(2)　情報産業と社会との関わりに関する課題を発見し，情報産業に携わる者として合理的かつ創造的に解決する力を養う。

(3)　情報技術者に必要とされる情報活用能力の習得を目指して自ら学び，情報社会に主体的かつ協働的に参画し寄与する態度を養う。

　この科目は，目標に示す資質・能力を身に付けることができるよう，次の四つの指導項目から内容を構成している。それぞれの指導項目はア～ウの内容からなり，科目全体として2～4単位程度履修されることを想定している。

(1)　**情報社会の進展と情報産業**
　　ア　情報社会の進展
　　イ　情報社会における問題解決
　　ウ　情報社会の将来と情報産業

(2)　**情報とコミュニケーション**
　　ア　情報の表現
　　イ　情報の管理
　　ウ　情報技術を活用したコミュニケーション

(3)　**コンピュータとプログラミング**
　　ア　コンピュータの仕組み
　　イ　アルゴリズムとプログラム
　　ウ　情報通信ネットワークの活用

(4)　**情報産業が果たす役割**
　　ア　情報セキュリティ

イ　情報産業の役割

ウ　情報技術者の責務

　情報の専門学科においては，この科目は「課題研究」とともに，生徒全員が履修する原則履修科目である。専門教科情報科の基礎が凝縮された科目といってよいだろう。また，この科目は，必履修科目である共通教科情報科の「情報Ⅰ」の代替を想定した内容となっている。

　ここでいう「代替」とは，各教科・科目間の指導内容の重複を避け，教育内容の精選を図ろうとするものである。実施に当たっては，専門教科・科目と必履修教科・科目相互の目標や内容について十分な検討を行うことが必要であり，「情報産業と社会」の履修により「情報Ⅰ」の履修と同様の成果が期待できなければならない。

　「情報Ⅰ」は 2025 年度（令和 7 年度）以降の大学入学共通テストでの出題も決定しているため，ここでいう「同様の成果」は受験も含めたものと捉えるべきである。この科目の授業を担当する際は，「情報Ⅰ」の内容についてもよく理解しておく必要がある。

❷ 内容を取り扱う際の配慮事項

　情報産業が社会の情報化にどのように関わり，社会の中でどのような役割を果たしているかについて，以下のように実習を通じて体験的に学習することが重要であり，そのための機会を積極的に作る必要がある。

・身近にある産業現場を見学する。

・情報技術者の業務内容について直接話を聞いたりする。

　その際，人々の社会生活が情報を基盤として成り立っていることを踏まえて，情報産業が社会に与えている影響について，情報技術者の業務内容などと関連付けて考察するとともに，情報社会の健全で持続的な発展に参画し寄与する態度を養う必要がある。

　これらを実現するためには，教師自らが，産業現場や情報技術者との関係性を日常的に維持し続けることが必要である。そうすることによって，常に最新の情報産業の動向を把握することも可能になるだろう。これらも，専門教科情報科を教える教員に必要な資質・能力である。

　社会の情報化が人々の生活に与えている影響については，以下のような協働して分析，考察，討議するなどの言語活動の充実を図りながら，体験的な学習が必要である。

・日常生活の中から具体的な事例を取り上げる。

・情報産業が果たすべき役割や社会に与える影響の大きさに触れる

・情報技術者に求められる倫理観や責務などと関連付けて考える。

・情報や情報に関する技術が，人々の生活の様々な場面でなくてはならないものとして広く活用され，社会を支えていることに自ら気付く。

・情報産業と社会との関わりの視点で，課題を発見し，その解決に取り組む。

　これらを実現するためには，生徒の言語活動を活発に行わせるための授業設計能力と，体験的な授業を行う技能が必要である。

❶ 科目の目標と内容

この科目の目標は以下のように示されている。

　情報に関する科学的な見方・考えを働かせ，実践的・体験的な学習活動を行うことなどを通して，情報産業の維持と発展を支える情報の表現と管理に必要な資質・能力を次のとおり育成することを目指す。

(1)　情報の表現と管理について体系的・系統的に理解するとともに，関連する技術を身に付けるようにする。

(2)　情報の表現と管理に関する課題を発見し，情報産業に携わる者として合理的かつ創造的に解決する力を養う。

(3)　適切な情報の表現と管理を目指して自ら学び，情報産業の維持と発展に必要な情報の表現と管理に主体的かつ協働的に取り組む態度を養う。

　この科目は，目標に示す資質・能力を身に付けることができるよう，次の二つの指導項目から内容を構成している。それぞれの指導項目は複数の内容からなり，科目全体として 2 ～ 4 単位程度履修されることを想定している。

(1)　情報の表現

　　ア　情報社会と情報の表現

　　イ　メディアの特性とその表現

　　ウ　データサイエンスとデータの表現

　　エ　情報の発信とコミュニケーション

(2)　情報の管理

　　ア　情報の管理とドキュメンテーション

　　イ　コンピュータによる情報の管理と活用

　　ウ　情報の保護とセキュリティ

　この科目では，「(1) 情報の表現」として，情報社会における情報の表現の重要性を認識し，様々なメディアの特性を知り，データの表現を学び，コミュニケーションに配慮した情報発信を学ぶ。「(2) 情報の管理」では，様々なドキュメントの作成と管理，これをコンピュータによって管理するとともに必要な情報セキュリティを確保する方法を学ぶ。

　「情報社会と情報の表現」では，どのような情報が，どのようなメディアによって，どのように表現され，やり取りされているかについて，表現の多様性や社会への影響などについて生徒自身の経験と関連付けて扱う。その際，現在使われている技術にとどまらず，人間の五感をデジタルデータから再現するなどの新しい技術や情報の表現方法に関心を持ち，その可能性や問題点などの将来の情報表現について考察したり討議したりすることも考えられる。

　「メディアの特性とその表現」では，文字，音・音楽，静止画，動画などのメディアの特性や役割について理解し，情報の構造や順序を整理すること，図解して表現すること，音や静止画及び動画のデジタル化と編集，目的に応じた書体の選択などの情報を表現するための知識と技術を扱う。

「情報の発信とコミュニケーション」では，個人やグループの考えをまとめる方法，目的や対象を意識して情報を発信したり，コミュニケーションしたりするための基礎的な知識と技術について扱う。

　「情報の管理とドキュメンテーション」では，情報産業で必要になる通知文，企画書，報告書及び仕様書などの作成方法について扱うとともに，ファイリングシステムなど，ドキュメントを適切に管理する基礎的な知識と技術を扱う。

　「コンピュータによる情報の管理と活用」では，情報の構造を考慮したフォルダ構成や階層化，ファイルの命名規則や分類細目，バージョン管理，ネットワーク上の情報共有などについて扱う。また，付加情報（メタデータ）を与えることで，参照や共有をしやすくなることについても扱う。

　「情報の保護とセキュリティ」では，組織的，体系的な情報管理の重要性を理解し，情報セキュリティマネジメント，情報の管理に関する法規，情報のバックアップや暗号化などの基礎的知識を身に付け，情報を安全かつ適切に管理，共有，活用する方法について扱う。

❷ 内容を取り扱う際の配慮事項

　情報を表現する方法については，目的や対象に応じて情報通信機器やアプリケーションソフトウェアを選択し，実習を通して体験的に学習させることが重要である。その際，企業や大学などと連携し，情報産業や社会で実際に利用されている事例を取り上げ，利用者としての視点だけでなく，情報産業に携わる者として創造的に表現し，自ら発信及びコミュニケーションを行おうとする主体的かつ協働的な態度を育成することが大切である。

　これらを実現するためには，生徒が複数の情報通信機器やアプリケーションに触れ，その特性を理解し，対象に応じて使い分けることができる環境が必要である。また，教員は，生徒が自ら発信及びコミュニケーションを行おうとするような授業のストーリーを考えなければならない。

　情報の共有が情報産業や社会に様々な可能性を広げていることについて考察するとともに，不適切な情報の発信や流出が起こる危険も増していることに留意する。その際，企業や大学などと連携し，具体的な事例や実習を通して，情報管理の重要性について考察するようにする。また，社会を構成する一員として個人や組織の責任について考察し，情報産業に携わる者として，正しく情報を取り扱おうとする態度を身に付ける必要がある。

　これらを実現するためには，実習等を通じて実際に情報を発信させたり，共有させたりすることによって，その利便性や効果を実感させるとともに，危険性を認識させることが必要である。そのためには，学校内などの限られたエリアで実際に操作を行って考察することが安全性の面から考えてよいだろう。企業や大学などと連携すれば，実際に使われているシステムで実践的な実習を行うことも可能である。教員としては，ファイル共有と情報発信を校内で安全に行わせることができるシステムと，外部と連携して実践的に行わせるシステムの二種類を生徒に提供できるように準備し，正しく情報を扱おうとする態度をより深めるようにしたい。

❶ 科目の目標と内容

この科目の目標は以下のように示されている。

　情報に関する科学的な見方・考えを働かせ，実践的・体験的な学習活動を行うことなどを通して，情報社会を支える情報テクノロジーの活用に必要な資質・能力を次のとおり育成することを目指す。

(1)　情報テクノロジーについて体系的・系統的に理解するとともに，関連する技術を身に付けるようにする。

(2)　情報テクノロジーの利用，開発及び管理などに関する課題を発見し，情報産業に携わる者として合理的かつ創造的に解決する力を養う。

(3)　情報テクノロジーの安全かつ効率的な利用，開発及び管理を目指して自ら学び，情報システムの構築，運用及び保守などに主体的かつ協働的に取り組む態度を養う。

　この科目は，目標に示す資質・能力を身に付けることができるよう，次の三つの指導項目から内容を構成している。それぞれの指導項目は複数の内容からなり，科目全体として2～4単位程度履修されることを想定している。

(1)　**情報社会の進展と情報テクノロジーとの関わり**
　　ア　情報社会を支える情報テクノロジーと情報システム
　　イ　これからの情報社会と情報テクノロジー

(2)　**ハードウェアの仕組みと活用**
　　ア　コンピュータの構造と内部処理
　　イ　周辺機器とインタフェース
　　ウ　ハードウェアによる情報セキュリティ技術
　　エ　情報システムを構成するハードウェア

(3)　**ソフトウェアの仕組みと活用**
　　ア　オペレーティングシステムの仕組み
　　イ　応用ソフトウェアの仕組み
　　ウ　ソフトウェアによる情報セキュリティ技術
　　エ　情報システムを構成するソフトウェア

　この科目では，「(1)情報社会の進展と情報テクノロジーとの関わり」で情報社会と情報テクノロジーの関係を捉え，「(2)ハードウェアの仕組みと活用」，「(3)ソフトウェアの仕組みと活用」で，それぞれの情報テクノロジーについて学ぶ。

　「情報社会を支える情報テクノロジーと情報システム」では，情報社会を支える情報システムを取り上げ，これを構成する物理的な機器やそれを動かす論理的な構築技術，それを情報テクノロジーが人に具体的なサービスを提供するという形で結び付けていること，情報産業以外の他の産業とも深く結び付きながら人にサービスを提供していることなどを扱う。

　「これからの情報社会と情報テクノロジー」では，情報システムが機器や環境及びサービスとして稼働していることを扱うとともに，これらを社会の仕組みと技術とを結び付けてサービス

の提供者の立場で考えられるようにする。

「コンピュータの構造と内部処理」では，コンピュータの種類や特性及びそれを構成する装置などを取り上げ，コンピュータの内部で処理されるデータの流れや表現方法などを相互に関連させて扱う。また，目的とする処理に必要な処理装置の容量やスピードなどを実際に求めるなど，身に付けた知識を実際に活用できるようにする。

「周辺機器とインタフェース」では，その種類や特性及び役割を扱う。その際，周辺機器については，データの流れが理解できるように相互に関連付けて扱い，ネットワークやインターネットに関連する技術とも密接な関係があることに触れる。

「ハードウェアによる情報セキュリティ技術」では，不正利用や不正アクセスの防止を取り上げ，指紋認証や情報セキュリティチップなどのハードウェアに施された情報セキュリティ技術について扱う。

「情報システムを構成するハードウェア」では，ハードウェアに関連した情報テクノロジーを，情報システムと結び付けて取り上げ，機器を組み合わせてはじめて発生する運用性や継承性，信頼性などを扱う。

「オペレーティングシステムの仕組み」では，複数のオペレーティングシステムとミドルウェアを取り上げ，それぞれの特性や役割，操作技術などを扱う。その際，ミドルウェアについては，Webサーバ，アプリケーションサーバ，データベースサーバなどを扱う。

「応用ソフトウェアの仕組み」では，アプリケーションソフトウェア，情報システムや他のソフトウェアの機能を補うユーティリティソフトウェア，開発環境などを取り上げ，それぞれの種類，特性や役割について扱う。

「ソフトウェアによる情報セキュリティ技術」では，情報機器に不正な働きをもたらすマルウェアを取り上げ，その対策ソフトの動作原理や注意点，実際の設定や管理，プログラムのミスを修正するためのデータを利用者へ提供することの重要性，情報セキュリティを保つための具体的な作業の必要性と問題点，携帯情報端末の情報セキュリティなどについて扱う。

「情報システムを構成するソフトウェア」では，ソフトウェアに関連した情報テクノロジーを，情報システムと結び付けて取り上げ，異なる目的で作られたソフトウェアの相互運用やデータ等の継承について，利用者側の視点で扱う。

❷ 内容を取り扱う際の配慮事項

情報テクノロジーを理解し，その技術を身に付けるために指導項目ごとに実際に何かを作成し稼働させる実習を通じて体験的に学習させることが重要である。また，情報システムの構築，運用及び保守などについても，実際に周辺機器を接続したり，情報通信ネットワークに接続してサーバソフトウェアからのサービスを受けたりするなど，具体的な情報テクノロジーを活用した実習を通して体験的に学習することが重要である。

これらを実現するためには，情報テクノロジーに精通した上で最新の情報も取り入れ，生徒や地域の実態及び学科の特色等に応じて，その原理を端的に示す実習を考案し，実施に必要な情報機器の準備が必要である。また，この科目には，特定の教科書がないため，学習目標の達成に必要な書籍を生徒や地域の実態及び学科の特色等に応じて選択することも必要である。

❶ 科目の目標と内容

この科目の目標は以下のように示されている。

　情報に関する科学的な見方・考え方を働かせ，実践的・体験的な学習活動を行うことなどを通して，健全な情報社会の構築と発展を支える情報セキュリティの確保に必要な資質・能力を次のとおり育成することを目指す。

(1)　情報セキュリティについて体系的・系統的に理解するとともに，関連する技術を身に付けるようにする。

(2)　情報セキュリティに関する課題を発見し，情報産業に携わる者として合理的かつ創造的に解決する力を養う。

(3)　情報セキュリティが保たれた情報社会の構築を目指して自ら学び，情報システムの運用と管理に主体的かつ協働的に取り組む態度を養う。

　この科目は，目標に示す資質・能力を身に付けることができるよう，次の四つの指導項目から内容を構成している。それぞれの指導項目は複数の内容からなり，科目全体として2〜6単位程度履修されることを想定している。

(1)　情報社会と情報セキュリティ
　　ア　情報セキュリティの現状
　　イ　情報セキュリティの必要性

(2)　情報セキュリティと法規
　　ア　情報セキュリティ関連法規
　　イ　情報セキュリティ関連ガイドライン

(3)　情報セキュリティ対策
　　ア　人的セキュリティ対策
　　イ　技術的セキュリティ対策
　　ウ　物理的セキュリティ対策

(4)　情報セキュリティマネジメント
　　ア　情報セキュリティポリシー
　　イ　リスク管理
　　ウ　事業継続

　この科目では，「(1)情報社会と情報セキュリティ」で情報社会における情報セキュリティの現状と必要性を扱い，(2)以降で，法規，対策，マネジメントの順に学習を進めていく。情報セキュリティは，情報システム分野，コンテンツ分野のいずれについても必要なものである。

　「情報セキュリティの現状」では，現在の情報セキュリティの現状を取り上げるとともに，データやシステムなどの守るべき情報資産の特質について理解する。情報セキュリティの要素としては，機密性，完全性，可用性といった基本三要素に加え，アクセスを許可された者だけがアクセスできる真正性，常に期待した結果が得られる信頼性，アクセスログやシステムログを

保存することによって可能になる否認防止，それらを解析することで得られる責任追跡性などについて扱う。

「情報セキュリティの必要性」では，情報社会における情報セキュリティの必要性を取り上げ，情報セキュリティに関する情報技術者の役割について扱う。

「情報セキュリティ関連法規」では，サイバー犯罪防止法などの情報セキュリティに関連する法規，個人情報保護に関する法規，知的財産に関する法規などを取り上げ，具体的な事例，法規に沿った取扱い，情報技術者に求められる法令遵守の姿勢などについて扱う。

「情報セキュリティ関連ガイドライン」では，情報セキュリティに関連するガイドラインを取り上げ，具体的な事例と情報技術者に求められる適切な対応について扱う。また，情報セキュリティ対策の機能として，事前対策による予防，罰則を科したり，モラルに訴えたりする抑止，侵入を発見する検知，問題発生後に速やかに現状復帰させる回復について扱う。

「人的セキュリティ対策」では，パスワード管理，アクセス管理，通信記録の管理や監視などで，人による誤り，盗難，不正行為などの人に起因するリスクが大きな脅威となっていること，それを防止するために情報セキュリティの啓発などが重要であることを扱う。

「技術的セキュリティ対策」では，アルゴリズムとプログラムの作成過程，ユーザ認証とアクセス管理，暗号化，ウィルススキャンなどの技術的な問題について，それぞれの仕組みを理解し，対策についての知識と技術を扱う。

「物理的セキュリティ対策」では，情報を扱う場所の入退室管理，盗難や窃視等の防止，機器や装置及び情報媒体などの盗難や紛失防止などの物理的な保護及び措置に関する対策についての知識と技術を扱う。

「情報セキュリティポリシー」では，情報セキュリティを確保するための体制，運用規定，基本方針，対策基準などの策定に必要な知識と技術について扱う。

「リスク管理」では，情報セキュリティ上の脅威の発生確率や発生した場合の影響度などを評価するリスクアセスメント，実効性のある対策とその運用について必要な知識と技術を扱う。

「事業継続」では，情報セキュリティに関する事故発生時などの対策について，情報セキュリティポリシーに基づいて，適切かつ迅速な処理を行い，被害や損失を最小限に抑えるために必要な知識と技術について扱う。

❷ 内容を取り扱う際の配慮事項

情報セキュリティ技術について，その仕組みを理解し活用するために，アクセス管理，ウィルス対策，ユーザ認証，暗号化，電子照明など，生徒や地域の実態及び学科の特色に応じた情報セキュリティ技術を選択し，実習を効果的に取り入れて扱うことが大切である。また，そのような技術がない場合の影響を通して情報セキュリティ技術の必要性など考察する。

情報セキュリティに関する諸問題に対し，具体的な事例を通して主体的に考えるようにする。また，このような学習活動を通して，情報技術者の果たすべき役割と責任，情報セキュリティに関する問題について継続的に取り組む重要性を理解できるようにする。

これらを実施するに当たっては，情報セキュリティに関する実習を行う環境と教員の指導力，身に付けた知識・技術を適切に活用するための情報倫理教育が必要である。

4-3 情報システム分野の科目

4-3-1 情報システムのプログラミング

❶ 科目の目標と内容

この科目の目標は以下のように示されている。

> 情報に関する科学的な見方・考え方を働かせ，実践的・体験的な学習活動を行うことなどを通して，情報システムのプログラミングに必要な資質・能力を次のとおり育成することを目指す。
> (1) 情報システムのプログラミングについて体系的・系統的に理解するとともに，関連する技術を身に付けるようにする。
> (2) 情報システムのプログラミングに関する課題を発見し，情報産業に携わる者として合理的かつ創造的に解決する力を養う。
> (3) 情報システムの開発と運用・保守を目指して自ら学び，情報社会の発展に向けた情報システムのプログラミングに主体的かつ協働的に取り組む態度を養う。

この科目は，目標に示す資質・能力を身に付けることができるよう，次の四つの指導項目から内容を構成している。それぞれの指導項目はア～ウの内容からなり，科目全体として 2 ～ 6 単位程度履修されることを想定している。

(1) 情報システムの設計
    ア　情報システムの要求分析と定義
    イ　情報システムのモデル化
    ウ　情報システムの分割

(2) データ構造とアルゴリズム
    ア　データの型
    イ　データ構造
    ウ　アルゴリズム

(3) プログラミング
    ア　プログラム言語の種類と特性
    イ　プログラムの作成
    ウ　プログラムの統合

(4) 情報システムの開発管理と運用・保守
    ア　情報システムの開発工程の管理
    イ　情報システムの運用と保守
    ウ　情報システムのセキュリティ

この科目では，「(1) 情報システムの設計」でユーザの要求を分析して定義し，情報システムをモデル化した後に機能ごとに分割して設計を行い，「(2) データ構造とアルゴリズム」で，必要なデータの型やデータ構造を定め，アルゴリズムを作る。「(3) プログラミング」で，機能ごとに適したプログラミング言語を選んでプログラムを作成し，それを一つの情報システムとし

て統合する。「(4) 情報システムの開発管理と運用・保守」では，プロジェクト・マネジメント，運用，保守，情報システムに必要な情報セキュリティについて学ぶ。

「情報システムの要求分析と定義」では，利用者が情報システムに求めていることを明らかにするために必要な知識と技術について扱う。

「情報システムのモデル化」では，具体的な情報システムについて入出力やデータの流れ，情報システムの機能や構造などを扱い，これをデータフロー図，実体関連図及び状態遷移図などを用い，必要に応じて使い分けられるようにする。

「情報システムの分割」では，モデル化された情報システムについて入力，出力，通信などの機能要素間でやり取りされるデータを記述することで情報システムを分割できること，そうすることで設計，製作，運用及び管理に関わる労力が少なくなることなどについて扱う。

「データの型」では，数値型，文字型及び論理型などを取り上げ，扱うデータに適したデータの型を選択することなどを扱う。

「データ構造」では，図書館の書籍管理や，会員証の項目など具体的な例を取り上げ，データ構造を適切に活用することで大量のデータを効率よく処理することができることを扱う。

「アルゴリズム」では，具体的な例を取り上げ，フローチャートや構造化チャートなど，様々なアルゴリズムとアルゴリズムの効率化について体験的に理解することなどについて扱う。

「プログラム言語の種類と特性」では，複数のプログラム言語について体験し，目的に応じて適切なプログラム言語を検討し，選択することなどを扱う。

「プログラムの作成」では，分割した機能要素ごとに適切なデータ構造を選択し，アルゴリズムを考え，適切なプログラム言語を選択した単体プログラムの作成，動作試験を扱う。

「プログラムの統合」では，複数の単体プログラムを情報システムとして動作するように統合すること，動作試験を行うこと，情報セキュリティを向上することなどを扱う。

「情報システムの開発工程の管理」では，開発工程の管理方法，様々な開発モデルを扱う。

「情報システムの運用と保守」では，該当の情報システムについて適切な運用と保守の方法の選択，改善，設計段階から運用と保守を考えることの優位性などを扱う。

「情報システムのセキュリティ」では，システムの連続稼働性，情報流出を防ぐ仕組み，情報システムのセキュリティの高さと利便性の相反する可能性，情報セキュリティの実装に伴うコスト，法的な制約条件，これらを含めた総合的な判断が必要であることを扱う。

❷ 内容を取り扱う際の配慮事項

社会で活用されている具体的な情報システムについて調べ，生徒同士で話し合うなどの活動を通して，情報システムの機能や構造を整理し考察するようにする。また，具体的な情報システムについて，要求定義，設計，プログラミングなどの学習活動を行う。

これらを実現するためには，生徒が興味・関心を持ち，それを考察することによって，情報システムに関する知識が深まるような情報システムの選択，生徒が作ってみたいと思うような身近な情報システムの選択が重要である。情報システムの開発に携わる者から直接に話を聞くなどの経験も生徒の興味・関心を高めることに有効である。

❶ 科目の目標と内容

この科目の目標は以下のように示されている。

> 情報に関する科学的な見方・考え方を働かせ，実践的・体験的な学習活動を行うことなどを通して，ネットワークシステムの活用に必要な資質・能力を次のとおり育成することを目指す。
>
> (1) ネットワークシステムについて体系的・系統的に理解するとともに，関連する技術を身に付けるようにする。
>
> (2) ネットワークシステムに関する課題を発見し，情報産業に携わる者として合理的かつ創造的に解決する力を養う。
>
> (3) ネットワークシステムの安全かつ効率的な活用を目指して自ら学び，ネットワークシステムの開発，運用及び保守などに主体的かつ協働的に取り組む態度を養う。

この科目は，目標に示す資質・能力を身に付けることができるよう，次の四つの指導項目から内容を構成している。それぞれの指導項目はア～ウの内容からなり，科目全体として 2 ～ 4 単位程度履修されることを想定している。

(1) **ネットワークの基礎**

 ア ネットワークシステムの役割

 イ データ通信の仕組みと働き

 ウ ネットワークの仮想化

(2) **ネットワークの設計と構築**

 ア ネットワークの設計

 イ ネットワークの構築

 ウ ネットワークの分析と評価

(3) **ネットワークシステムの開発**

 ア ネットワークシステムを活用したサービス

 イ ネットワークサーバの構築

 ウ ネットワークアプリケーションの開発

(4) **ネットワークシステムの運用と保守**

 ア ネットワークシステムの運用管理

 イ ネットワークシステムの保守

 ウ ネットワークシステムのセキュリティ対策

この科目では，「(1) ネットワークシステムの基礎」で，社会で活用されているネットワークサービスを構成するネットワークシステムについて学び，「(2) ネットワークの設計と構築」では，小規模なネットワークを設計し，構築する。「(3) ネットワークシステムの開発」では，ネットワークを活用したサービスやサーバ，アプリケーションについて学び，「(4) ネットワークシステムの運用と保守」では，ネットワークシステムの運用，保守，セキュリティについて学ぶ。

「ネットワークシステムの役割」では，ネットワークシステムが情報社会において重要な役割

を果たしていること，ネットワークシステムの発展に伴う社会構造の変化を扱う。

「データ通信の仕組みと働き」では，ネットワークアーキテクチャ，接続方式，TCP/IP などを扱う。

「ネットワークの仮想化」では，ネットワークの仮想化に関する基本的な仕組みや働き，仮想化の概念，情報資源を論理的に分割や統合することの優位性を扱う。

「ネットワークの設計」では，ネットワークの基本構成，ネットワークの設計に関する基礎的な知識，統合脅威管理などについて扱う。

「ネットワークの構築」では，コンピュータとネットワーク機器の接続や設定，ネットワークに対応した機器の共有，アクセス制御や暗号化などの情報セキュリティを扱う。

「ネットワークの分析と評価」では，トラフィックなどの分析，障害や不正行為に対する安全性などの評価，構成要素の二重化，認証，アクセス制御，構築手順，要求分析などを扱う。

「ネットワークシステムの運用管理」では，ネットワークシステムの構成，操作，インシデント，セキュリティの管理などについて扱う。

「ネットワークシステムの保守」では，機器やデータの多重化，障害への対応と対策，定期点検，稼働状況管理，バックアップなどについて扱う。

「ネットワークシステムのセキュリティ対策」では，マルウェア，不正アクセス，情報漏洩などの仕組みや攻撃手法，管理や防止対策などについて扱う。

❷ 内容を取り扱う際の配慮事項

社会で活用されているネットワークシステムについて取扱い，そのネットワークシステムの全体像について研究するなど，実習を通して体験的に学習することが重要である。その際，ネットワークシステムに関する具体的な課題を設定し，ネットワークシステムの開発，運用及び保守などに関連付けて考えるとともに，安全なネットワークシステムの設計に主体的に取り組む態度を身に付ける必要がある。

実際に情報端末をネットワークに接続したり，ネットワークシステムを設計し，サービスを提供したりするなど，具体的にネットワークシステムを活用した実習を取り入れ，体験的に学習することが重要である。また，単にネットワークシステムを理論的に理解するだけでなく，クラウドシステムも意識した具体的な環境設定や安全かつ効率的なネットワークシステムの運用ができる技術を身に付ける必要がある。

これらを実現するためには，実際にネットワークシステムの開発，運用及び保守に携わっている技術者を招き，具体的なネットワークシステムについてディスカッションするなど，外部人材を取り入れた授業が有効である。

また，学習目標に沿った小規模なネットワークを構築する機材について準備する必要もある。実際の社会では，社内の小規模なネットワークと，クラウドサービスを組み合わせることにより，安価で安全かつ効率的なネットワークシステムを構築することが多い。クラウドサービスについても生徒が実際に触れて活用し，その特性を体感的につかめるようにした上で，クラウドサービスを取り入れた小規模ネットワークシステムの設計・構築ができるようにするなどの技術を身に付けるようにする。

❶ 科目の目標と内容

この科目の目標は以下のように示されている。

> 　情報に関する科学的な見方・考え方を働かせ，実践的・体験的な学習活動を行うことなどを通して，情報社会を支えるデータベースの活用に必要な資質・能力を次のとおり育成することを目指す。
> (1)　データベースについて体系的・系統的に理解するとともに，関連する技術を身に付けるようにする。
> (2)　データベースに関する課題を発見し，情報産業に携わる者として合理的かつ創造的に解決する力を養う。
> (3)　データの安全かつ効率的な活用を目指して自ら学び，データベースの利用，構築，運用及び保守などに主体的かつ協働的に取り組む態度を養う。

この科目は，目標に示す資質・能力を身に付けることができるよう，次の四つの指導項目から内容を構成している。それぞれの指導項目は複数の内容からなり，科目全体として 2 ～ 6 単位程度履修されることを想定している。

(1)　**データベースと私たちの社会**
　　ア　データベースと社会との関わり
　　イ　データベースを支える情報技術
　　ウ　データベースの目的と機能
　　エ　データベースのデータモデル

(2)　**データベース管理システムとデータベースの設計**
　　ア　データベース管理システムの働き
　　イ　データの分析とモデル化
　　ウ　データベースの正規化

(3)　**データとデータベースの操作**
　　ア　データの操作
　　イ　データベースの定義
　　ウ　データベースの操作

(4)　**データベースの運用と保守**
　　ア　データベースの運用管理
　　イ　データベースの保守

この科目では，「(1) データベースと私たちの社会」で，社会で活用されている情報システムには構成要素としてデータベースが組み込まれており，ネットワークや Web などの情報技術がそれを支えていること，データベースを使うとデータを効率よく扱うことができること，データベースを実現するために様々なデータモデルがあることを理解する。「(2) データベース管理システムとデータベースの設計」で，データベースを設計するために必要な知識と技術を身に付け，「(3) データとデータベースの操作」で，それを活用して実際にデータベースを定義して操作する。「(4) データベースの運用と保守」では，データベースの運用管理と保守に必要な知識と技術を身に付ける。

「データベースと社会との関わり」では，インターネット通信販売やコンビニのPOS，図書管理などを例にデータベースが社会に果たしている役割などについて扱う。

「データベースを支える情報技術」では，ネットワークやWebなどの情報技術を扱う。

「データベースの目的と機能」では，データがプログラムに依存せず独立性が保たれること，データの一元管理ができること，データの正規化を行うことでデータの重複をなくすことができることなどを扱う。

「データベースのデータモデル」では，様々なデータモデルの特徴やデータ構造などを扱う。

「データベース管理システムの働き」では，データベースの定義，操作，整合性管理，セキュリティ管理，トランザクション管理などを取り上げ，その機能と役割について扱う。

「データの分析とモデル化」では，データベースの設計には，データの分析とモデル化が必要なことを扱う。

「データベースの正規化」では，正規化はデータベースを設計する上において，表の整合性を保ったまま，データの重複や冗長性を排除して，データを効率的に扱えるようにする技法であること，正規化の必要性と重要性などについて扱う。

「データの操作」では，和，差，共通などの集合演算，選択，射影，結合などの関係演算を扱い，実習を通してデータの操作ができるようにする。

「データベースの定義」では，データベースの作成，表の作成と削除などのデータベースを定義するための基礎的な知識と技術を扱い，実習を通してデータベースの定義言語を扱うことができるようにする。

「データベースの操作」では，表の問い合わせ，ビューの作成，挿入，更新，削除などのデータベースを操作するために必要な知識と技術を扱い，実習を通してデータベースの操作言語を扱うことができるようにする。

「データベースの運用管理」では，データベースを円滑かつ適切に運用するための組織体制，リスク管理，セキュリティ管理などを扱う。

「データベースの保守」では，障害の発生からの復旧，性能改善を図るための方策，データベースの再編成，保守の必要性などを扱う。

❷ 内容を取り扱う際の配慮事項

データベースを理解するために，社会で活用されている具体的なデータベースを実際に扱ったり，その構造やシステムを調査・研究したりするなど，実習を通して体験的に学習することが大切である。生徒や地域の実態，学科の特色等に応じて，適切なデータベース操作言語やデータベース管理システムを選択し，選択したデータベース言語などを使用してデータベースの操作について実際に確認する学習を行うことが重要である。

これらを実現するためには，社会で活用されている具体的なデータベースを知る必要がある。例えば，Wikipediaや経済産業者が提供する地域経済分析システムもデータベースである。また，実習に使うデータベース管理システムも様々なものがある。クライアントの動作，校内サーバでの使用，クラウドでの運用など実習内容によって最適なものを選択する必要がある。

4-4 コンテンツ分野の科目

4-4-1 情報デザイン

❶ 科目の目標と内容

この科目の目標は以下のように示されている。

> 情報に関する科学的な見方・考え方を働かせ，実践的・体験的な学習活動を行うことなどを通して，情報デザインの構築に必要な資質・能力を次のとおり育成することを目指す。
> (1) 情報伝達やコミュニケーションと情報デザインとの関係について体系的・系統的に理解するとともに，関連する技術を身に付けるようにする。
> (2) 情報デザインの手法，構成，活用に関する課題を発見し，情報産業に携わる者として合理的かつ創造的に解決する力を養う。
> (3) 情報デザインによる効果的な情報伝達やコミュニケーションの実現を目指して自ら学び，コンテンツやユーザインタフェースのデザインなどの構築に主体的かつ協働的に取り組む態度を養う。

この科目は，目標に示す資質・能力を身に付けることができるよう，次の四つの指導項目から内容を構成している。それぞれの指導項目は複数の内容からなり，科目全体として2～6単位程度履修されることを想定している。

(1) 情報デザインの役割と対象
  ア 社会における情報デザインの役割
  イ 情報デザインの対象

(2) 情報デザインの要素と構成
  ア 情報デザインにおける表現の要素
  イ 表現手法と心理に与える影響
  ウ 対象の観察と表現
  エ 情報伝達やコミュニケーションの演出

(3) 情報デザインの構築
  ア 情報の収集と検討
  イ コンセプトの立案
  ウ 情報の構造化と表現

(4) 情報デザインの活用
  ア 情報産業における情報デザインの役割
  イ ビジュアルデザイン
  ウ インタラクティブメディアのデザイン

この科目では，「(1)情報デザインの役割と対象」で情報デザインには問題解決の手法としての役割があり，その対象は広範囲に及ぶことを学び，「(2)情報デザインの要素と構成」で形態，色彩などの表現の要素，造形や色彩が人間の心理に与える影響，対象を観察し表現する方法，レイアウトや配色を学び，演出手法の選択を行う。「(3)情報デザインの構築」では，具体的な

課題について実際に情報を収集，検討してコンセプトを作り，情報を構造化して表現する。「(4)情報デザインの活用」では，情報産業において情報デザインが果たす役割について学び，メディアの特性を生かして情報デザインを構築する。

「社会における情報デザインの役割」では，情報デザインには社会における情報伝達やコミュニケーションについての課題を合理的に解決する役割があること，合目的性があることを扱う。

「情報デザインの対象」では，外見的なデザインだけでなく，データの可視化，行動の誘導，使いやすさの向上といったこともデザインの対象として含まれていることを扱う。

「情報デザインによる表現の要素」では，形態や色彩の特性の情報伝達やコミュニケーションにおける効果的な活用について扱う。

「表現手法と心理に与える影響」では，造形や色彩を使った表現手法が人間の心理に与える影響を踏まえた造形と色彩の組み合わせについて扱う。

「対象の観察と表現」では，対象を観察する方法，観察の結果を表現するときの考え方，造形するための手法について扱う。

「情報伝達やコミュニケーションの演出」では，レイアウトや配色，演出手法の選択，演出と情報操作の違いなどについて扱う。

「情報の収集と検討」では，アンケートやインタビューなどの情報収集の手法，それぞれの手法の長所と短所，収集できる情報の性質の違いについて扱う。

「コンセプトの立案」では，発散的な思考でアイデアを引き出すための手法や収集的な思考で情報を集約する手法を取り上げ，収集した情報を基にコンセプトを立案することを扱う。

「情報の構造化と表現」では，情報を整理し，並列，順序，分岐，因果，階層などの関係性を読み取り，組み合わせることで構造化できることを扱う。

「情報産業における情報デザインの役割」では，情報デザインが利用者の使い心地を向上させ，他の製品やサービスとの差別化の手段となっている事例を取り上げ，情報産業が提供する製品やサービスの普及が情報デザインによって左右されることを扱う。

「ビジュアルデザイン」では，様々なデザインを取り上げ，レイアウトや造形，配色を工夫し，適切な情報伝達やコミュニケーションができることを扱う。

「インタラクティブメディアのデザイン」では，ボタン，メニューなどの造形や表記が利用者の行動を誘導したり，音や動作などにより対話的な反応をさせたりすることで，操作性を向上させている事例を取り上げ，利用者が目的とする動作や情報が適切に得られるように，システム全体を見渡してインタラクティブメディアをデザインしていることを扱う。

❷ 内容を取り扱う際の配慮事項

情報デザインの具体的な事例を情報伝達やコミュニケーションと関連付け，体験的に学習することが重要である。また，情報を収集，整理，構造化し，それを基に情報デザインを考え，作品という形で制作し，可視化する実習などを通じて，体験的に学習することも重要である。

これらの実現には，グループワークで多様な意見に触れ，生徒が主体的に社会の課題と向き合い，解決に向け継続的に取り組む態度を身に付ける必要がある。生徒の興味・関心に沿った題材の設定と意欲が継続するような授業設計，作品制作のための環境の準備が必要である。

4-4-2 コンテンツの制作と発信

❶ 科目の目標と内容

この科目の目標は以下のように示されている。

> 情報に関する科学的な見方・考え方を働かせ，実践的・体験的な学習活動を行うことなどを通して，コンテンツの制作と発信に必要な資質・能力を次のとおり育成することを目指す。
>
> (1) コンテンツの制作と発信について体系的・系統的に理解するとともに，関連する技術を身に付けるようにする。
>
> (2) 情報社会におけるコンテンツの制作と発信に関する課題を発見し，情報産業に携わる者として合理的かつ創造的に解決する力を養う。
>
> (3) 情報社会で必要とされるコンテンツの創造を目指して自ら学び，コンテンツの制作と発信に主体的かつ協働的に取り組む態度を養う。

この科目は，目標に示す資質・能力を身に付けることができるよう，次の五つの指導項目から内容を構成している。それぞれの指導項目はア〜ウの内容からなり，科目全体として 2 〜 6 単位程度履修されることを想定している。なお，指導項目の (2) から (4) までについては，生徒の興味・関心，地域産業の実態，学科の特色などに応じて，全ての内容を取り扱うか，いずれかの内容を選んで取り扱うかを選択することができる。

(1) **情報社会とコンテンツ**

 ア コンテンツの役割と影響

 イ メディアの種類と特性

 ウ コンテンツの保護

(2) **静止画のコンテンツ**

 ア 静止画による表現

 イ 静止画の編集

 ウ 静止画のコンテンツ制作

(3) **動画のコンテンツ**

 ア 動画による表現

 イ 動画の編集

 ウ 動画のコンテンツ制作

(4) **音・音声のコンテンツ**

 ア 音・音声による表現

 イ 音・音声の編集

 ウ 音・音声のコンテンツ制作

(5) **コンテンツの発信**

 ア コンテンツ発信の方法

 イ コンテンツの統合と編集

 ウ コンテンツの発信と評価

この科目では，「(1)情報社会とコンテンツ」で情報社会の中でコンテンツが果たす役割と影響，メディアの種類と特性，コンテンツの保護を学び，(2)から(4)でコンテンツの表現，編集，制作を行い，(5)でコンテンツ発信の方法を学び，コンテンツを統合して発信し，評価する。

　「コンテンツの役割と影響」では，情報社会の中でコンテンツが果たしている役割や及ぼしている影響，コンテンツと情報産業との関わりについて扱う。

　「メディアの種類と特性」では，コンテンツが様々な種類のメディアで構成されていることや，それらのメディアの特性について扱う。

　「コンテンツの保護」では，著作権保護技術の必要性，静止画や動画，音・音声などにおける著作権保護技術，デジタル著作権管理の具体的な事例，情報産業との関わりについて扱う。

　「静止画による表現」では，企画の立案，構図やカット割りなどの表現技法，撮影技法，静止画の編集などの静止画に関する知識と技術を扱う。

　「静止画の編集」では，静止画を扱うソフトウェアの特徴，編集技法などの制作と編集に必要な知識と技術，デジタルカメラなどの関連機器を利用した静止画の撮影やスキャナなどの周辺機器を利用した素材の取り込みについて扱う。

　「静止画のコンテンツ制作」では，適切なアプリケーションソフトウェアを選択し，作品を制作し，評価を行い，改善することを扱う。

　「動画による表現」では，企画の立案，シナリオ及び絵コンテの作成，構図やカット割りなどの表現技法，撮影技法，動画の編集などの動画による表現に関する知識と技術を扱う。

　「動画の編集」と「動画のコンテンツ制作」は静止画の場合に準じる。

　「音・音声による表現」では，ナレーション，効果音，音楽などの他，静止画との組合せによる表現，動画作品における演出効果や同期効果などの音・音声による表現に関する知識と技術を扱う。

　「音・音声の編集」と「音・音声のコンテンツ制作」は静止画の場合に準じる。

　「コンテンツ発信の方法」では，様々な方法によるコンテンツの発信に関する知識と技術，その方法の特徴の理解，目的に応じた適切な発信手法を選択することの重要性について扱う。

　「コンテンツの統合と編集」では，コンテンツを統合し，編集するために必要な知識と技術について扱う。

　「コンテンツの発信と評価」では，コンテンツを積極的に発信する意欲や態度，課題を発見し，主体的に改善していく力，生徒や地域の実態，学科の特色等に応じて適切なアプリケーションソフトウェアを選択し，コンテンツの発信を行うことを扱う。

❷ 内容を取り扱う際の配慮事項

　情報社会におけるコンテンツの役割やその影響に着目するとともに，コンテンツの制作と発信に関する知識と技術について，アプリケーションソフトウェアを用いて主体的に作品を制作するなどの実習を通じて体験的に学習することが重要である。

　これらを実現するためには，適切なアプリケーションを用いた制作環境の準備と，これを活用した指導が必要である。また，この科目には，特定の教科書がないため，学習目標の達成に必要な書籍を生徒や地域の実態及び学科の特色等に応じて選択することも必要である。

❶ 科目の目標と内容

この科目の目標は以下のように示されている。

　情報に関する科学的な見方・考え方を働かせ，実践的・体験的な学習活動を行うことなどを通して，メディア及びメディアを利用したサービスの活用に必要な資質・能力を次のとおり育成することを目指す。

(1)　メディア及びメディアを利用したサービスについて体系的・系統的に理解するとともに，関連する技術を身に付けるようにする。

(2)　メディアを利用したサービスに関する課題を発見し，情報産業に携わる者として合理的かつ創造的に解決する力を養う。

(3)　メディアを利用したサービスの安全かつ効果的な運用を目指して自ら学び，メディアを利用したサービスの設計などに主体的かつ協働的に取り組む態度を養う。

　この科目は，目標に示す資質・能力を身に付けることができるよう，次の四つの指導項目から内容を構成している。それぞれの指導項目はア，イの内容からなり，科目全体として 2 〜 4 単位程度履修されることを想定している。

(1)　**メディアと情報社会**
　　ア　メディアの機能
　　イ　メディアの活用

(2)　**メディアを利用したサービス**
　　ア　メディアを利用したサービスの機能
　　イ　メディアを利用したサービスの活用

(3)　**メディアを利用したサービスの役割と影響**
　　ア　メディアを利用したサービスと情報社会との関わり
　　イ　メディアを利用したサービスと情報産業との関わり

　この科目では，「(1) メディアと情報社会」で，メディアの機能を知って分析や活用を行うとともに社会に果たす役割について学び，「(2) メディアを利用したサービス」で，メディアを利用したサービスの機能を知って活用する。「(3) メディアを利用したサービスの役割と影響」では，情報社会や情報産業にメディアを利用したサービスが果たす役割と影響について考える。

　「メディアの機能」では，社会で利用されている様々なメディアに関わる基礎的な知識と技術，メディアの必要性や重要性について考えること，情報産業や社会におけるメディアの活用状況や果たしている役割などについて扱う。

　「メディアの活用」では，利用者の目的や状況に合わせたメディアの適切な選択，組合せ，既存のメディアの分析，新たな活用に関する企画・提案，情報セキュリティに配慮した運用・管理，複数のメディアを統合したコンテンツ，多様なセンサからの入力と多様なデバイスへの出力を伴うインタラクティブなメディアの創造について扱う。

　「メディアを利用したサービスの機能」では，サービスの機能，仕組み，処理の概要や企画・設計及び運用・管理などの基礎的な知識と技術，メディアを利用したサービスの必要性や重要

性について考えること，情報産業や社会におけるメディアを利用したサービスによって収益を得る仕組みや，サービスを無料で提供することを実現する仕組みなどを扱う。

「メディアを利用したサービスの活用」では，メディアを利用者の目的や状況に合わせて適切に選択したり，組み合わせたりする実習や，利用者の目的や状況に合わせたサービスの企画・提案，設計や運用・管理などについて扱う。実習に際しては，他者との協働活動を積極的に取り入れた学習，情報端末や各種センサなどを組み合わせたサービス形態について扱う。

「メディアを利用したサービスと情報社会との関わり」では，メディア及びメディアを利用したサービスが情報社会に及ぼす影響について，発展の歴史を踏まえて扱う。その際，実在のサービスなどに関連するビジネスモデル，オープンソースやクリエイティブ・コモンズといったライセンス形態などの具体的な事例を通して，望ましい社会の発展にメディア及びメディアを利用したサービスが果たす役割や寄与の仕方を考えるようにする。

「メディアを利用したサービスと情報産業との関わり」では，メディア及びメディアを利用したサービスに関する国際競争が高まり，戦略的な取組によってメディア及びメディアを利用したサービスの価値が情報産業によって創造されることを扱う。また，情報産業におけるメディア及びメディアを利用したサービスの在り方について考えること，情報セキュリティなどの技術的安全性及びプライバシーや情報倫理といった社会的安全性を意識したメディア及びメディアを利用したサービスの設計と，適切な運用・管理が必要であることも扱う。

❷ 内容を取り扱う際の配慮事項

メディアを利用してコンテンツを提供するサービスに関わる事柄として，既存のメディア及びメディアを利用したサービスについて，メディアの利用やコンテンツの設計，メディアを利用したサービスの分析，企画・提案及び運用・管理などについて，実習を通して体験的に学習することが重要である。また，実習に必要なハードウェアやソフトウェアを組み合わせたコンテンツの開発環境，及び学校の内部あるいは外部に設置されたコンテンツ管理のためのシステム，コンテンツの分析などを含む運用サービスは生徒や地域の実態，学科の特色等に応じて適切なものを選択する。

これらを実現するためには，サービスの分析，サービスの実装，運用・管理などについてプログラミングが必要になることや，企画・提案の際はプロトタイピングツールが必要になることが考えられる。これらのプログラミング能力やプロトタイピングツールの使用方法については，他の専門教科情報科の科目で身に付けておくことが望ましい。そのためには，「メディアとサービス」の内容を意識した専門教科情報科全体のカリキュラム・マネジメントも必要である。また，コンテンツの開発環境，コンテンツ管理のためのシステム，コンテンツの分析などを含む運用サービスについては，有料のものを使用することも考えられる。必要な予算の確保，あるいは，企業や大学等と連携した授業を行うことで，これらの環境を生徒に提供して，実践的な実習を行う中で学びを進めるようにしていただきたい。

これらのツールや環境は，非常に短い時間で変化するので，あらかじめ教師が学んでから生徒に教えることが間に合わないことも考えられる。企業等から講師を招き，生徒とともに教師も学ぶということもあってもよいのではないかと考える。

4-5 総合的科目

4-5-1 情報実習

❶ 科目の目標と内容

この科目の目標は以下のように示されている。

> 情報に関する科学的な見方・考え方を働かせ，実践的・体験的な学習活動を行うことなどを通して，情報産業を担う情報技術者として必要な資質・能力を次のとおり育成することを目指す。
> (1) 情報の各分野について総合的に捉え体系的・系統的に理解するとともに，関連する技術を身に付けるようにする。
> (2) 情報の各分野に関する課題を発見し，情報産業に携わる者として合理的かつ創造的に解決する力を養う。
> (3) 情報の各分野に関する課題を解決する力の向上を目指して自ら学び，情報システムの開発やコンテンツの制作及びこれらの運用などに主体的かつ協働的に取り組む態度を養う。

この科目は，目標に示す資質・能力を身に付けることができるよう，次の三つの指導項目から内容を構成している。それぞれの指導項目は複数の内容からなり，科目全体として4～8単位程度履修されることを想定している。なお，生徒や地域の実態，学科の特色等に応じて，(1)及び(2)から1項目以上を選択するとともに，(3)のアからウまでの中から1項目以上を選択し，実習を行わせる。

(1) 情報システムの開発のプロセス
 ア　情報システムの開発の概要
 イ　情報システムの設計
 ウ　情報システムの開発と評価
 エ　情報システムの運用と保守

(2) コンテンツの制作のプロセス
 ア　コンテンツの制作の概要
 イ　要求分析と企画
 ウ　コンテンツの設計と制作
 エ　コンテンツの運用と評価

(3) 実習
 ア　情報システムの開発実習
 イ　コンテンツの制作実習
 ウ　情報システム分野とコンテンツ分野を関連させた総合的な実習

情報実習は，(1)で情報システムの開発のプロセス，(2)でコンテンツの制作のプロセスを学び，(3)で実際にそれらを開発または制作する。(3)のウは両分野にまたがった実習を想定している。この科目は，生徒や地域の実態，学科の特色等に応じて，(1)と(3)のア，(1)と(3)のウ，(2)と(3)のイ，(2)と(3)のウ，(1)，(2)と(3)のウなど多様な選択の仕方が想定される。

「情報システムの開発の概要」では，身近に使われている情報システムの構成等の知識・技術，

情報システムの開発モデルや開発工程，作業手順，情報システムのライフサイクル，業務や工程のモデル化，情報システムの構成や分析及び設計に必要な知識と技術などを扱う。

「情報システムの設計」では，要求定義，外部設計，内部設計，プログラム設計，プログラミング，各種テストなどを適切に行うための知識と技術を扱う。

「情報システムの開発と評価」では，情報システムの開発に関する知識と技術を総合的に身に付け，その評価・改善を通じて適切に情報システムを開発することを扱う。

「情報システムの運用と保守」では，開発された情報システムを円滑に運用すること，常に正常に運用するために保守という需要な作業があることを扱う。

「コンテンツの制作の概要」では，要求分析，企画・提案，設計，制作，評価などの工程の意義，役割や重要性，情報産業におけるコンテンツの種類やメディアとの関係，コンテンツが果たしている役割や影響などについて扱う。

「要求分析と企画」では，要求分析の意義，役割，必要性，重要性，適切に要求分析を行うための知識と技術，企画の提案，決定方法などを扱う。

「コンテンツの設計と制作」では，概要設計や詳細設計，工程管理表や詳細な仕様などを確定するために必要な知識と技術，設計や工程管理は運用管理や保守においても重要であること，コンテンツの制作段階に入った後の仕様変更は開発工程の進捗やコストに大きな影響を及ぼすことなどを扱う。コンテンツの制作段階では，品質や動作に関する検証の実施，その結果を制作にフィードバックすることにより全体的な品質の向上を図るようにすることなどを扱う。

「コンテンツの運用と評価」では，効果的な運用，内容の更新や修正など品質保持のための保守などを扱う。評価については，利用者や開発依頼者の目的や要求と合致しているか，開発のスケジュール管理が円滑に行われたかなどについて分析・評価すること，その結果に基づいて改善策を提案することなどについて扱う。

「情報システムの開発実習」では，これまでに学んだ情報システムの開発の総合的な知識と技術，創造性・コミュニケーション能力などの実践的な能力と態度を身に付けることを扱う。

「コンテンツの制作実習」では，これまでに学んだコンテンツの制作に関する知識と技術を総合的に身に付けること，創造性，コミュニケーション能力などの実践的な能力と態度を養うことなどを扱う。

「情報システム分野とコンテンツ分野を関連させた総合的な実習」では，両分野を相互に関連させながら同様のことを行う。

❷ 内容を取り扱う際の配慮事項

課題解決に向けた計画の立案や実習では，技術情報を交換することなどにより共通理解を図り，協働して取り組むためにコミュニケーションするなどの実践的な能力と態度を養うことが重要である。開発または制作した作品が要求仕様を満たしているかなどを実験的・実証的に確認する学習活動を取り入れることも大切である。技術情報の交換やコミュニケーションは，生徒が自然にその必要性に気付き実施するような実習の設計が必要であり，要求仕様を満たしているかどうかについては，制作段階であっても常にチェックする必要がある。情報技術者の話を聞いたり，現場で行われている作業手順を検証したりすると納得して実施するようになる。

❶ 科目の目標と内容

この科目の目標は以下のように示されている。

　情報に関する科学的な見方・考え方を働かせ，実践的・体験的な学習活動を行うことなどを通して，社会を支え情報産業の発展を担う職業人として必要な資質・能力を次のとおり育成することを目指す。
(1)　情報の各分野について体系的・系統的に理解するとともに，相互に関連付けられた技術を身に付けるようにする。
(2)　情報産業に関する課題を発見し，情報産業に携わる者として解決策を探求し，科学的な根拠に基づいて創造的に解決する力を養う。
(3)　情報産業に関する課題を解決する力の向上を目指して自ら学び，情報産業の創造と発展に主体的かつ協働的に取り組む態度を養う。

　この科目は，目標に示す資質・能力を身に付けることができるよう，次の四つの指導項目から内容を構成している。それぞれの指導項目は複数の内容からなり，科目全体として 2 ～ 4 単位程度履修されることを想定している。

(1)　調査，研究，実験

(2)　作品制作

(3)　産業現場等における実習

(4)　職業資格の取得

　この科目は，生徒の興味・関心，進路希望等に応じて，指導項目の(1)から(4)までの中から適切な課題を設定する。課題については，(1)から(4)までの 2 項目以上にまたがるものを設定することができる。

　「(1)調査，研究，実験」では，情報システム分野やコンテンツ分野における技術動向や課題といった情報に関わるテーマの中から，調査，研究や実験の対象を取り上げ，これまでに学習した専門的な知識と技術の深化・総合化を図るとともに，新しい知識と技術を身に付けることをねらいとしている。また，取り上げた調査，研究や実験の対象に対して課題を発見し，解決策を探究し，科学的な根拠に基づいて創造的に解決する力，調査，研究や実験での活動に主体的かつ協働的に取り組む態度を養う。また，情報産業や情報社会などに関わるテーマや，いくつかのテーマを組み合わせた調査，研究，実験も考えられる。

　「(2)作品制作」では，情報システム分野，コンテンツ分野，情報セキュリティなどの技術動向や課題といった情報に関わるテーマの中から，作品制作の対象を取り上げ，これまでに学習した専門的な知識と技術の深化・総合化を図るとともに，新しい知識と技術を身に付けることをねらいとしている。また，取り上げた作品制作の対象に関する課題を発見し，作品制作でのシステム開発，構築や運用の工程を通して解決策を探究し，科学的な根拠に基づいて創造的に解決する力，作品制作での活動に主体的かつ協働的に取り組む態度を養う。また，自然現象や社会現象のモデル化，シミュレーションによる視覚化，携帯情報端末用のアプリケーション開発，人工知能などの技術を活用したアプリケーション開発などに関わるテーマや，いくつかの

テーマを組み合わせた複合的な作品制作も考えられる。

「(3) 産業現場等における実習」では，情報関連産業や研究所などでのインターンシップといった体験的な学習の中から適切なテーマを取り上げ，実践的・体験的な学習活動を通して，これまでに学習した専門的な知識と技術の深化・総合化を図るとともに，産業界などにおける進んだ知識と技術を身に付けることをねらいとしている。また，実習における課題を発見し，体験を通じて解決策を探究し，科学的な根拠に基づいて創造的に解決する力，これらの活動に主体的かつ協働的に取り組む態度を養う。併せて，実習を通して，進路意識の啓発，勤労観や職業観，対人関係の大切さや協調性を養うこともねらいとしている。さらには，インターンシップ以外の方法で産業現場での活動を体験的に学ぶことができる実習方法を扱うことも考えられる。

「(4) 職業資格の取得」では，情報システム分野に関わる知識や技術の認定試験，コンテンツ分野に関わる知識や技術の認定試験といった情報に関わる試験から，生徒自らが希望する職業資格を取り上げ，資格取得を目指して専門的な知識と技術の習得のための学習方法を体得し，自らの進路意識を高めることをねらいとしている。特に生徒の興味・関心，進路希望等に応じた職業資格や検定試験などの選択について配慮するとともに，一つの目標設達成で学習が終わるのではなく，それを通して，継続して生涯にわたる学習を促すものとなるよう配慮する。例えば，生徒の興味・関心，進路希望などに応じた資格を設定した後，学習上のマイルストーンを設けるなど，主体的な学習を促進するための方法を取り扱うといったことが考えられる。また，資格の設定において，社会が求める人材像に即したものを選ぶという視点が必要である。

❷ 内容を取り扱う際の配慮事項

生徒がこれまでに学習してきた情報システム分野やコンテンツ分野に関係なく，専門教科情報科の目標に応じた広い範囲にわたる課題の設定が可能であり，各分野の内容と合わせて，応用性のある知識と技術を養うように配慮する。その際，課題を多面的に見て，情報の各分野の内容を関連付け，比較したり，分類したりすることで見通しをもって解決方法を具体化することが大切である。さらに，課題設定から解決に至る過程において，他教科の教員との連携，企業や大学などの外部との連携を図ることも有効な方法である。

生涯にわたる学習の基礎を培う観点から，自ら学ぶ目標を定め，何をどのように学ぶかという主体的な学習の仕方を身に付けるように配慮し，自ら学ぶ意欲を養うことが大切である。したがって，生徒が自ら設定した課題解決や目標達成に向けて行うグループ活動，職場体験などの主体的な学習において，メンバーや指導教員，大学教員や企業人など，課題研究に関連する人たちと広くコミュニケーションを図りながら，この課題研究より得た学習成果について発表し，成果に対する評価を行い，改善することができるような指導の工夫が必要である。また，課題研究活動について，次の学年への継続的な継承を行う仕組みを構築することが望まれる。

これらの実現には，教師自身に深い専門性と広範な視野が必要である。他教科の教員や企業・大学など外部との連携を図るには，役割や参画の方法を明確にし，専門教科の教員，他教科の教員，生徒，外部の方々で目指すゴールを共有する必要がある。指導の段階から外部と協力するとともに，多様な人たちに向けて課題研究を発表し評価してもらうことにより，生徒の達成感や改善に向けての意欲が育ち，次の学年への継承も自然に行われると考えられる。

(1) 以下の専門教科情報科の各科目を「共通的分野」「情報システム分野」「コンテンツ分野」「総合的科目」の四つに分類しなさい。

> 課題研究，情報システムのプログラミング，情報の表現と管理，情報デザイン，
> 情報演習，ネットワークシステム，情報セキュリティ，コンテンツの制作と発信，
> データベース，情報テクノロジー，メディアとサービス，情報産業と社会

(2) 専門教科情報科の原則履修科目を二つ挙げなさい。

(3) 専門教科情報科で「情報 I」の代替を想定した内容となっている科目を挙げなさい。

(4) 専門教科情報科の科目で「情報 I」を代替する際に留意すべきことを述べなさい。

(5) 「情報テクノロジー」には，特定の教科書が指定されていない。この科目を教える際にどのような書籍を用いればよいか考えなさい。

(6) 「コンテンツの制作と発信」を学習するために必要なハードウェア及びソフトウェアの環境について簡単に述べなさい。

(7) 「コンテンツの制作と発信」には，特定の教科書が指定されていない。この科目を教える際にどのような書籍を用いればよいか考えなさい。

参考文献

1) 文部科学省「高等学校学習指導要領（平成 30 年告示）解説　情報編」2018 年
https://www.mext.go.jp/content/1407073_11_1_2.pdf

＊ URL については，2021 年 11 月アクセス

第5章

学習指導と学習評価

　教員が授業を作り，行っていく上で，学習指導を設計することが大切であることは，かねてからよく理解されている。しかしながら，それだけでは，生徒が自ら考え，効果的な学びを展開していくことはできない。授業の成功は，学習評価が鍵を握っている。新学習指導要領では，単元などの内容のまとまりごとに「指導と評価の一体化」がなされた授業をデザインし，その学びの過程（プロセス）に焦点をあて実施していくことが強く求められている。

　この章では，教員が授業をデザインするために必要な学習指導と学習評価について述べる。5-1 では授業デザインの全般について説明し，5-2 では学習指導のデザインについて，5-3 では学習評価のデザインについて説明する。特に，情報科の目標を達成し，バランスよく生徒の資質・能力を育成するためには，学習評価の基本的な考え方や在り方そのものについて理解し実施することが必要であるため，学習評価について詳しく説明する。

5–1 授業のデザイン

5-1-1 授業デザインとは

　教員は，日々授業を作り実施する際，授業をデザインする。授業デザインとは，単に学習指導案を作成することではない。そもそも授業は，対象学年や教科，学習目標や題材，学習内容だけでなく，扱う教材，教育方法や評価方法，生徒や教員の特性，ICT環境などの違いによって変わるべきであり，想定する授業のバリエーションを挙げれば切りがない。また，教員は授業を行っている最中でも，生徒の学習状況に応じて学習指導や学習支援の方法を柔軟に変え（改善し）ながら生徒の学びを促進させることが望まれる。さらに授業後は，学習評価の結果を受け，修正すべき点について議論し，その知見を次の授業デザインに生かしていく。このように授業は，まるで生きものであるかのように，絶えず生徒の学習状況に応じて，改善していくことが求められている。

　つまり，授業デザインとは，以下の五つを繰り返すことで，持続的に授業の活動全体をデザインすることであり，全ての教員が行うとても重要な教育活動そのものといえる。

・学習目標や題材，教材内容，学習環境，生徒や教員の特性，学習活動などによってもたらされる学習効果を予測しながら，教育方法を立案していくこと
・授業の過程における生徒の学習状況を想定し，一連の学習支援をどのように進めたらいいかを具体的に決定すること
・授業の途中または前後に，どのような学習評価を行うかを決定すること
・上記に従い，授業を実施すること
・学習評価の結果を受け，授業の改善を検討し，その知見を次の授業デザインに生かすこと

5-1-2 授業を通じて育成する資質・能力

　2018年（平成30年）告示の新学習指導要領では，育成を目指す資質・能力を三つの柱に整理した。これに伴い，授業を通じて育成する資質・能力を，(1)「知識及び技能」，(2)「思考力，判断力，表現力等」，(3)「学びに向かう力，人間性等」に分けて表現している[2]。

　人が有する資質・能力は，よく氷山に例えられる（図表5–1）。氷山は，水面から見える部分は小さいが，水面下はその何倍もの大きな塊から成っており，この部分が大きければ大きいほど安定する。資質・能力では，「知識及び技能」が水面上の小さな部分に例えられ，テストや結果としての成果物等から容易に測ることができるものである。しかし，この「知識及び技能」を実際に学びに活用するためには，水面下の大きな塊の部分に当たる資質・能力をしっかりと有していることが不可欠である。これらが「科学的に考える力」や「問題発見・解決力」，「協働する力」などのテストだけでは測ることが難しい資質・能力であり，三つの柱のうちの「思考力，判断力，表現力等」と「学びに向かう力，人間性等」がそれに当たる。

　図表5–1の水面下の資質・能力を育成・涵養し，多面的・多角的に評価するためには，生徒の学習過程において生成される各種の学習記録を「学びのポートフォリオ」として蓄積・活用していくことが期待される。特に，近年，コンピュータや情報通信ネットワークを用いて電子

的にポートフォリオを扱い（これを「eポートフォリオ」と呼ぶ。下記コラム参照），学習指導と学習評価に取り入れることで，三つの柱の資質・能力をバランスよく育成・涵養し，それらを多面的・多角的に評価することが求められるようになった。

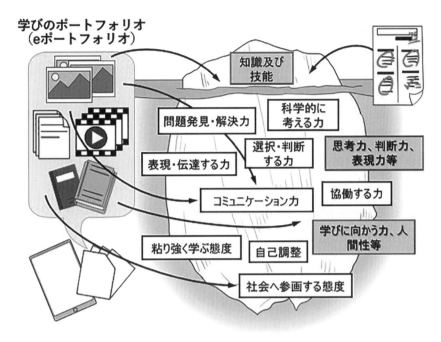

図表 5-1　育成する資質・能力の氷山モデル

5-1-3　指導と評価の一体化

　授業において，学習指導と学習評価は独立して存在するものではなく，切り離されてはいけない。よく「学習（活動）の過程の中に評価（活動）が埋め込まれている」と表現されることがある。

　学習評価は，学校における教育活動に関し，生徒の学習状況を評価するものである。「生徒にどういった力が身に付いたか」という学習の成果を的確に捉え，教員が学習指導の改善を図るとともに，生徒自身が自らの学習を振り返って次の学習に向かうことができるようにするため

にも，学習評価の在り方は重要であり，学習指導の改善と一貫性のある取組を進めることが求められる[2]。これは，学習評価をその時／その後の学習指導の改善に生かすとともに，学校における教育活動全体の改善に結び付けることが重要であると考える「指導と評価の一体化」によるものであり，授業のデザインにおいては，学習指導と学習評価を同期的に並行して，設計，実施，改善を行っていく必要性があることを示唆している。

　情報科においても，生徒の学習状況を適切に評価し，学習評価を授業（特に，学習指導と学習支援）の改善に生かすという視点を一層重視して，より効果的な授業がデザインされるように工夫を図っていくことが重要である。

5-1-4 **年間指導計画と単元計画**

　授業は，学校や地域の持つ特色を生かしつつ生徒の実態を踏まえ，育成を目指す資質・能力を中心にデザインされることが大切である。そのためには，まず年間指導計画を立て，それに基づき各単元ごとに単元計画を作成していくことが求められる。この単元計画を作成し，実施，改善していく一連の流れが，授業のデザインそのものである。

❶ 年間指導計画の作成

　年間指導計画とは，1年間の流れの中に単元を位置付けて示したものであり，どの時期に，学習指導要領で提示されているどの内容をどれくらいの時数配分で実施するかを，具体的な学習活動を想定し，年間を通して時系列に配列したものである。

　年間指導計画を作成するに当たっては，学習指導要領に基づき，使用する教科書の構成などにも考慮し，内容のまとまりを単元として，配列，配当時数を決定する。その際，特に注意する点は以下の2点である。

（ア）　生徒の学習経験に配慮すること

（イ）　他教科との関連を明らかにすること

　一つ目の（ア）に関しては，情報科は，小・中・高等学校の各教科等の指導を通じて行われる情報教育の中核として，小・中学校段階からの問題発見・解決や情報活用の経験の上に，情報活用能力を更に高める教科として位置付けることができる。特に，地域におけるこれからの小学校プログラミング教育，中学校技術・家庭科技術分野の実施状況を十分踏まえることが重要である。

　二つ目の（イ）に関しては，カリキュラム・マネジメントへの対応といえる。義務教育段階と同様，高等学校段階においても，教科等の特質に応じて教科等横断的に情報活用能力を身に付けさせる教育のより一層の充実が求められており，情報科においても「他の各教科・科目等の学習において情報活用能力を生かし高めることができるよう，他の各教科・科目等との連携を図ること。」と示されている[3]。特に，「公民科及び数学科などの内容との関連を図るとともに，教科の目標に即した調和のとれた指導が行われるよう留意すること。」とあるように，学校全体での情報教育を考え，情報科と他教科等の学習内容や学習活動との関連をよく検討してカリキュラム・マネジメントを行い，効果的な指導計画を立てることが大切である。（5-2-2授業方法の決定❶（3）についても参照のこと）

COLUMN 公民科及び数学科との連携[3]

公民科では，第3款の2の(2)において，「諸資料から社会的事象等に関する様々な情報を効果的に収集し，読み取り，まとめる技能を身に付ける学習活動を重視する」ことや，同2の(4)において「コンピュータや情報通信ネットワークなどの情報手段を積極的に活用し指導に生かすこと」，「その際，課題の追究や解決の見通しをもって生徒が主体的に情報手段を活用するようにするとともに，情報モラルの指導にも配慮する」旨の規定を設けている。また，第2款の第1「公共」の3の(1)イなどにおいて，共通教科情報科との関連を図る旨の規定を設けている。

数学科では，第3款の1の(4)において，各科目を履修させるに当たっては，共通教科情報科の内容を踏まえ，相互の関連を図るとともに，学習内容の系統性に留意する旨の規定を設けている。例えば，共通教科情報科の第2款の第1「情報Ⅰ」の2の(4)「情報通信ネットワークとデータの活用」の内容については，数学科の第2款の第1「数学Ⅰ」の2の(4)「データの分析」の内容と関連付けて扱うこと，共通教科情報科の第2款の第2「情報Ⅱ」の2の(3)「情報とデータサイエンス」の内容については，数学科の第2款の第5「数学B」の(3)「統計的な推測」の内容と関連付けて扱うことなどが考えられる。

このように，公民科及び数学科については，情報教育についての特段の配慮や共通教科情報科との連携が明記されるなど，他の教科・科目にはない取扱いがなされていることに十分留意する。

❷ 単元計画の作成

単元計画とは，学習指導要領が示す内容に基づいて行われる一連の学習活動のまとまりである。これは，内容のまとまりとしての単元についての指導と評価の計画であり，教員が意図やねらいをもって，このまとまりを適切に生み出そうとする授業のデザインに他ならない。

授業のデザインにおいては，5-1-3の「指導と評価の一体化」の実現のため，生徒の学習状況を評価し，それに伴って学習指導の改善・充実を図るというPDCAサイクルを確立することが重要である（図表5-2）。

この授業のデザインの一連の流れがベースとなり，学習目標や学習内容，生徒の特性，教材やICT環境などの様々な授業の構成要素に適応する授業を計画，実施，評価と改善を繰り返しながら，持続的に授業の質を向上させること

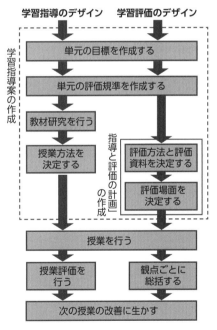

図表5-2　授業のデザインの流れ

で，教育の質保証につなげることができる。この一連の流れは，学習指導の設計，実施，改善を行う「学習指導のデザイン」と，学習評価の設計，実施，改善を行う「学習評価のデザイン」が，互いに同期しながら並行して進行することが最大の特徴であり，これらはPDCAサイクルとして実行されていくものである。

5-2 学習指導のデザイン

学習指導のデザインにおいて，最も重要となる教員の活動が，授業で活用する教材を決定し準備する「教材研究」と，学習活動や学習形態，学習支援などについて決定する「授業方法の決定」である。本節では，まずこれらについて詳しく述べる。

5-2-1 教材研究

教材研究は，教員がどのような教材を用いて授業を行うかを考え準備する大切な活動である。特に，情報科においては，コンピュータや情報通信ネットワークなどの情報手段を活用した教材（教育ICT）を用いる場面が多く想定されるため，密な教材研究が求められる。

一般に教材は，教育活動を行うための素材となる「学習教材（学習材）」または「授業教材」と，教育活動を行うための手段や方法的な道具を意味する「教具」または「ツール」，「システム」などがあり，いずれも学習指導を効果的に進める役目を担っている。

❶ 教材研究の流れ

教材は，学習指導のデザインの中で開発され，そして絶えず改善されていくものである（図表5-3）。教材研究の流れは，学習目標を把握して内容を深く理解し，学習者の状況（習熟度や学習経験など）に基づいて，どのような教材が適切であるかを考え，具体的に教材を構想する。

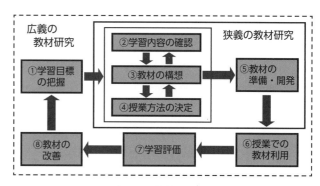

図表5-3 教材研究の流れ

そして，教材の構想に基づいて教材の準備または開発を行う。ここまでの活動は一般に，授業前準備の段階に行われる（狭義の教材研究）。そして授業実施後は，学習評価から得られた情報を参考に教材を改善し，次の授業での活用へとつなげていく。これら活動を繰り返し行うことで，学習者に応じた優れた教材を持続的に作成することが可能になる（広義の教材研究）。

❷ 教材を準備するときの観点

教材研究を行うときの観点として，次の四つが挙げられる。これらに配慮することで，教材活用の有効性や実行可能性を高めることができる。

a) 教材と学習目標や学習内容にどのような関係があるか

学習指導要領や教科書に対応した指導書などを参考にして，学習目標を把握し，学習内容を確認しながら教科書分析を行い，単元との関係でどのような教材が適切かを判断する。

b) 教材は生徒に合っているか

授業や特別活動などを通した普段からの生徒理解を踏まえ，生徒の特性に応じた教材になっ

ているかを判断する。

c)　教育 ICT の選択は適切か

　情報科において，教育 ICT の活用は必須である。教育 ICT の選択は，各生徒の情報活用能力や活用経験を考慮する。また，教員自身の教育 ICT を活用した授業指導力や指導経験などの教員の特性に応じたものになっているか判断する。

d)　学習環境，特に，ICT 環境は整っているか

　その教材を用いた授業を行うだけの学習環境，特に ICT 環境が整っているかを判断する。

❸ 教育 ICT の分類

　教育 ICT は，その用途や利用形態によって図表 5-4 に示すように分類される。

図表 5-4　教育 ICT の分類

大分類	小分類	説明
学習教材	資料教材	デジタル化された資料をまとめた教材
	動画教材	アニメーションや動画を使用した教材
	ドリル教材	ドリル形式の問題集で自動採点などの機能を持ち，個別学習を支援する教材
	シミュレーション教材	実際の動作や現象をシミュレーションする教材
	デジタル教科書	拡大や音声による読み上げ等の ICT の利点を生かした多くの機能を持つデジタル化された教科書
教具	提示用装置	実物投影機や電子黒板，プロジェクターなど教材を提示するための装置
	撮影用装置	カメラ機能などの画像・動画を撮影する装置
学習用ツール（各種アプリケーション）	成果物作成ツール	学習成果物を作成するためのツール
	アンケートツール	アンケートを作成し，回答を集計するツール
	プレゼンツール	発表資料を作成し，発表するためのツール
	思考ツール	思考・判断を促すための支援ツール
	描画ツール	ペンや図形を使い描画するツール
	検索ツール	インターネット上の情報を検索するためのツール
	プログラミングツール	プログラミングを行うためのツール
	ホワイトボードツール	ホワイトボードのように文字や画像等を自由に記入し，情報共有を支援するツール
	画像・動画編集ツール	写真・動画を閲覧，編集するツール
授業支援ツール	ノートツール	授業中にインターネット等を介して生徒同士が情報共有しながら協働して学習を進めていくツール
	遠隔ツール	遠隔での学習や交流，協働するためのツール
SNS	共有ストレージ	ファイルの管理・共有を行うためのサービス
	交流サービス	登録された利用者同士が交流を行うためのサービス
統合型学習支援システム	LMS	学校等の機関内における学習成果物や学習履歴等を一元的に管理し，生徒の学びを支援するためのシステム
	学習クラウド	インターネット上で提供される学習成果物作成・管理，共有や他者とのコミュニケーションを支援するツール群が統合されたシステム

　情報科の授業では，教育 ICT をツールとして活用することが求められる。しかし，近年の教育 ICT の進化はめまぐるしく，教員は，教材としての教育 ICT を柔軟かつ効果的に活用できるよう，常に新しい情報を入手しておく必要がある。

　教員は，教材を準備した後に，主体的・対話的で深い学び（いわゆるアクティブ・ラーニング）の実現に向け，具体的な授業方法について決定する。まず，授業中の生徒の学習活動とその時の学習形態について決め，学習活動の過程における様々な学習状況を想定して学習支援を決定する。ここでは，授業方法の決定に必要となる事項について説明する[2]。

❶ 主体的・対話的で深い学び

　授業では，単元など内容や時間のまとまりを見通し，その中で育む資質・能力の育成に向けて，生徒の「主体的・対話的で深い学び」の実現を図ることが求められている。特に，学習指導に当たっては，(1)「知識及び技能」が習得されること，(2)「思考力，判断力，表現力等」を育成すること，(3)「学びに向かう力，人間性等」を涵養することが偏りなく実現されるよう，主体的・対話的で深い学びの実現に向けた授業改善を行うことが重要である。

　主体的・対話的で深い学びとは，単なる新しい授業の型ではない。単元などの内容のまとまり全体を一つの大きな授業として捉えて，一斉に教えたり，グループで議論しながら協働したり，個人で振り返って次の学びにつなげて，再びグループで学び合ったり…このような学びを，次の三つの視点から創り上げていくことが求められている（図表5-5）。

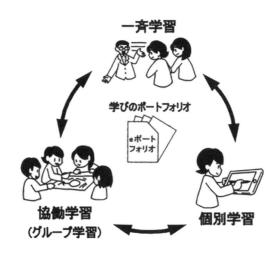

図表5-5　主体的・対話的で深い学びのイメージ

(1)　「主体的な学び」の視点

　学ぶことに興味や関心を持ち，自己のキャリア形成の方向性と関連付けながら，見通しをもって粘り強く取り組み，自己の学習活動を振り返って次につなげる学びの過程が実現できているかという視点である。これは，主体的・対話的で深い学びのベースとなる学び方そのものであり，生徒が，あらかじめ定まった解き方を丸暗記するものではなく，絶えず自ら「なぜ？」「どうしよう？」と振り返り（自問自答し），気付きを得て，それを教訓化し，自らの学びを調整しながら新たな見通しを立て，次に学びをつなげていく学びである。

　情報科においては，見通しをもって試行錯誤することを通して自らの情報活用を振り返り，

評価・改善して，次の問題解決に取り組むことや，生徒に達成感を味わわせ学習に取り組む意欲を高めたり，個々の興味・関心や能力・適正に応じてより進んだ課題に取り組んだりすることなどが考えられる。

(2)　「対話的な学び」の視点

生徒同士の協働，教員や地域の人との対話，先哲の考え方を手掛かりに考えること等を通じ，自己の考えを広げ深める対話的な学びが実現できているか，という視点である。これは，「学び合い」や「相互評価」と同じ概念で，仲間同士が対話による相互作用により，学びを高め合う効果を期待している。そのメリットは，教える側の学習効果の方がより高い，気付きを誘発し自己評価につながる，互いが動機付けられる，考えが広がる，など多くの学術的な報告がされている。

情報科においては，生徒が協働して問題の発見・解決に取り組んだり，互いに評価し合ったりして，情報技術のより効果的な活用を志向し探究したり，産業の現場など実社会の人々と関わるなどして現実の問題解決に情報技術を活用することの有効性について実感をもって理解したりすることなどが考えられる。

(3)　「深い学び」の視点

習得・活用・探究という学びの過程の中で，各教科等の特性に応じた「見方・考え方」を働かせながら，知識を相互に関連付けてより深く理解したり，情報を精査して考えを形成したり，問題を見いだして解決策を考えたり，思いや考えを基に創造したりすることに向かう深い学びの過程が実現できているか，という視点である。

情報科においては，具体的な問題の発見・解決に取り組むことを通して，日常生活においてそうした問題の発見・解決を行っていることを認識し，その過程や方法を意識して考えるとともに，その過程における情報技術の適切かつ効果的な活用を探究していく中で「見方・考え方」を豊かで確かなものとすること，それとともに，情報技術を活用し，試行錯誤して目的を達成することにより，情報や情報技術等に関する概念化された知識，問題の発見・解決に情報技術を活用する力や情報社会との適切な関わりについて考え，主体的に参画しようとする態度などといった資質・能力を獲得していくことが考えられる。

なお，一つの教科内だけで，深い学びを実現し，三つの柱の資質・能力をバランスよく育成することは難しい。特に，「学びに向かう力，人間性等」に関する資質・能力は，生徒が中・長期間にわたって継続的に取り組むことによって涵養される基盤的なものであるため，各教科で習得した資質・能力を他の教科等で活用し，総合的な探究の時間等の総合的な学びの中で探究していくような，学期や学年をまたがった教科等横断的な学びのデザインも必要になってくる。これが，カリキュラム・マネジメントである。

情報科においては，学習指導要領の第3款の1の(4)に「公民科及び数学科などの内容との関連を図るとともに，教科の目標に即した調和のとれた指導が行われるよう留意すること。」とあるように，情報科と他教科等の学習内容や学習活動との関連をよく検討し，効果的な授業をデザインすることが大切である[3]。

❷ 学習形態

　図表5-5から分かるように，主体的・対話的で深い学びでは，次の（A）～（C）の三つの学習形態の組合せで構成される。

（A）　一斉学習

　クラスの生徒全員に，同質で同内容の学習指導を教員が進度を制御しながら行う。情報を活用するための基本的な知識や技能を習得する場合に多く採用される。一般的には，教員が普通教室やコンピュータ教室で提示用装置を用いて行うことが多い。教員は，授業を主導し，生徒に対し学習内容を教え込むための指導者としての役割が強くなる。

（B）　個別学習

　生徒が一人で行う学習である。各生徒が自身で学習の見通しを立て，教材を選定するなどして，自らの学びを自己調整しながら進めていく。教員は，生徒の学習支援を行うファシリテーターとしての役割が強くなる。近年，個性の伸長が教育目標に掲げられ，自己教育力の育成が求められていることもあり，情報科においても個別学習を採用する場合が少なくない。例えば，ソフトウェアの操作やプログラミングの技能を習得するような学習の場合，個人で進度が異なるため，生徒が個々のペースで技術を身に付けていく方が合理的で，個に応じて学習支援することができる。

（C）　協働学習（グループ学習）

　協働学習は，メンバー同士が互恵的に協力し合い，教え学び合うことで，メンバー間で共有された課題を解決する。協働学習の場合，単なる受動的なグループ学習とは異なり，役割は相互に重なり，一斉学習や個別学習を挟みながら，互いが影響し合って，クラス全体が協働的に学び合うコミュニティとして機能するよう学習が進められる。協働学習の特徴としては，以下が挙げられる。

（ⅰ）　グループ内で相互に学び合いが起こる

　メンバーが相互に，情報活用に関する知識や技術を教え合い，学び合う。

（ⅱ）　メタ認知的な活動が活発化し学習が生起される

　他のメンバーの学習に対する多面的な視点や考え方を知ることで，メタ認知が誘発され，各人の学習が生起される。例えば，グループ討論で，プレゼンテーションの方法や内容などのアイディアを出し合う中で，自己の表現方法を見出し洗練させていく。

（ⅲ）　協働的な学習活動に参画する態度が育成される

　学習の過程の中で協働して学習する態度が求められることによって，グループでの問題解決に主体的に取り組み，参画する態度が育成される。例えば，グループに与えられた課題に対して，協働で情報を収集・分析して，解決案を作り，それを実行する過程で，責任感や連帯感，達成感などが醸成され，協働的な学習に積極的に関与する態度の育成が期待できる。

❸ 学習支援

教員が学習指導を効果的に行うためには，学習活動と学習形態の組合せだけでは十分ではなく，教員による学習支援が重要になる。学習活動中における生徒の学習状態に応じた学習支援が，生徒の学びの足場かけ（スキャフォールディング：scaffolding）となり，生徒中心の学びを実現させる。図表5-6は，主な学習支援の一覧である。

図表5-6　主な学習支援

学習支援名	説明	有効な学習形態
教授，教示	教員が，生徒に対し知識やスキルについて教え込む。	一斉学習
発問	教員が生徒と問答しながら，生徒の学習状況を把握し，適応的な指導を行う。	一斉学習
議論促進，コミュニケーション支援	生徒同士の議論や協働作業が円滑に進むよう適応的な支援を行う。必要に応じてグループ編成を変更する。	協働学習
表現，演示	教員が生徒に対し実際にやってみせることで，生徒に模倣させ学びを支援する。	協働学習／個別学習
誘導	学び方がよくわからない生徒に対し，次の活動を促すことで学びを支援する。	協働学習／個別学習
Q & A	生徒の質問に対し回答する。	個別学習
説明	学習状況を踏まえ，生徒に対し補足説明を行う。	個別学習
声かけ（プロンプト）	生徒がある学習活動を行う際に「なぜ？」「比べたらどう？」「その理由は？」などの生徒に気付きを与えるための声かけ（プロンプト（prompt）を提示）することで，生徒のメタ認知を誘発し，生徒の学習の促進を図り，誘導を促す。	個別学習／協働学習／一斉学習
評価（アセスメント），フィードバック	アセスメントとしての評価活動を行う。教員評価，他者評価，相互評価，自己評価などがある。	個別学習／協働学習／一斉学習

5–3 | 学習評価のデザイン

　指導と評価の一体化を図るためには，学習評価のデザインが不可欠である。本節では，まず，学習評価とは何かについて述べ，次に，目標に準拠した「観点別学習状況の評価」について詳しく説明する。その後，学習評価のデザインの流れについて述べる。

5-3-1 学習評価とは

　学習評価とは，学校における教育活動に関し，生徒の学習状況を評価するものである。新学習指導要領では，生徒の資質・能力を育てることをねらいとしており，各教科等の学習評価について，学習状況を分析的に捉える目標に準拠した「観点別学習状況の評価」と「評定」を実施するとしている。その中で「生徒にどういった力が身に付いたか」という学習成果を的確に捉え，教員が学習指導の改善を図るとともに，生徒自身が自らの学習を振り返って次の学習に向かえるようにするために，学習評価の充実を強く求めている[1]。

　特に，注視する点としては以下が挙げられる[2]。

・目標に準拠した評価による「観点別学習状況の評価」と「評定」を着実に実施する。

・観点別学習状況の評価の趣旨を踏まえ，ペーパーテストに平常点を加味した成績づけにとどまらないように配慮し，授業改善につなげる。

・学校が，地域や生徒の実態を踏まえて設定した観点別学習状況の評価規準や評価方法等を明示し，それらに基づき適切な評価を行うことで，高等学校教育の質の保証を測る。

・評価に当たっては，いわゆる評価のための評価に終わることなく，教員が生徒のよい点や可能性，進歩の状況などを積極的に評価し，生徒が学習したことの意義や価値を実感できるようにする。

・指導内容や生徒の特性に応じて，単元や題材など内容や時間のまとまりを見通しながら評価の場面や方法を工夫し，学習の過程の適切な場面で評価を行う。

・学習の成果だけでなく，学習の過程を一層重視することが大切である。

・他者との比較ではなく生徒一人一人の持つよい点や可能性などの多様な側面，進歩の状況などを把握し，学年や学期にわたって生徒がどれだけ成長したかという視点を大切にすることが重要である。

・教員による評価とともに，生徒による学習活動としての相互評価や自己評価などを工夫することも大切である。

COLUMN アセスメントという評価

　一般的に，「評価」という言葉は，評定（grading），エバリュエーション（evaluation），アセスメント（assessment）の三つの意味で使われる。アセスメントは，生徒の学習状況について，体系的に情報や証拠を収集・分析し，期待される学習成果を獲得しているかどうかを検証すると同時に，その生徒の学習の改善を促す学習支援として足場かけを提供し，生徒の資質・能力の育成を目指す一連の活動を指す。学習指導要領等では，学習過程を通したアセスメントの活動を学習評価と呼んでいる。一方，継続的なアセスメント結果を受け，必要な意思決定や価値判断を行うことがエバリュエーションであり，最終的な格付けが評定である。また，アセスメントは，学習の中に埋め込まれており，アセスメントを行うこと自体が，学習そのものである。つまり，観点別学習状況の「評価」とは，アセスメント活動を指し，学習活動と切り離されることなく，継続的に行われるものであるといえる。

5-3-2 学習評価の基本構造

　新学習指導要領では，育成すべき資質・能力の三つの柱に対応させ，観点別学習状況の評価の観点を「知識・技能」，「思考・判断・表現」，「主体的に学習に取り組む態度」の3観点に整理した[2]（図表5-7）。ここでいう「知識」には，個別の事実的な知識のみではなく，それらが相互に関連付けられ，さらに社会の中で生きて働く概念的な知識が含まれる。

　また，資質・能力の三つの柱の一つである「学びに向かう力，人間性等」には，①「主体的に学習に取り組む態度」として観点別学習状況の評価を通じて見取ることができる部分と，②観点別学習状況の評価や評定にはなじまず，こうした評価では示しきれないことから個人内評価（個人のよい点や可能性，進歩の状況について評価する）を通じて見取る部分があることにも留意することが必要である。

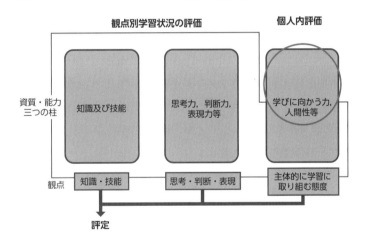

図表5-7　新学習指導要領における学習評価の基本構造[4], [5]
出典：文部科学省「学習評価の在り方ハンドブック」を加工して作成。

　なお，「主体的に学習に取り組む態度」の評価に際しては，単に継続的な行動や積極的な発言を行うなど，性格や行動面の傾向を評価するということではなく，「知識及び技能を習得したり，思考力，判断力，表現力等を身に付けたりすることに向けた粘り強い取組を行おうとする側面」と，自らの学習状況を把握し，学習の進め方について試行錯誤するなど「自らの学習を調整しながら，学ぼうとしているかどうかという意思的な側面」の二つの側面を評価することが求められている[4], [5]。

COLUMN　評価の種類①

評価の基準の決め方によって，大きく以下の三つに分類できる（図表5-8）。学習指導要領を踏まえた学習評価では，目標に準拠した「観点別学習状況の評価」と「評定」を着実に実施すること，観点別学習状況の評価になじまない資質・能力は「個人内評価」を用いることを求めている。

図表5-8　評価基準の決め方による分類

	集団に準拠した評価 （相対評価）	目標に準拠した評価 （絶対評価）		個人内評価
		観点別学習状況の評価	評定	
基準の立て方	相対的な位置（優れているか劣っているか）	目標の達成度（目標到達を達成したか否か）		進歩の程度 個人内での比較
長所	他の人たちとの関係において客観視できる。	形成的評価，総括的評価の組み合わせから学習指導，学習改善に生きる。		個人のよい点，可能性，進歩の状況の把握が容易。
短所	目標にどの程度到達したかを理解しにくい。集団によっては，学習効果を反映した評価にならない。	手順が煩雑になり，解釈が恣意的になるという懸念がある。		独りよがり的自己満足の習慣が形成されることがある。他の評価を併用する必要がある。

5-3-3　観点別学習状況の評価

❶観点別学習状況の評価とは

　観点別学習状況の評価とは，学習指導要領に示す目標に照らして，その実現状況がどのようなものであるかを「知識・技能」「思考・判断・表現」「主体的に学習に取り組む態度」の3観点から分析的に捉えることで，偏った側面だけからの評価にとどまることなく，360度見渡した多面的・多角的な評価を可能にする評価方法である。これは，観点ごとに，「十分満足できる」状態（A）／「おおむね満足できる」状態（B）／「努力を要する」状態（C）の3段階で評価する[5]（図表5-9）。

　これまで高等学校では，知識量のみを問

図表5-9　3観点からの評価のイメージ

うペーパーテストの結果や，特定の活動の結果などのみに偏重した評価が行われているのではないかとの懸念が示されており，義務教育までにバランスよく培われた資質・能力を，高等学校教育を通じてさらに発展・向上させることができるよう，高等学校教育においても，評価の観点を明確にし，観点別学習状況の評価をさらに普及させていく必要があると強くいわれるようになった[4],[5]。

　情報科における評価の観点及び趣旨（例）を図表5-10，図表5-11に示す[5]。これら三つの観点を基に分析的に評価し，指導と評価の一体化をさらに進めていくことが重要である。

図表 5-10　情報Ⅰにおける評価の観点及びその趣旨 (例) [5]

観点	知識・技能	思考・判断・表現	主体的に学習に取り組む態度
趣旨	効果的なコミュニケーションの実現，コンピュータやデータの活用について理解し，技能を身に付けているとともに，情報社会と人との関わりについて理解している。	事象を情報とその結び付きの視点から捉え，問題の発見・解決に向けて情報と情報技術を適切かつ効果的に用いている。	情報社会との関わりについて考えながら，問題の発見・解決に向けて主体的に情報と情報技術を活用し，自ら評価し改善しようとしている。

図表 5-11　情報Ⅱにおける評価の観点及びその趣旨 (例) [5]

観点	知識・技能	思考・判断・表現	主体的に学習に取り組む態度
趣旨	多様なコミュニケーションの実現，情報システムや多様なデータの活用について理解を深め技能を習得するとともに，情報技術の発展と社会の変化について理解を深めている。	事象を情報とその結び付きの視点から捉え，問題の発見・解決に向けて情報と情報技術を適切かつ効果的，創造的に用いている。	情報社会との関わりについて考えながら，問題の発見・解決に向けて主体的に情報と情報技術を活用し，自ら評価・改善し新たな価値を創造しようとしている。

◉COLUMN　評価の種類②

　評価の時期と目的によって大きく以下の三つに分類できる (図表 5-12)。特に，学習評価では，学習過程で学習状況をきめ細かくみる形成的評価が重要な役割を担う。学期末等に行う評定は，総括的評価に位置付けられる。

図表 5-12　評価の時期と目的による分類

時期	名称	特徴
事前	診断的評価	・学習の可能性を評価する ・学習の前提要因となる基礎的な知識及び技能を対象とする ・学習指導計画，クラス編成，班編成に役立てる
事中	形成的評価	・学習途中のある時点での学習状況を評価する ・学習過程を通して継続して行うことで，その変容を見取る ・即時的な学習指導 (授業改善) に役立てる
事後	総括的評価	・学習目標がどのくらい達成されたかを総合的に評価する ・単元，学期，学年の最後に成果について総括する ・授業評価と次回の授業の改善に役立てる

❷ 観点別学習状況の評価のための評価規準

　各学校における観点別学習状況の評価が効果的に行われるよう国立教育政策研究所において『「指導と評価の一体化」のための学習評価に関する参考資料』が教科等ごとに取りまとめられた [5]。

　この資料の中では，「内容のまとまりごとの評価規準」を作成する際の手順が示されており，さらに，単元や題材ごとの評価規準を設定するに当たって参考となるよう「内容のまとまりごとの評価規準 (例)」が示されている。観点別学習状況の評価を進めるに当たっては，これらを参考にし，各学校において適当な評価規準を設定することが求められる。

❸ 評価方法

新学習指導要領における3観点の評価の考え方は，それぞれ以下のように示されている[4), 5)]。

(a) 「知識・技能」の評価の方法

「知識・技能」の評価の考え方は，従前の評価の観点である「知識・理解」「技能」においても重視してきたところです。具体的な評価方法としては，例えばペーパーテストにおいて，事実的な知識の習得を問う問題と，知識の概念的な理解を問う問題とのバランスに配慮するなどの工夫改善を図る等が考えられます。また，生徒が文章による説明をしたり，各教科等の内容の特質に応じて，観察・実験をしたり，式やグラフで表現したりするなど実際に知識や技能を用いる場面を設けるなど，多様な方法を適切に取り入れていくこと等も考えられます。

(b) 「思考・判断・表現」の評価の方法

「思考・判断・表現」の評価の考え方は，従前の評価の観点である「思考・判断・表現」においても重視してきたところです。具体的な評価方法としては，ペーパーテストのみならず，論述やレポートの作成，発表，グループでの話合い，作品の制作や表現等の多様な活動を取り入れたり，それらを集めたポートフォリオを活用したりするなど評価方法を工夫することが考えられます。

(c) 「主体的に学習に向かう態度」の評価の方法

具体的な評価方法としては，ノートやレポート等における記述，授業中の発言，教師による行動観察や，生徒による自己評価や相互評価等の状況を教師が評価を行う際に考慮する材料の一つとして用いることなどが考えられます。その際，各教科等の特質に応じて，生徒の発達の段階や一人一人の個性を十分に考慮しながら，「知識・技能」や「思考・判断・表現」の観点の状況を踏まえた上で，評価を行う必要があります。

このような資質・能力のバランスのとれた学習評価を行っていくためには，指導と評価の一体化を図る中で，論述やレポートの作成，発表，グループでの話合い，作品の制作等といった様々な学びのポートフォリオ（電子的に扱うeポートフォリオ）を評価資料として活用し，生徒自身の自己評価，生徒同士の相互評価を駆使しながら多面的・多角的な評価（アセスメント）を行っていくことが求められていることが分かる。

つまり，授業では，評価計画に基づいて意図的，計画的に生徒の学習状況を評価するとともに，多様な生徒の評価結果に柔軟に対応し学習支援に生かすことが大切である。また加えて，目標に準拠した評価の妥当性と信頼性を高めるため，授業中の生徒の学習の様子や学習成果を学びのポートフォリオとして日常的に記録・蓄積し，それを活用することが重要となる。

COLUMN 自己評価と相互評価とは～学びとしての評価（アセスメント）活動

　自己評価（セルフアセスメント：self-assessment）は自分自身で行い，相互評価（ピアアセスメント：peer-assessment）は生徒同士で行うアセスメントで，学びとしての評価活動（アセスメント活動）といえる。これらを行うことで，各生徒はより多くのことに気付くことができ，メタ認知が誘発されることで学習が生起される。このように，評価者（アセッサー：assessor）の異なるアセスメントを学びの中に埋め込むことで，より多面的・多角的な学習評価が可能になる。

図表5-13　評価の時期と目的による分類

名称	評価者	説明	期待される効果
自己評価（セルフアセスメント）	自分自身	生徒自身が自分の人となりや学習の状況・成果について振り返ること。	学習状況を把握し，課題遂行の進み具合やその成果について確認することで学習が誘発されるとともに，今後の学習や行動を調整することで，新たな学習が生起される。
相互評価（ピアアセスメント）	仲間	級友などの仲間同士が互いに評価し合うことであり，協働的な学び合いの中に埋め込まれる。	評価相手の成果から学んだり，自分が教えることで自身の学びが整理され学習が促進される。生徒同士からのコメントは理解しやすく，教員が考えつかないような有用でバラエティに富むフィードバックが期待できる。学習者をより自律的にさせ，学習動機を高めると共に，様々な気付きを与え自己の内省（自己評価）が誘発される。
教員評価	教員	教員による評価であり，学習状況の把握や子どもの質問やつまずきに対する適切なフィードバックを行うこと。	生徒の学習状況の把握ができると共に，特に，学習につまづいている子どもたちが，自ら学習理解や問題解決を図るための足場かけ（scaffolding）を与えることとなり，学習支援として機能する。
他者評価	専門家，保護者などの他者	他者による評価であり，専門家による専門的な立場からのフィードバックや，保護者や地域の人々からコメントをもらうこと。	多様なフィードバックを生徒らに与えることができるだけでなく，教員と保護者（地域）が一体となり生徒たちの教育する手段となり得る。また，どのような教育を行ったかの保護者（地域）への説明責任を果たすことにもつながる。

❹ 評価資料

　情報科においては，教育ICTを用いて評価資料をeポートフォリオとして残すケースが主に考えられる。よって，eポートフォリオを評価資料として意図的に残し，それらを学習のエビデンスとして，その生徒の学習状況を観点ごとに見取って，生徒への学習支援を行うとともに，学習指導（授業）の改善に生かしていくことが求められる。

　その背景には，エビデンス（証

図表5-14　情報科における主な評価資料

評価資料（eポートフォリオ）	具体例
テスト	小テスト，単元テスト，定期テスト 問題演習の記録　など
学習成果物	作品 プログラム・システム レポート 実技動画　など
発表	プレゼン動画 プレゼン資料 議論・対話の記録　など
ワークシート	ワークシート メモ・ノート 収集・分析した記録 実習記録　など
評価活動	振り返りシート 自己評価の記録 相互評価の記録 教員評価・他者評価の記録　など

拠）に基づいた評価の必要性が叫ばれるようになったことが挙げられる。以前は，「思考・判断・表現」や「主体的に学習に取り組む態度」の観点に相当する評価においては，教員の目視による観察のみで行うことがよくあったが，目立つ生徒の表面的なその場の行動ばかりが印象に残り，事実と必ずしも合わない評価にとどまってしまうという指摘がされてきた。しかし，近年の教育ICTの整備により，生徒が容易にeポートフォリオとして電子的に評価資料を蓄積・活用できるようになったため，学習過程におけるエビデンスに基づいた評価が可能になった。

情報科の授業において，収集・活用する評価資料は，前ページに示した図表5-14に集約することができる。教員は，生徒が授業の中で，これらを評価資料として残し，活用しながら学びを進めていくように「指導と評価の計画」を作成する必要がある。

❺ 情報科における学習評価のポイント

上記の❶～❹を基に，情報科における観点別学習状況の評価の3観点，育成する資質・能力，評価資料，想定される評価方法の例の対応を示したものが次ページに示した図表5-15である。情報科の「指導と評価の計画」を作成する際に参考にするとよい。

5-3-4 学習評価のデザインの流れ

学習評価のデザインの一連の流れは，観点別学習状況の評価と評定を行うための手順ともいえる。この手順は，学習指導のデザインと同期しながら並行して行われる（図表5-2）。

単元における観点別学習状況の評価を実施するに当たり，まずは年間指導計画を確認することが重要である。その上で，学習指導要領の目標や内容，「内容のまとまりごとの評価規準」の考え方等を踏まえ，以下のように進める。なお，複数の単元にわたって評価を行う場合などは，内容のまとまりを意識し，同様の手順で行うとよい[5]。

❶ 単元の目標を作成する

学習指導要領の目標や内容，学習指導要領等を踏まえ，生徒の実態（特性），前単元までの学習状況等を考慮して，単元の学習目標を適切に設定する。

❷ 単元の評価規準を作成する

上の❶で作成した単元の目標達成を評価するための評価規準を作成する。その際は，5-3-3の❷で示した国立教育政策研究所が作成した『「指導と評価の一体化」のための学習評価に関する参考資料』[5]の第2編の「内容のまとまりごとの評価規準」を作成する手順を参考にして，❶で設定した学習目標を踏まえながら，具体的な評価規準を設定する。その際，各観点は，「おおむね満足できる」状況（B）を示すように設定すること。

❸「指導と評価の計画」を作成する

（1）評価方法と評価資料を決定する

まず，評価方法と評価資料（5-3-3の❸❹参照）を決定した後，評価を行う場面（評価場面）を決定する。学習指導のねらいが生徒の学習状況として実現されたかについて，評価規準に照

図表5-15　情報科における3観点，資質・能力，評価資料，評価方法例の対応

観点	評価項目	資質・能力	評価資料（eポートフォリオ）					想定される評価方法の例
			学習成果物	ワークシート	テスト	発表	評価活動	
知識・技能	事実的知識	事実的知識			✓			小テストからコンピュータの仕組みや特徴に関する知識を評価する
	概念的知識	概念的知識		✓	✓			授業中のワークシートと小テストから情報セキュリティ確保の方法に関する知識を評価する
	技能	情報技術を活用する技能	✓					作成したプログラムから情報技術を活用する技術を評価する
		コンテンツ・システムを制作する技能	✓					構築したWebサイトからコンテンツを制作する技能を評価する
		データ分析・活用の技能		✓				データの収集・分析した記録からデータ活用の技能を評価する
		問題発見・解決の技能		✓				課題に取り組んだノートの記述から問題発見に関する技能を評価する
思考・判断・表現	思考	問題発見・解決の方法を考える力		✓		✓		情報社会の問題についての発表から問題発見の方法について考える力を評価する
		科学的な視点で考える力		✓		✓		授業中のワークシートと発表から情報モラルについて科学的な視点で捉える力を評価する
		情報を分析・比較・整理して考える力		✓	✓			データを分析した記録と小テストの結果から情報を分析・比較して考える力を評価する
		効果的な情報活用を考える力		✓		✓		アイディア整理を行ったメモ・ノートと発表から効果的な情報活用を考える力を評価する
		改善・工夫を考える力		✓		✓		グループでの議論とワークシートの記述から作品の改善方法を具体的に考える力を評価する
	判断	選択・判断する力		✓	✓	✓		実習記録のシートからデータ整理と変換方法を選択・判断する力を評価する
		評価する力		✓		✓		課題研究用のノートの記述と成果発表から問題解決の評価を行う力を評価する
	表現	表現・伝達する力	✓			✓		問題解決についてまとめたレポートとその発表から表現・伝達する力を評価する
		プレゼンテーションする力				✓		制作したシステムについての成果発表の様子からプレゼンテーションする力を評価する
主体的に学習に取り組む態度	粘り強い取組を行おうとする側面	粘り強く取り組む態度	✓	✓			✓	生徒自身が継続的に残した振り返りシートの記述と，学習成果物や様々なワークシート，発表などの記録を合わせて見ることで，関心・意欲を持って粘り強く取り組む態度を評価する
		関心や意欲をもって取り組む態度	✓	✓		✓	✓	
	自らの学習を調整しようとする側面	見通しを立てて取り組む態度		✓			✓	学習過程を通して記述されたワークシートと，生徒自ら行う自己評価と仲間からの相互評価の前後の変容から，見通しを立てて取り組み，自己調整しようとする態度を評価する
		学習を振り返り調整しようとする態度		✓			✓	
	情報社会に参画する態度	情報社会に参画し発展に寄与する態度		✓		✓	✓	地域に向けた講座を企画・提案した取り組みの活動記録と，振り返りシートの記述から，情報社会に参画し，地域の発展に寄与しようとする態度を評価する

らし合わせて，適宜最適な学習指導を行っていくことは，育成を目指す資質・能力を生徒に育むためには不可欠である。そのためには，いつ，どのような方法で，生徒から評価資料をeポートフォリオとして収集し，教員が観点別学習状況の評価を記録するのかについて，評価の計画を立てることが求められる。

(2) 評価の記録を残す場面を決定する

　毎回の授業で，教員が生徒の学習状況に応じて適宜学習指導を行うことは，育成を目指す資質・能力を生徒に育むためには不可欠である。その上で，評価規準に照らして，観点別学習状況の評価をするための記録を取ることになる。そのためには，いつ，どのような方法で，生徒について観点別学習状況を評価するための記録を取るのかについて明らかにし，評価の計画に埋め込むことが求められるが，毎時間生徒全員について記録を取り，総括の資料とするために

蓄積することは現実的ではないことからも，生徒全員の学習状況を記録に残す場面を精選し，かつ適切に評価するための評価の計画が重要になる[5]。よって，次の❹で行う授業を具体的にイメージしながら，図表5-15のどのような評価方法で，何の評価資料を収集し，それらを見ながら学習状況を把握して，どの場面（タイミング）で評価を記録していくかの評価場面を精選する。その際，どのような評価資料を基に，「おおむね満足できる」状況（B）と評価するかを考えたり，「努力を要する」状況（C）への手立て等を考えたりする。

❹ 授業を行う

上記❸で「指導と評価の計画」に沿って観点別学習状況の評価を行い，生徒の学習改善や教員の指導改善につなげる。

授業は，主体的・対話的で深い学びが展開される。生徒は，見通しを持って粘り強く取り組み，自らの学習活動を振り返って次につなげる主体的な学びを行うが，上手く行かないときや工夫が必要なときは，自らの学習を調整し改善しながら進める。教員は，タイミングよく生徒個人だけでなく，グループや全体に対して学習支援（足場かけ）を行う。一方，教員は，生徒らの学習状況を把握し，タイミングよく生徒個人だけでなく，グループや全体に対して学習支援（足場かけ）を行うとともに，その状況に応じて随時指導を改善しながら進めていく（図表5-16上）。

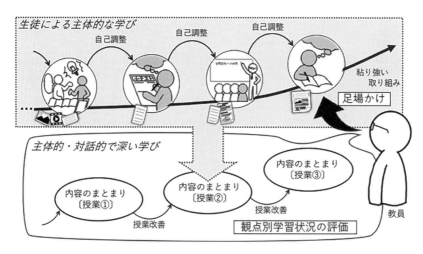

図表5-16　授業の進め方のイメージ

生徒の学習活動の視点から見ると，内容のまとまりの授業の中では，生徒は，制作したシステム，コンテンツやポスター，レポートなどの学習成果物だけでなく，毎時間，ノートやワークシートなどに書き込みながら学んでいくことで，思考・判断し問題解決したことや学びの振り返り，また，小テストや問題演習の記録なども，自ずと評価資料がeポートフォリオとしてたまっていくことになる（図表5-17）。プレゼンテーションや仲間との議論などは，ICTを活用して動画等に撮ることで評価資料をeポートフォリオとして残すことができる。そして，「指導と評価の計画」に基づき，学びの切りのいいタイミングで，生徒は，これら評価資料を見返しながら自身の学びを大きく振り返る。これが自己評価である。一方，教員はタイミングよく

生徒の一連の評価資料を見ながら観点別学習状況の評価の記録を残すと共に，生徒への学習支援（足場かけ）や指導改善につなげていく。

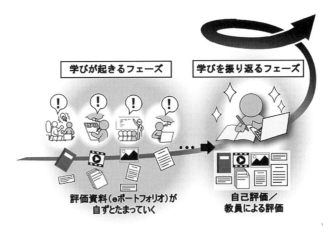

図表5-17　内容のまとまりの中での評価のイメージ

❺観点ごとに総括する

集めた評価資料やそれに基づく評価結果などから，観点ごとの総括的評価（A,B,C）を記録する。

◉COLUMN　観点別学習状況の評価に係る記録の総括 [5]

総括を行う際，観点別学習状況の評価に係る記録が，観点ごとに複数ある場合は，例えば，次のような方法が考えられる。

・評価結果の A，B，C の数を基に総括する場合

何回か行った評価結果の A，B，C の数が多いものが，その観点の学習の実施状況を最もよく表現しているとする考え方に立つ総括の方法である。例えば，3回評価を行った結果が「ABB」ならばBと総括することが考えられる。なお，「AABB」の総括結果をAとするかBとするかなど，同数の場合や三つの記号が混在する場合の総括の仕方をあらかじめ各学校において決めておく必要がある。

・評価結果の A，B，C を数値に置き換えて総括する場合

何回か行った評価結果 A，B，C を，例えば A ＝ 3，B ＝ 2，C ＝ 1 のように数値によって表し，合計したり平均したりする総括の方法である。例えば，総括の結果を B とする範囲を［2.5 ≧平均値≧ 1.5］とすると，「ABB」の平均値は，約2.3［（3 ＋ 2 ＋ 2）÷ 3］で総括の結果は B となる。

なお，評価の各節目のうち特定の時点に重きを置いて評価を行う場合など，この例のような平均値による方法以外についても様々な総括の方法が考えられる。

---

❻授業を改善する

指導と評価の一体化を図るべく，内容のまとまりの中での学習評価全体の結果を参考にして，次に行う授業デザインの改善を行う（図表5-16下）。

章末問題

(1) 学習指導要領では，学習する生徒の視点に立ち，育成すべき資質・能力を三つの柱として整理した。この資質・能力の三つの柱とは何か説明しなさい。

(2) あなたが授業をデザインする際，どの教育 ICT をどのように活用しますか。具体的な教育 ICT を二つ取り上げ，活用方法等について説明しなさい。

(3) 「主体的・対話的で深い学び」とはどのようなものですか。また，主体的・対話的で深い学びの優位性は何ですか。具体的に説明しなさい。

(4) 「観点別学習状況の評価」とはどのようなものですか。また，観点別学習状況の評価を行うことの優位性は何ですか。具体的に説明しなさい。

(5) 図表 5-15（p.125）を参考にして，各観点から一つ以上の評価項目（育成すべき資質・能力）を取り上げ，ある授業を想定して，どの評価資料を用いてどのように評価するかの方法を提案しなさい。

参考文献

1) 文部科学省「高等学校学習指導要領（平成 30 年告示）」2018 年
   https://www.mext.go.jp/content/1384661_6_1_3.pdf
2) 文部科学省「高等学校学習指導要領（平成 30 年告示）解説　総則編」2018 年
   https://www.mext.go.jp/content/20211102-mxt_kyoiku02-100002620_1.pdf
3) 文部科学省「高等学校学習指導要領（平成 30 年告示）解説　情報編」2018 年
   https://www.mext.go.jp/content/1407073_11_1_2.pdf
4) 国立教育政策研究所「学習評価の在り方ハンドブック高等学校編」2019 年
   https://www.nier.go.jp/kaihatsu/pdf/gakushuhyouka_R010613-02.pdf
5) 国立教育政策研究所「「指導と評価の一体化」のための学習評価に関する参考資料 高等学校 情報」2021 年
   https://www.nier.go.jp/kaihatsu/pdf/hyouka/r030820_hig_jouhou.pdf

＊URL については，2021 年 11 月アクセス

＊第 5 章中の図表 5-1, 5-5, 5-9, 5-16, 5-17 は塩川水月氏作成。

第6章

学習と評価の計画

　この章では，第5章の学習指導と学習評価に関する理論的な解説を受けて，具体的な学習と評価の計画の立て方について述べる。

　まず，6-1において年間指導計画の具体例と，計画を立てるときに考慮すべき事項について述べる。

　6-2では，年間指導計画を踏まえて，学習指導案の具体的な立て方について述べる。学習指導案を検討する際には，個別の授業について計画するとともに，単元全体の計画を立てることが重要となる。そのため，単元全体の指導と評価の計画についても，詳細な具体例を示す。

6–1 指導と評価の計画

6-1-1 年間指導計画の立案と具体例

❶ 年間指導計画の具体例

　図表6-1に年間指導計画の具体例を示す。なお，単元名については，その内容がイメージしやすいものを用いたので，学習指導要領及び解説とは異なる。

図表6-1　年間指導計画の具体例

学期	単元	学習内容	対応する学習指導要領				時間数
			(1)	(2)	(3)	(4)	
1	情報社会	情報社会とは，情報モラル	(ウ)				4
	情報社会の法規と権利	知的財産権，個人情報の取扱	(イ)				4
	メディアとコミュニケーション	メディアの分類とそれぞれの特徴，コミュニケーションの分類		(ア)			2
	問題解決	問題解決の手順	(ア)				6
	情報デザイン	ユニバーサルデザイン，図や表の利用，フォントや配色		(イ)			3
	情報デザインの実践	文書作成の実施，プレゼンテーションの実施	(ア)	(ウ)			6
		1学期授業時間計					25
	定期テスト①						
2	コンピュータの構成と情報の表現の仕組み	構成する装置と役割，ハードウェアとソフトウェア，コンピュータの歴史，アナログとデジタル，2進数，論理回路，音・画像などのデジタル化			(ア)		9
	情報通信ネットワーク	パケット交換方式，インターネット上のプロトコルと役割，WWWの仕組み				(ア)	3
	情報セキュリティ	脅威とその対策，暗号化，電子認証				(ア)	4
	Webページの作成	Webページの作成実習			(イ)(ウ)	(ア)	9
		2学期授業時間計					25
	定期テスト②						
3	データの活用	統計量と尺度，データの可視化，相関関係と相関係数，データ分析の実施，データベース				(イ)(ウ)	10
	モデル化とシミュレーション	モデルの種類，モデル化の手順，モデルを利用したシミュレーション			(ウ)		4
	アルゴリズムとプログラミング	フローチャート，基本制御構造，探索と整列のアルゴリズム			(イ)		6
		3学期授業時間計					20
		年間授業時間計					70

学習指導要領[1]の内容とその取扱を網羅しているか点検するため，「対応する学習指導要領」欄を記載している。例えば，情報社会の単元では，(1)の項に(ウ)と記載している。これは，学習指導要領における「情報Ⅰ」の(1)「情報社会の問題解決」のうち，ア(ウ)「情報技術が人や社会に果たす役割と及ぼす影響について理解すること。」と，イ(ウ)「情報と情報技術の適切かつ効果的な活用と望ましい情報社会の構築について考察すること。」に対応していることを示している。以下に，学習指導要領の該当箇所を抜粋する。

> (1)情報社会の問題解決
> ア 次のような知識及び技能を身に付けること。
>   (ウ)情報技術が人や社会に果たす役割と及ぼす影響について理解すること。
> イ 次のような思考力，判断力，表現力等を身に付けること。
>   (ウ)情報と情報技術の適切かつ効果的な活用と望ましい情報社会の構築について考察すること。

❷ 年間指導計画の具体例の作成に当たって考慮した事項

図表6-1に示した年間指導計画の作成に当たっては，以下の事項を考慮した。

(1) 学習内容の展開の順番

単元の展開の順番と配当時数を決定するに当たり，学期ごとに評価を行うため，それぞれの学期ごとの評価にどの単元の内容を含めるか，まずは大まかに決める必要がある。また，定期テストについても，実施時期が決まっているため，どの時期に実施するか（しないか），そのときにどこまでの範囲を出題し評価資料とするか，よく検討しておく必要がある。今回の具体例では，1学期と2学期の期末試験において試験を実施し，それぞれの学期に学習した内容を出題範囲とすることとした。

次に，学習しやすさを考慮しながら，単元を扱う順番と配当時数を決めていく。例えば今回の具体例では，単元「Webページの作成」を，情報デザインに関する学習要素と，ネットワークの仕組みに関する学習要素の二つを兼ねた学習と位置付けたため，それぞれの学習が終わった後に設定するなどの点を考慮した。

(2) カリキュラム・マネジメント

今回の具体例の作成に当たっては，「情報デザインの実践」，「データの活用」について，カリキュラム・マネジメントの視点で学習する時期を決定した。プレゼンテーションや文書作成については，総合的な探究の時間やその他の教科でも使用することが多いため，1学期の早い時期に扱うこととした。必要であれば，「情報社会の法規と権利」と入れ替えるなどして，より早い時期に行うこともできる。「データの活用」については，数学Ⅰの「データの分析」が3学期に行われると仮定し，同じときに学んだ方が相互に理解が深まるとの考えから，3学期に「データの活用」を行う計画とした。これは，先に数学Ⅰで理論を学び，後から情報で実践を行う，という異なる連携の仕方も考えられる。その場合は，「アルゴリズムとプログラミング」と入れ替えるなどして，同じ学期内のより遅い時期に行えばよい。

6-2 学習指導案

学習指導案は，年間指導計画に基づいて，個々の授業をどのように行うか定めたものである。学習指導案には，自分が授業を行うために学習指導と評価のデザインを形にするという目的と，それを他の教員と共有し，互いの授業改善に役立てる，という主に二つの目的がある。そのため，自分が読んで分かるだけでなく，他の人に伝わるように記述する必要がある。

学習指導案は大まかに，単元全体の計画である「指導と評価の計画」と，個別の授業の計画の二つの部分に分けることができる。計画を作成する順番は，指導と評価の計画を最初に立て，次に個別の授業計画を立てるとすることが望ましい。こうすることで，取り扱う内容の漏れを防ぐとともに，場当たり的な授業展開をさけ，指導と評価の一体化を踏まえた授業が可能となる。最終的に「指導と評価の計画」と個別の授業計画を一つの成果物としてまとめて完成となる。

6-2-1 学習指導案の作成

❶ 学習指導案のフォーマット

ここでは，指導と評価の計画と個別の授業計画を一体化した学習指導案の作成について述べる。学習指導案のフォーマットや項目は正式に定まったものはなく，学校や教科によって様々な形式のものが作成されている。ここでは，一般的なフォーマット（図表6-2に示す）に基づいた具体例を用いて解説する。

学習指導案のヘッダー部分に，学校名・対象学級・日時・使用教室・授業者名・指導教諭名などを記述する。この部分は右寄せで記述し，授業者名に押印するのが一般的である。以下に，学習指導案の項目について示す。

(1) 科目・単元名

単元名は，年間指導計画を基に記載する。単元が大きい場合，さらに小単元に分けてもよい。

(2) 単元の目標

単元の目標は，3観点に対してそれぞれ明記しておく。それにより，評価規準，いつ評価資料を集めるか，などを3観点それぞれに対して計画しやすくなる。

(3) 使用教科書・副教材

使用している教科書や副教材などを示す。

(4) 生徒観（単元観，教材観）

題材の選定や授業の組み立てを考える上で前提となる，生徒の実態を記述する。

例えば，その単元に関して事前にどのような知識を持っているか（他教科やこれまでの授業で既習かどうかなど），使用を予定している教育ICTをこれまで使用してきたか，などが重要となる。「活発かどうか」や「意欲が見られるか」など，クラスが異なれば異なるような実態について記述しても，指導案の資料としての価値は高くならない。

ここに示した以外に，「単元観」「教材観」などを記載する場合もある。教材観は，個別の授業で扱う具体例（題材）や教育ICT，ツールなどを選定した理由や，採用した学習形態について

など，授業の背景について述べる。

(5) 単元の評価規準と指導と評価の計画

【単元の評価規準】は，「知識・技能」「思考・判断・表現」「主体的に学習に取り組む態度」で示し，単元の目標を基に決定した評価規準を記入する。評価規準には，「おおむね満足できる」状態 (B) を記述する。目標に複数の要素が含まれる場合は，評価規準を①②のように分けて記述するとよい。

【指導と評価の計画】は，「時間」「ねらい・学習活動」「重点」「記録」「備考」で示す。「ねらい・学習活動」には，授業のタイトル，活動の内容，学習目標を記載する。「重点」には，この授業において，重点的に評価する観点を記述する。「知識・技能」は「知」，「思考・判断・表現」は「思」，「主体的に学習に取り組む態度」は「態」，のように略語で記述する。「記録」には，重点的に評価する観点のうち評定を記録する観点を，「○」などの記号で示す。また，備考には該当する評価規準と評価資料を記述する。

(6) 本時の目標

指導と評価の計画を基に本時の学習目標を記述する。

(7) 本時の展開

本時の展開は，「授業展開」「学習内容／学習活動」「指導上の留意点」「評価方法」で示す。

「学習内容／学習活動」には，生徒がどのような活動をするか記述する。この項目は生徒を主語にし，「○○を行う」「○○について考察する」といった語尾にするのが一般的である。

「指導上の留意点」は「学習支援」などの項目名でも書かれることがあり，教員が生徒に対して行う学習支援（足場かけ）を主に記述する。そのため「○○させる」「（指示などを）する」といった語尾にするのが一般的である。

「評価方法」については，収集する評価資料と対応する観点と評価規準について記述する。

ここまでに述べた学習指導案のフォーマットの概要を図表6-2に示す。

学習指導案「　　　　　　　　　　」

　　　　　　　学校名：○○高等学校
　　　　　　　対象学級：○年×組
　　　　　日時：○○月××日　△校時
　　　　　　　使用教室：○○教室
　　　　　　　授業者名：○○　○○
　　　　　　　指導教諭：○○　○○

(1) 科目・単元名
(2) 単元の目標
(3) 使用教科書・副教材
(4) 生徒観（単元観，教材観）
(5) 単元の評価基準と指導と評価の計画

【単元の評価規準】

知識・技能	思考・判断・表現	主体的に学習に取り組む態度

【指導と評価の計画】（○時間）

時間	ねらい・学習活動	重点	記録	備考

(6) 本時の目標

(7) 本時の展開

授業展開	学習内容／学習活動	指導上の留意点	評価方法
導入（　分）			
展開（　分）			
まとめ（　分）			

図表6-2　学習指導案の概要

❷ 学習指導案の具体例

　ここでは，図表6-1に示した年間指導計画から，2学期に行う計画になっている単元「コンピュータの構成と情報の表現の仕組み」の学習指導案を示す。

学習指導案「コンピュータとは何か」

学校名：○○高校

対象学級：1年1組

日時：10月14日　3校時

使用教室：PC教室

授業者名：○○　○○

指導教諭：○○　○○

(1)　科目・単元名

　　　情報Ⅰ・コンピュータの構成と情報の表現の仕組み

(2)　単元の目標

　　1)コンピュータや外部装置の仕組みや特徴，コンピュータでの情報の内部表現と計算に関する限界について理解し，関連する演算を自ら行う技能を身に付ける。

　　2)コンピュータでの情報の内部表現と，コンピュータの能力との関係について考察するとともに，コンピュータの特徴について表現することができる。

　　3)コンピュータでの情報の内部表現などを主体的に理解・考察しようとするとともに，自らの学習を振り返り改善する。

(3)　使用教科書・副教材：実教出版　最新情報Ⅰ

(4)　生徒観

　　　ここまでの授業では，ペアワークを多く行ってきた。今回の授業では，4人のグループワークを取り入れるが，これまではあまり行ってこなかったので，ペアワーク→グループワークの順に行うことで，スムーズに4人での意見の共有が行われるようにする。

(5)　単元の評価規準と指導と評価の計画

【単元の評価規準】

知識・技能	思考・判断・表現	主体的に学習に取り組む態度
①コンピュータや外部装置の仕組みや特徴について理解している。 ②コンピュータでの情報の内部表現やその限界について理解し，演算の方法を身に付けている。	①コンピュータの構成について考察し，その特徴を表現することができる。 ②コンピュータで扱われる情報の特徴と，コンピュータの能力について考察している。	①コンピュータでの情報の内部表現などを粘り強く理解・考察しようとしている。 ②これまでの学習活動を振り返り，自らの学習を改善しようとしている。

【指導と評価の計画】(9 時間)

時間	ねらい・学習活動	重点	記録	備考
1	○コンピュータとは何か① コンピュータとは何かについて複数の主張が書かれた文章を比較し,「コンピュータとは何か」について回答するための質問を作る活動を通し,			
	・コンピュータでの情報の内部表現などを粘り強く理解・考察しようとする。	態	○	態①振り返りシート
	・コンピュータの構成について考察し,その特徴を表現する。	思	○	思①ワークシート
	・コンピュータや外部装置の仕組みや特徴について理解する。	知		知①ワークシート
2	○アナログとデジタル アナログとデジタルの違いについての学習を通し,			
	・コンピュータで扱われる情報の特徴と,コンピュータの能力との関係について考察する。	思	○	思②ワークシート
	・コンピュータでの情報の内部表現などを粘り強く理解・考察しようとする。	態		態①振り返りシート
3 4	○2 進数 2 進数と 10 進数の変換についての学習を通し,			
	・コンピュータでの情報の内部表現やその限界について理解し,演算の方法を身に付ける。	知	○	知②小テスト
	・コンピュータで扱われる情報の特徴と,コンピュータの能力との関係について考察する。	思		思②ワークシート
	これまでの学習を振り返り,1 時間目に自分たちが作成した質問の答えを埋める活動を通して,			
	・これまでの学習活動を振り返り,自らの学習を改善しようとする。	態	○	態②振り返りシート
5	○文字や画像のデジタル化 様々な情報をデジタル化する方法についての学習を通し,			
	・コンピュータでの情報の内部表現やその限界について理解し,演算の方法を身に付ける。	知	○	知②小テスト
	・コンピュータで扱われる情報の特徴と,コンピュータの能力との関係について考察する。	思	○	思②ワークシート
	・コンピュータでの情報の内部表現などを粘り強く理解・考察しようとする。	態		態①振り返りシート
6	○論理回路 論理回路に関する学習を通し,			
	・コンピュータでの情報の内部表現やその限界について理解し,演算の方法を身に付ける。	知	○	知②小テスト
	・コンピュータでの情報の内部表現などを粘り強く理解・考察しようとする。	態		態①振り返りシート

時間	ねらい・学習活動	重点	記録	備考
7	○コンピュータの構成と動作 現代のコンピュータを構成する装置と，動作する仕組みの学習を通し， ・コンピュータや外部装置の仕組みや特徴について理解する。 ・コンピュータでの情報の内部表現などを粘り強く理解・考察しようとする。	知 態	○	知①小テスト 態①振り返りシート
8 (本時)	○コンピュータとは何か② これまでに学習した内容を振り返り，自分たちが考えた「コンピュータとは何か」に関する質問に回答し，残った質問や新たに生まれた質問について調べる学習を通し， ・コンピュータの構成について考察し，その特徴を表現する。 ・コンピュータや外部装置の仕組みや特徴について理解する。 ・コンピュータでの情報の内部表現やその限界について理解し，演算の方法を身に付ける。 ・これまでの学習活動を振り返り，自らの学習を改善しようとする。	思 知 知 態	○ ○	思①ワークシート 知①ワークシート 知②ワークシート 態②振り返りシート
9	○コンピュータとは何か③ これまでに作った質問とその答えを踏まえながら，コンピュータとは何かについて，自分なりの考察をレポートにまとめる学習を通し， ・コンピュータでの情報の内部表現などを粘り強く理解・考察しようとする。 ・コンピュータの構成について考察し，その特徴を表現する。	態 思	○ ○	態①振り返りシート 思①レポート
	定期テストにおいて，以下の観点に関して出題する。 ・コンピュータや外部装置の仕組みや特徴について理解する。 ・コンピュータでの情報の内部表現やその限界について理解し，演算の方法を身に付ける。	知 知	○ ○	知①定期テスト 知②定期テスト

注) 一つの観点に対して複数の評価場面で評価資料を集め，それを評価することで，生徒が自らの学習を調整できるようにするとともに，教員も学習支援や授業改善を行えるようにする。また，その間の変遷を見ることで，主体的に学習に取り組む態度を評価に役立てる（p.125 参照）。例えば，知識・技能②の評価資料を 3・4・5・6 時間目の授業と期末テストで収集している。

(6) 本時の目標：

・コンピュータの構成について考察し，その特徴を表現する。

・コンピュータや外部装置の仕組みや特徴について理解する。

・コンピュータでの情報の内部表現やその限界について理解し，演算の方法を身に付ける。

・これまでの学習活動を振り返り，自らの学習を改善する。

(7) 本時の展開：

授業展開	学習内容／学習活動	指導上の留意点	評価方法
導入 (5分)	・これまで作成した質問とその答えを整理する，という目標を確認する。	・これまでのワークシートを準備させる。	
展開 (40分)	・1時間目の授業で作成した質問と，個々の授業の振り返りで作成した質問を，本時のワークシートに書き出す。	・これまでのワークシートを参照するよう指示する。	
	・書き出した質問に対する答えを，これまでの授業の内容を振り返ってワークシートに書き出す。	・ペアワークで行うよう指示する。 ・机間指導を行い，正しい答えに辿り着いていないペアには，これまでのワークシートの該当箇所を示すなどの声かけを行い，正しい答えに至るよう促す。	知①知② ワークシート
	・4人1組のグループで，質問とその答えを共有し，できるだけ答えを埋める。	・答えが埋まらなかった質問をクラスに発表させる。他のグループで答えが見つかっている場合は，クラス全体でその答えを共有させる。 ・クラス全体を見ても答えに辿り着いていない場合は，該当する学習したポイントを思い起こさせた上で，あらためて教授する。	
	・1時間目に読んだ「コンピュータとは何か」について複数の主張が書かれた文章を改めて読む。 ・「コンピュータとは何か」について自分の意見を述べるレポートのためのメモを書く。	・箇条書きで簡潔に書くように指示する。	思①ワークシート
まとめ (5分)	・今回の授業で分かったこと，新しく生まれた質問，これからの授業にどのように臨むかについて振り返りシートに書き込む。	・新しく生まれた疑問を評価し，次の時間に必要な補足を行う。	態②振り返りシート

6-2-2 教材の具体例

❶ ワークシート

　生徒の思考・考察を記述させるワークシートの例として，本時（8時間目）で利用するワークシートを以下に示す。穴埋め形式では，思考・考察を記録させることは難しいため，大きな問い（ある程度の思考・考察が必要な問い）を用意し，それに対する考察を記述させるための大きめの枠を用意する必要がある。

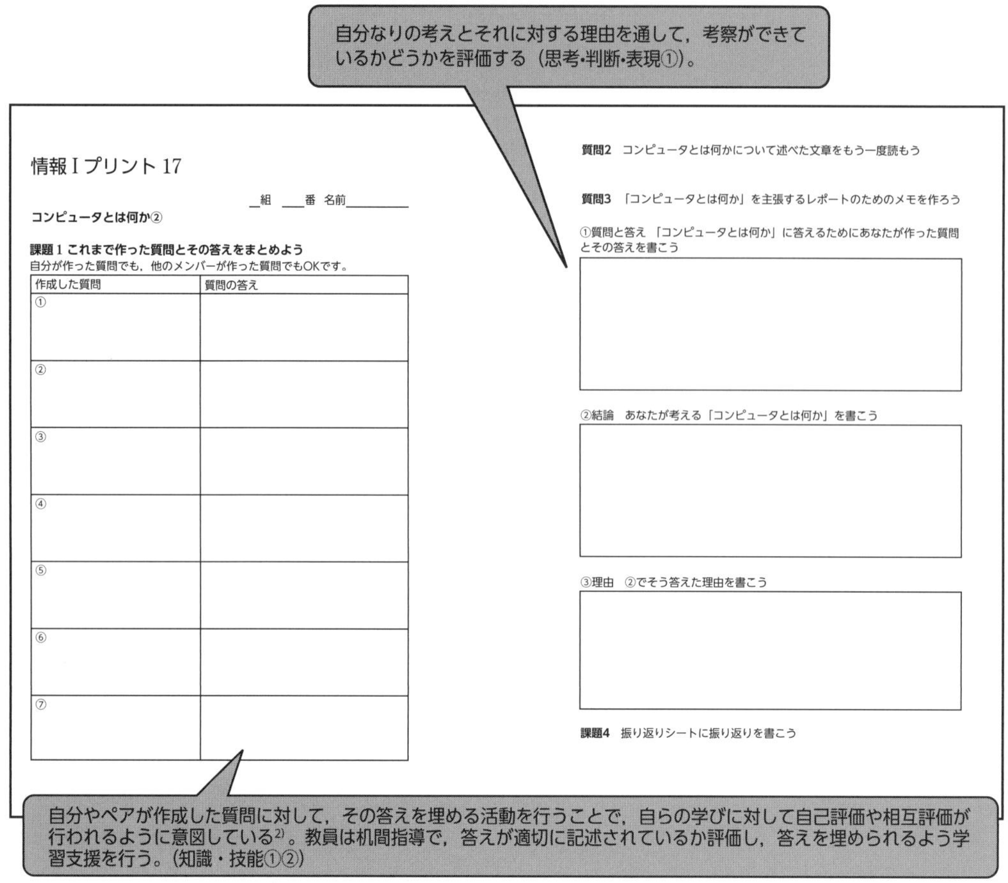

自分なりの考えとそれに対する理由を通して，考察ができているかどうかを評価する（思考・判断・表現①）。

情報Ⅰ プリント 17

___組 ___番 名前_____

コンピュータとは何か②

課題1 これまで作った質問とその答えをまとめよう
自分が作った質問でも，他のメンバーが作った質問でもOKです。

作成した質問	質問の答え
①	
②	
③	
④	
⑤	
⑥	
⑦	

質問2 コンピュータとは何かについて述べた文章をもう一度読もう

質問3 「コンピュータとは何か」を主張するレポートのためのメモを作ろう

①質問と答え 「コンピュータとは何か」に答えるためにあなたが作った質問とその答えを書こう

②結論 あなたが考える「コンピュータとは何か」を書こう

③理由 ②でそう答えた理由を書こう

課題4 振り返りシートに振り返りを書こう

自分やペアが作成した質問に対して，その答えを埋める活動を行うことで，自らの学びに対して自己評価や相互評価が行われるように意図している[2]。教員は机間指導で，答えが適切に記述されているか評価し，答えを埋められるよう学習支援を行う。（知識・技能①②）

図表6-3　生徒の考察を記述させるためのワークシートの例

❷ 振り返りシート

　「主体的に学習に取り組む態度」の評価においては，粘り強い取組を行おうとする側面と自らの学習を調整しながら学ぼうとする側面を評価する必要がある（p.119参照）。これらの側面を評価するために，継続的に振り返りシートに記録させることが必要となる。ここでは，毎回の授業で生徒に記述させる振り返りシートの例を示す。この振り返りシートでは，主に粘り強い取組を行おうとする側面の評価資料として，「分かったこと」「分からなかったこと」を記述させるとともに，そこから「質問」を記述するように促している。これは，分からなかったことを質問とすることで，次回以降の授業で解決するように促すことを意図している。また，自らの学習を調整しながら学ぼうとする側面を評価するために，今後の授業にどのように臨むかを記述させている。

情報Ⅰ　振り返りシート

_____組 _____番 名前_____

今日の日付（ 　　　　　　 **）** 　**今日使用したプリント No.（** 　　　 **）**

①今日の授業で，学んだことや気付いたことはなんですか？
具体的に書きましょう。

②今日の授業で，分からなかったことやできなかったことはなんですか？
具体的に書きましょう。

③　②に書いた「分からなかったこと」を基に，質問を作りましょう。

④これまでの学習を振り返り，次の授業にどのように取り組んでいきたいですか？

どう取り組みたいか	
その理由	

①②③毎回の授業で，新たに学んだことと，分からなかったことを記述させる。分からなかったことを基に質問を作成させ，次回以降の授業で解決するように促す。これにより，粘り強い学習態度を育むとともに，評価資料とする。(態度①)

④これまでの自分の学習を振り返らせ，これからの学習にどのように臨むかを記載させることで，自己の学習を調整する態度を育むとともに，評価資料とする。(態度②)

図表 6-4　「主体的に学習に取り組む態度」を評価するためのワークシートの例

　なお，振り返りシートでは他にも「大切だと思ったこと」とその理由についてや，「工夫して改善したこと」とその具体例，「新たにできるようになったこと」とその具体例など，本人にしか分からないことを言語化（外化）して記録に残しておくことが大切である。このように生徒が学びを振り返ること自体が，まとめとしての学習活動になるとともに，教員が学習支援や授業改善を行うための材料とすることができる（p.125 参照）。また，生徒と教員が共有できる形で多くの記録を残すことが求められるため，学習クラウドなどの教育 ICT を利用して振り返りを記録し，e ポートフォリオとして管理していくことが必要となる。

COLUMN　　観点別学習状況の評価から評定へ [3)]

　評定が各教科・科目の目標や内容に照らして学習の実現状況を総括的に評価するものであるのに対し，観点別学習状況の評価は各教科・科目の目標や内容に照らして学習の実現状況を分析的に評価するものであり，観点別学習状況の評価が評定を行うための基本的な要素となる。評定への総括の場面は，学期末や学年末などに行われることが多い。学年末に評定へ総括する場合には，学期末に総括した評定の結果を基にする場合と，学年末に観点ごとに総括した評価の結果を基にする場合が考えられる。

章末問題

(1) 図表 6-1 の年間指導計画から，一つの単元を選び，指導と評価の計画を立てなさい。

(2) (1)で作成した指導と評価の計画のうちから，1時間分の授業を本時として個別の授業計画を作成し，学習指導案を完成させなさい。

(3) (2)で作成した指導案を基にして，本時とした授業の教材を作成しなさい。作成に当たっては，学習指導案に定めた評価規準をその教材で実際に評価することができるか，点検すること。

(4) 図表 6-1 を参考にして，年間指導計画を立てなさい。

参考文献

1) 文部科学省「高等学校学習指導要領（平成 30 年告示）解説　情報編」2018 年
https://www.mext.go.jp/content/1407073_11_1_2.pdf
2) ダン ロススティン，ルース サンタナ著，吉田 新一郎訳「たった一つを変えるだけ：クラスも教師も自立する「質問づくり」」新評論社，2015 年
3) 国立教育政策研究所「「指導と評価の一体化」のための学習評価に関する参考資料 高等学校 情報」2021 年
https://www.nier.go.jp/kaihatsu/pdf/hyouka/r030820_hig_jouhou.pdf

＊ URL については，2021 年 11 月アクセス

第 7 章

授業の事例と
学習指導

　この章では，第 3 章の 3-2 〜 3-5 で述べた各単元における
学習内容および学習活動の中から，いくつかの授業の事例に
ついて取り上げ，第 5 章の学習指導と学習評価，第 6 章の学
習と評価の計画に基づき，学習指導の方法について述べる。

　各節において，学習指導の計画がわかるように，単元（一定
の内容の時間数）の評価規準及び指導計画を示す。また，本時
の授業事例に対して，具体的な指導過程を示し，学習内容や
学習教材，評価の例を示す。

　なお，コラムでは，ICT を活用した授業設計に役立つよう
な例も紹介している。

7-1 情報社会と問題解決

単元の目標

・情報社会の問題を主体的に発見し明確化し，解決策を考える力を養う。
・よりよい情報技術の活用や情報社会の構築について，問題の発見と分析，解決方法の提案，評価・改善などの一連の活動に主体的に取り込もうとする態度を養う。
・情報社会における問題の発見・解決に情報と情報技術を適切かつ効果的に活用しようとする態度，情報モラルなどに配慮して情報社会に主体的に参画しようとする態度を養う。

7-1-2 単元の評価規準

知識・技能	思考力・判断力・表現力	主体的に学習に取り組む態度
・情報技術の発展が社会の利便性を高めることについて理解している。 ・社会の課題について解決のための利用に想定される近未来の情報技術について理解している。	・情報と情報技術を適切かつ効果的に活用し，思考を広げ，整理し，深め，科学的な根拠をもって物事を判断することができる。 ・近未来の社会問題を明確化し，求められる新しい情報技術や機器を考えることができる。	・情報技術の発展と社会の変化について主体的に考え，提案に取り組もうとしている。 ・望ましい社会の構築に寄与するための問題解決の方法を他者と協働し，解決案を主体的に考え，提案に取り組もうとしている。

7-1-3 単元の指導計画

【単元のテーマ】

　情報社会の様々な問題を明確化し，情報と情報技術を活用して解決策を考案し，望ましい社会の構築に主体的に取り組む。情報社会と情報について考え，情報社会の現状を把握した上で，情報社会における問題を明確化して，そして，新しい情報社会とそれを支える情報技術について創造する。

時間	ねらい・学習活動	重点
1	○情報社会と情報 ・情報とは何か，知識基盤社会について考える。 ・情報の特性 (残存性，伝播性，複製性) を理解する。 ○情報社会の現状と問題の明確化 ・SNS のコミュニケーションの現状と問題点について具体事例により理解を深め，対応できる力を養う。 (事例 1)「SNS を攻略しよう」 ・SNS の使い方の現状を調査し用途別に分類して，よりよい使い方を検証する。 (事例 2) SNS 利用の悪い例「どこがいけない？」 ・SNS で公開されている情報の事例画像の悪い点や改善すべき点を抽出し，対処法などをグループでどこがいけないかを話し合い，発表する。 (事例 3) オプトアウト方式の事例について調べ解決策を話し合う。	知・思 知 思・態 思・態 思・態

時間	ねらい・学習活動	重点
2	・高齢化社会の課題を解決するために現在または近未来の情報機器を提案する。	思・態
	・前時でまとめた課題を選び，解決するための近未来の情報機器を考え提案する。	思・態
	○社会の少子高齢化による課題の発見と解決策の提案	
	・高齢化の現状をデータで示す。	思・態
	・付箋などを利用して，課題をできるだけ多く書き出す。	思・態
	・医療・福祉・食事・生活環境……などグループに分ける	思・態
	(例) 一人暮らしの高齢者を見守る IoT	
3	○新しい情報社会とそれを支える情報技術	
	・AI，IoT，ロボット，自動運転などの情報技術の特性やそのよさを理解し，今描かれる近未来像を考える。	知・思
	(例) 内閣府「Sciety5.0」や経団連「20XX in Society5.0」[1] など関連の動画を視聴し，以下の点についてワークシートにまとめる。	
	・AI，IoT，ロボット，自動運転等の先端技術がどんな社会課題を解決できるか。	知・思
	・私たちの暮らしは，Society5.0 でどのように変わっていくか。	知・思
	(動画視聴が不可の場合は，AI，IoT，ロボット，自動運転の四つのキーワードについて情報検索し，上記についてワークシートにまとめる。)	
	○情報技術を活用した解決策の提案	
	・グループごとにプレゼンテーションを行い，考案した情報機器や技術を表現し共有する。提案は難易度が高いため，発想を重視して学習活動により課題や情報技術について考える力を養うことに重点をおく。	態
	・相互評価・自己評価を行う。斬新なアイデアを否定しないように配慮する。	態
	○評価と改善	
	相互評価により問題点を抽出して改善案を提案する。	態

【評価】

(1) 定期テスト

・情報や情報の特性や情報社会の現状を理解する。

・情報のモラルと情報化が個人に及ぼす影響を理解する。

・社会の中で利活用されている情報技術について理解する。

(2) ワークシート

・目的に応じた調査や情報収集や意見収集，自分の意見等が記入できている。

(3) 行動観察 (自己評価・相互評価活動等)

・望ましい社会の構築に寄与するための問題解決の方法を積極的に他者と話し合いができている。

・課題を明確化し，解決案を主体的に考え，提案に取り組もうとしている。

❶ **本時の目標（1 時間目）**

情報の特性や情報社会の現状を理解し問題の明確化を行い，対応策について考える。

授業展開／ 時間	学習内容／学習活動	指導上の留意点	評価方法 （評価の材料）
導入 （5 分）	○情報社会と情報 ・「情報とは」「情報社会とは」という発問から意見を引き出す。 ・情報の特性（残存性，伝播性，複製性）を説明する。 ・情報社会については，次の展開事例により具体的に考える。	・生徒から多くの意見を引き出す。 ・データ，情報，知識の意味と相互の関係について理解する。	テスト
展開 1 （14 分）	【情報社会の現状と課題】 ○ SNS のコミュニケーションの現状と問題点 図表 7-1 のような日本における SNS 利用データを提示し，3 〜 4 人グループで話し合いまとめることで，SNS の効果的な使い方が明確化され，利用時の注意点などを共有する。 （事例 1）「SNS を攻略しよう」 ・SNS の使い方の現状を調査し用途別に分類して，よりよい使い方を検証する。 ・利用時の注意点などをまとめて共有する。 ・調査内容①〜⑦を話し合いワークシートにまとめる。①良く使う SNS は何か②利用頻度③どんな時に④どんな内容を⑤誰に伝えるか⑥利用時の注意点は⑦なぜ利用しないのか 利用時の注意点については，個人情報やプライバシー，著作権，撮影時に気をつけなければならないことなどをまとめる。	図表 7-1 のようなスライドを提示する。 ［グループ活動］ ①〜⑦について話し合った内容を記入するワークシート（個人用と発表用）を用意する。 ［想定される回答例］ ・LINE：1 対 1，多対多で情報共有，電話に代わる情報伝達手段 ・Twitter：電車遅延や渋滞情報，コメントや意見などリアルタイムに瞬時に拡散したいテキスト情報が多い。 ・Instagram：アルバム代わりに写真を掲載することが多い。文字は少ない。 ・Facebook：写真と詳しい文字情報で構成される。個人だけでなく，企業がプロジェクトを公開したいときに利用する場合がある。また海外への情報発信に活用する。	テスト ワークシート（個人用） ワークシート（発表用）
展開 2 （13 分）	（事例 2）SNS 利用の悪い例「どこがいけない？」 SNS で公開されている情報の事例画像を提示し，グループでどこがいけないかを話し合い，発表する。 ・事例から利用時に注意しなければならない点を再認識する。 ・全体の意見がその場で共有きるように画面提示を工夫する。	具体事例の画像を提示したワークシートまたはファイルを用意し，グループで問題点を指摘しながら書き込む。 （回答例）写真やアカウントから個人が特定される，写真に写っている情報から住所がわかる，部屋のレイアウトがわかる。	テスト ワークシート

授業展開／時間	学習内容／学習活動	指導上の留意点	評価方法（評価の材料）
展開3（13分）	（事例3）オプトアウト方式の事例を調べて解決策を話し合う。以下の事例を提示して同様の事例を調べ，対処法を話し合う。 ・会員登録フォームで「メールマガジンを受信する」に最初からチェックが入っているため，登録後に意図しない大量のメールが届くようになるなど。 ・スマートフォン等の新規購入時に，デフォルト状態で多くのサービスがついて，最初の1か月は無料であるが，解約手続きを忘れて不要なサービスの利用料金を支払った。	参考： 特定電子メール法と特定商取引法によって，現在，メール配信はオプトイン方式のみと定められている。許諾なく一斉にオプトアウト・メールを送ることは，法律で禁止されている[2]。	テスト ワークシート
まとめ（5分）	情報社会の現状と明確化された課題についてまとめる。	次回の学習活動につながるようにまとめること。	

【授業用スライド例】

【令和元年度】主なソーシャルメディア系サービス/アプリ等の利用率（全年代・年代別）

	全年代(N=1500)	10代(N=142)	20代(N=211)	30代(N=253)	40代(N=326)	50代(N=278)	60代(N=290)	男性(N=758)	女性(N=742)
LINE	86.9%	94.4%	95.7%	94.9%	89.3%	86.3%	67.9%	85.1%	88.8%
Twitter	38.7%	69.0%	69.7%	47.8%	33.4%	28.1%	9.3%	41.8%	35.4%
Facebook	32.7%	28.9%	39.3%	48.2%	35.9%	33.5%	12.1%	33.4%	32.1%
Instagram	37.8%	63.4%	64.0%	48.6%	32.5%	30.9%	9.3%	31.9%	43.8%
mixi	4.1%	1.4%	6.6%	5.1%	4.0%	4.7%	2.1%	4.0%	4.2%
GREE	2.1%	1.4%	4.3%	1.2%	3.7%	1.1%	0.7%	2.5%	1.6%
Mobage	4.2%	7.7%	8.1%	4.7%	3.7%	2.2%	1.7%	5.9%	2.4%
Snapchat	2.9%	12.7%	2.8%	3.2%	1.8%	0.7%	1.4%	3.0%	2.8%
TikTok	12.5%	47.9%	20.4%	12.6%	5.5%	6.5%	2.8%	11.3%	13.6%
YouTube	76.4%	93.7%	91.5%	85.4%	81.3%	75.2%	44.8%	79.7%	73.0%
ニコニコ動画	17.4%	30.3%	33.2%	20.6%	12.3%	14.4%	5.5%	20.4%	14.3%

図表7-1 令和元年度主なソーシャルメディア系サービス／アプリ等の利用率（全年代・年代別）

出典：総務省　令和元年度情報通信メディアの利用時間と情報行動に関する調査報告書　令和元年度版「主なソーシャルメディア系サービス/アプリ等の利用率」（令和2年9月）
https://www.soumu.go.jp/main_content/000708015.pdf

❷ 本時の目標（2時間目）

　高齢化社会の課題を明確化し，解決するための新しい情報機器や技術を提案する。

授業展開／時間	学習内容／学習活動	指導上の留意点	評価方法（評価の材料）
導入（5分）	【振り返り】 ・前時でまとめたワークシートから近未来の情報技術について確認する。 ・社会の高齢化の現状を理解する。	・国勢調査や総務省のデータを利用してグラフ等を提示し（図表7-2），社会の現状を把握しやすいように工夫する。	テスト

授業展開／時間	学習内容／学習活動	指導上の留意点	評価方法（評価の材料）
展開 1（20 分）	【社会の少子高齢化がもたらす課題の抽出と整理】 ・事例の課題をできるだけ多く抽出する。 ・抽出された課題を①医療②福祉③食事④生活環境…等のカテゴリーに分類する。 ・その中から解決策を提案する課題の候補（複数）を決める。その際グループ内で分担してもよい。	グループ活動 ・模造紙と付箋紙またはそれに代わるホワイトボードやツールを用意し，多くの課題を抽出し，教室内で共有できるように工夫する。 ・抽出された課題を分類しながら，解決策の提案に取り組む候補を決定できるように，グループの活動状況を把握すること。	グループごとの課題の抽出結果（模造紙やホワイトボード等の履歴）
展開 2（20 分）	【情報技術を調べる】 ① AI ② IoT ③ロボット④自動運転⑤その他について現状の利用状況や想定される近未来での活用事例を情報検索等で調べる。 【課題を解決するための情報技術との関連】 ・上記で決定した課題の候補について，解決ための活用が想定される情報技術①〜⑤について，解決案のアイデアを考える，それらを組み合わせることで想定される情報機器の案を作成する。 ① AI ② IoT ③ロボット④自動運転⑤その他	グループ活動 ①〜⑤について調査内容を記入するワークシートを用意する。 アイデアを否定しないこと。 (3 章のコラム「ブレーンストーミングと KJ 法」，p.52 参照)	ワークシート
まとめ（5 分）	【次回に向けて】 ・発表の準備 ・情報機器の提案用スライドを作成する。	次回提案ができるように指示しておく。	

【授業用スライド例】

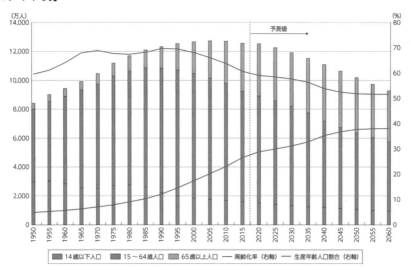

図表 7-2　我が国の高齢化の推移と将来推計

出典：総務省｜令和 2 年版 情報通信白書｜社会課題と ICT 導入事例
https://www.soumu.go.jp/johotsusintokei/whitepaper/ja/r02/html/nd121220.html

7-2 情報社会における法規と制度

7-2-1 単元の目標

・情報に関する法規や制度などについて理解し，それらの背景を科学的に捉え考察する。
・情報技術が人や社会に果たす役割と及ぼす影響について理解する。
・情報社会における情報モラルやマナーについて考察する。

7-2-2 単元の評価規準

知識・技能	思考力・判断力・表現力	主体的に学習に取り組む態度
・個人情報の保護や管理，プライバシー権，肖像権，パブリシティ権について理解している。 ・知的財産権の概要について理解し，経済や文化の発展との関係を理解している。 ・著作者の権利と伝達者の権利についての法規，著作権法の権利制限規定について理解している。 ・著作物の利用の流れを理解し，著作物を適切に利用する方法を身に付けている。	・個人情報の流出を防ぎ，自らの個人情報を適切に管理できる。 ・情報社会で起こっている個人情報に関連する権利侵害の例について考え，討議することができる。 ・著作権法の権利制限規定の意義について考え，討議できる。	・自他のプラバシーや肖像権などを尊重する態度をもって取り組んでいる。 ・個人情報の重要性を認識し，個人情報の管理について，自らも注意して取り組んでいる。 ・知的財産権の問題に関し，自らWebサイトで調べるなど，意欲的に取り組んでいる。 ・著作物の利用に関し，著作権を侵害しないように取り組んでいる。

7-2-3 単元の指導計画

【単元のテーマ】

　情報に関する法規や制度，情報社会における個人の責任を理解し，法律や情報モラル，マナーとの関係や違いを理解する。

時間	ねらい・学習活動	重点
1	【情報の管理と保護】 ○個人情報 ・基本四情報，個人情報保護法を理解する。	知
2	○プライバシー，モラル ・プライバシーポリシー，肖像権，パブリシティ権を理解する。 ・情報モラル，マナー，SNSにおける個人情報の漏洩について考察する。	知 思・態
3	【知的財産権，産業財産権と著作権】 ○産業財産権 ・特許権，実用新案権，意匠権，商標権を理解する。	知
4	○著作権 ・著作者人格権，著作権（財産権）を理解する。	知

❶ 本時の目標（2 時間目）

　情報モラルの各項目の重要度を各自で考え，それをグループで検討し，まとめさせる。その結果，項目の重要度の違いが SNS の個人情報漏洩につながるというということを理解させる。学習方法として，クラウド上のワークシートを利用し，主体的，対話的，深い学びのスタイルの学習方法（授業の流れ）についても考察させる。

【授業の流れ】

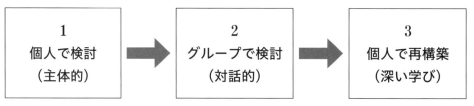

授業展開／時間	学習内容／学習活動	指導上の留意点	評価方法（評価の材料）
導入（3 分）	授業の流れと思考プロセス（図表 7-3）を示し，本日の授業の流れを理解する。	主体的，対話的，深い学び（p.150 コラム参照）のスタイルでの学習方法を理解させる。	
展開 2（10 分）	[個人で検討] 個人検討用ワークシート（図表 7-4）を配布し，知られてもよい項目と知られたくない項目を各自の価値判断で分類・整理して，さらに重要度をつけてブロックを並べ，その理由を記入する作業を行う。	項目を並べるときに，同一のレベルにならないよう，必ず重要度を考えて，理由を考えさせ，その理由を文章で記入させる。（主体的な学び）	テスト ワークシート（個人用）
展開 2（20 分）	[グループで検討] クラウドの全体用ワークシート（図表 7-5）を使って，グループ毎に，各自がまとめた内容についてグループ内で発表し，グループとしての意見と各項目の順序を相談しながらまとめる。	グループの中で，司会や記録，発表をする人を決め，積極的に意見交換するように促す。他の班のクラウド上のワークシートも閲覧しながらまとめさせる。進行状況が分かるようにモニターに資料を提示しておく。（対話的な学び）	テスト ワークシート（全体用）
展開 3（10 分）	[全体発表・意見交換] 班毎に特徴的な内容を発表し，他の班からの質問に答える。	他の班と大きく違う意見があれば，その理由を説明させる。モニターに全体用 PowerPoint を提示しておく。	テスト ワークシート（全体用）
まとめ（7 分）	[個人で再構築] グループで考えたことや全体の討論の結果から，各人が考えたことを個人用ワークシートに記入し，ファイルを提出する。	グループ内での討論や全体での討論で，最初に考えた重要度と理由が，どのように変わっていったかを個人用に記入させる。（深い学び）	ワークシート（個人用）

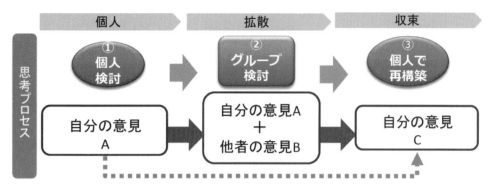

図表 7-3　授業の流れと思考プロセス[3]

出典：ベネッセ教育総合研究所：「協働から個の思考を深める学習モデル」実証研究レポート
～主体的・対話的で深い学びを実現するための ICT 活用と評価の実践～

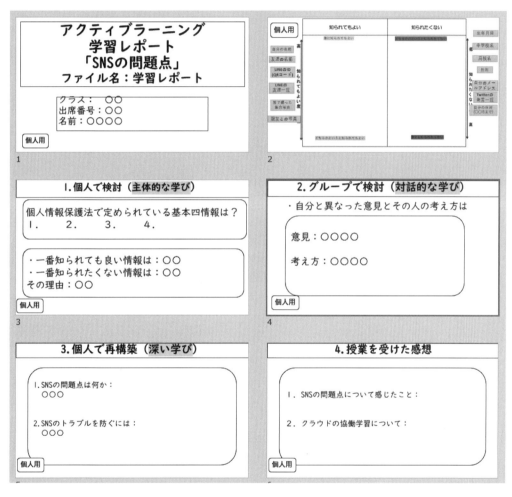

図表 7-4　授業資料（個人検討用）[4]

図表 7-5　ワークシート (グループ検討用) [4)]

○**C**OLUMN　　主体的・対話的で深い学び

　2016 年 (平成 28 年) 12 月 21 日，中央教育審議会は学習指導要領改訂 (平成 29 〜 31 年) の骨子となる「幼稚園，小学校，中学校，高等学校及び特別支援学校の学習指導要領等の改善及び必要な方法等について (答申)」を発表した (中教審第 197 号)。この改訂の柱の一つである「主体的・対話的で深い学び (アクティブラーニング)」であり，どのように学ぶかの学び方に言及している。
(1-2-2 学習指導要領の改訂，p.16 参照)

○**C**OLUMN　　クラウド上のファイル共有

　クラウド上で，ファイル等の共有が行えるサービスには，主に，次のものがある。

1) **GoogleDrive**：Google 社が提供しているクラウドサービスで，無料で 15GB の容量がある。

2) **OneDrive**：Microsoft 社が提供しているクラウドサービスで，無料で 5GB の容量がある。Microsoft 365 Personal に契約していると 1TB の容量がある。共有するときは，ブラウザでオンライン版の Word や Excel などを使って，閲覧，編集が可能である。

3) **iCloud**：apple 社が提供しているクラウドサービスで，iPhone ／ iPad ／ Mac ユーザは無料で 5GB の容量がある。クラウド機能が OS と統合されているので，使いやすいのが特徴である。

4) **Dropbox**；老舗の Dropbox 社が提供しているクラウドサービスで，無料で 2GB の容量がある。Dropbox 上でファイルを共有し，相手が承諾すると，共有フォルダが表示され，ファイルを変更すると，共有者全員が自動的に同期されるので，共同編集に便利である。

〈共有設定の注意事項〉

　未公開：：作成者のみが閲覧，編集可能

　限定公開：作成者は編集可能，URL を知っている者は閲覧可能

　公開：作成者ならびに URL を知っている者は閲覧，編集可能 (複数人が同時に編集すると，他人が書いたものを変更して，削除してしまう場合があるので，注意が必要である)

※なお無料で利用できる容量もあるので確認すること。

7–3 | メディアとコミュニケーション

7-3-1 単元の目標

・メディアの特性やコミュニケーション手段の特徴について科学的に理解する

・コミュニケーションを行うために，表現，伝達，記録などに使われるメディアの特性を理解する。

・よりよくコミュニケーションを行うために，複数のメディアと複数のコミュニケーション手段の組合せについて考える力，コミュニケーションの目的や受け手の状況に応じて適切で効果的な組合せを選択する力，自らの取組を振り返り評価し改善する力を養う。

7-3-2 単元の評価規準

知識・技能	思考力・判断力・表現力	主体的に学習に取り組む態度
・メディアの特性とコミュニケーション手段の特徴について，科学的に理解している。 ・情報技術の発達によりコミュニケーション手段が変化したこと，情報の流通量や範囲が広がったこと，即時性や利便性が高まったこと，効果や影響が拡大したこと，コミュニケーションの役割が変化したことなどについて理解している。	・コミュニケーションの目的や受け手の状況に応じて，適切で効果的な組合せを選択することができる。 ・よりよくコミュニケーションを行うために，複数のメディアと複数のコミュニケーション手段の組合せについて考えることができる。	・効果的なコミュニケーションのために，メディアやコミュニケーション手段を組み合わせて，評価・改善について取り組もうとしている。 ・メディアの活用やコミュニケーションを図る活動について振り返り，より効果的な表現や情報伝達ができるように取り組もうとしている。

7-3-3 単元の指導計画

【単元のテーマ】

　メディアの特性とコミュニケーション手段の特徴を理解し，複数のメディアと複数のコミュニケーション手段を組み合わせて，より効果的なコミュニケーションを行う。

時間	ねらい・学習活動	重点
1	【メディアの発達と分類】 ○メディアの機能と分類 ・「メディアとは，具体例を挙げてみよう」という発問をして回答を求める。 (回答例) 写真，イラスト，スマートフォン，新聞，インターネット，メール音声，動画，書籍，TV 等 ・回答を分類し，メディアとは情報を表現したり伝達する手段や仕組みや物であることを理解する。 (例) 表現メディア：文字・音声・静止画，伝達メディア：紙，電線，電波，情報メディア：新聞，電子メール，インターネットなど ○メディアの発達と情報メディア ・情報技術の発達とともに情報メディアが発達しコミュニケーションの形態が変化したことや，情報の流通量が広範囲になり，即時性や利便性が高まったことなどを，具体例を示して考えをまとめる。	知 知 知

時間	ねらい・学習活動	重点
2	【メディアの特性とコミュニケーションの形態】 ○メディアの特性の理解，目的に応じたメディアの選択 ・文字，図形，音声，静止画などの各表現メディア，情報メディア，伝達メディアの特性について理解する。 ・伝達する情報に応じて適切に表現メディアや情報メディアを選択して表現する。 ・情報メディアや表現メディアを活用し，主体的に情報を発信することができる。 ○コミュニケーションの方法を発信者と受信者の人数，位置関係，同期性の分類 ・コミュニケーションの形態や特性を考え，コミュニケーションの目的に沿った方法を選択する。	知 思 思 思・態
3	【複数メディアの選択と表現の工夫】 ○伝えたい情報をより効果的に伝えるためのメディアの選択と表現の工夫 ・表現メディア，伝達メディアの特性の理解，メディアの選択と組合せ，メディアの分類と比較について検討する。 ○メディアの選択と工夫 ・事例を取り上げてより伝えたいことをより効果的に伝えるために，どのようにメディアを選択して，工夫すべきかを考える。	知 思
4 5	【インターネットのコミュニケーション】 ○インターネットを活用したコミュニケーションの特徴の理解 ・インターネットのコミュニケーション手段について次の点について話し合い，考えをまとめる。 　①どんなときに使うか②コミュニケーション形態③同期・非同期④メリット⑤デメリット 【メディアとコミュニケーションの組み合わせ】 ○複数のメディアを組み合わせてよりよいコミュニケーションの実現 ・複数のメディアとコミュニケーション手段を組み合わせた事例を考案する。 ○事例の検証と問題解決案 ・選択したメディアのメリットとデメリット，受け手の状況を配慮できているか，問題解決策などを記入するワークシートを用意し，2人〜3人グループで話し合いながら記入する。 (1) メール利用だけ：事例1「急用を知らせるためにメールで連絡した」 (2) SNSの利用：事例2「あるイベントの打ち合わせにSNSのグループトークを利用する」	思 思 思・態

【評価】

(1)　定期テスト（以下の観点に関して出題）

・メディアの機能を理解し，分類することができる。

・コミュニケーションの方法を発信者と受信者の人数，位置関係，同期性により分類することができる。

・情報の信憑性や信頼性について吟味し，情報の真意を読み解くことができる。

(2)　ワークシート（デジタルファイルで提出）

・コミュニケーションの形態や特性を考え，コミュニケーションの目的に沿った方法を選択することができる。

・適切かつ効果的にコミュニケーションを図るために，情報メディアを適切に選択することができる。

(3)　レポート

・メディアから収集する情報を批判的に思考し，主体的に読み解こうとする態度を身に付けている。

・よりよいコミュニケーションのために，評価・改善を繰り返し行えている。

❶ 本時の目標（3 時間目）

「伝えたい情報をより効果的に伝えるためのメディアの選択と表現の工夫」

　身近な事例を題材に，伝えたいことをより効果的に伝えるためには，どのように工夫し改善すればよいかを考えて提案する。

授業展開／時間	学習内容／学習活動	指導上の留意点	評価方法（評価の材料）
導入（5分）	【振り返り】表現メディアの特性を確認する。 (例) 歩行者用信号機（音声） 色と形の組合せで：「進め」「止まれ」の情報が伝わる。 音声：360度の範囲の人へ「進め」の情報を伝えることができる。 以上の組合せで効果的な情報伝達を実現していることを確認する。	・色と形を組み合わせることで，色覚の多様性に対応する。（第3章 p.55，第3章参考文献4）参照） ・年齢や障害の有無，言語などに関係なく全ての人にとって利用しやすい工夫をする。	テスト
展開1（15分）	【デザインがもたらす効果を観察する】 (事例1)「何がいけない？」 図表7-6の左側を提示し，何がいけないかを問いかけて，回答を引き出しながら効果的なメディアの組合せを考察する。 (事例2)「瞬時に注意を伝える工夫」（図表7-7） ・左側を提示し，どのように改善すべきかを，2人1組で話し合いワークシートにラフスケッチをする。何例かを発表させて情報を共有する。 ・右側を提示し伝えたいことを端的に表現するために，文字と形を組み合わせたり，色の特性を利用したりすることを確認する。	(事例1) ・色だけに頼っていないか。 ・なぜ色と形で表現するのか考察する。 (事例2) 文字は説明には向いているが，文字数が多くなると瞬時の情報伝達には適さない。	テスト 個人の活動 ワークシート（デジタル）
展開2（25分）	【表現の工夫の提案】 (事例) はちみつのロゴ「1歳未満の乳児には与えないでください」を募集する。 ・グループで話し合い，ワークシートにラフスケッチを行う。 ・まずは，消費者への注意喚起が一目でわかるような表現が必要である。 ・詳細情報は，QRコード表示でサイトに提示するなどの案が考えられる。 ・グループごとに発表し，評価・改善に取り組もうとする。	・問題点の抽出のグループワークでは，できるだけ多くの点を書き出す。 ・ラフスケッチ用のワークシートを用意する。（図表7-8参照）	グループワークの発表と相互評価（模造紙またはデジタルボード等）の成果物 行動観察 ワークシート 発表の内容
まとめ（5分）	教員が全体の評価のフィードバックを行い，これらの学習活動によってメディアを組み合わせて情報を効果的に伝えるために表現することができるように指導する。	評価・改善を繰り返すことで，よりよいロゴを作成する。	

【提示教材例】

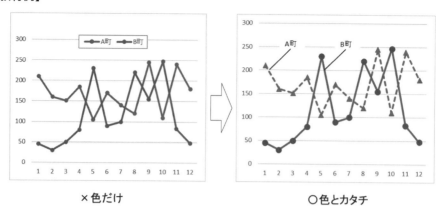

×色だけ　　　　　　　　　　　　○色とカタチ

図表 7-6　展開 1 の事例 1

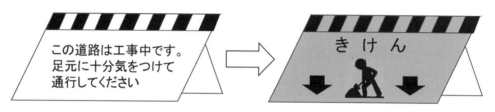

図表 7-7　展開 1 の事例 2

【ラフスケッチ用ワークシート例】

概要：

　1 歳未満の乳児がはちみつを食べることによって乳児ボツリヌス症にかかることがあるが[5]，料理レシピサイトでは，はちみつを使った離乳食が紹介されているため誤って食べてしまう恐れがある。はちみつ容器のラベル表示について，分かりやすい表示を募集する（図表 7-8）。

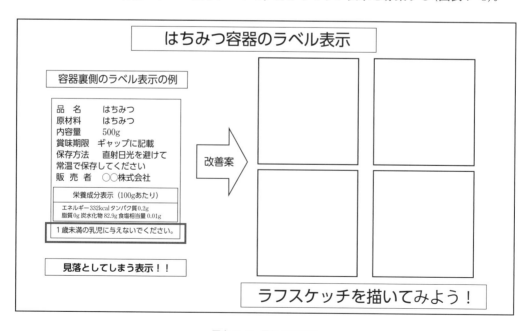

図表 7-8　展開 2 の事例

7-4 情報デザインとコンテンツ

7-4-1 単元の目標

・情報デザインが人や社会に果たしている役割や効果的なコミュニケーションを行うための情報デザインの考え方や方法を理解し，表現する技能を身に付ける。

・目的や受け手の状況に応じて適切かつ効果的な情報デザインを考える力，情報やメディアの種類によって適切な表現方法を選択する力，年齢，言語や文化及び障害の有無などに関わりなく情報を伝える方法について考える力や，効果的なコミュニケーションのために情報デザインの考え方や方法に基づいて，コンテンツを表現し，評価し改善する力を養う。

・情報と情報技術を活用して効果的なコミュニケーションを行おうとする態度や情報社会に主体的に参画する態度を養う。

7-4-2 単元の評価規準

知識・技能	思考力・判断力・表現力	主体的に学習に取り組む態度
・情報デザインの考え方を理解し，コンピュータなどを簡単に操作し，工夫できる力を身に付ける。 ・年齢や障害の有無，言語などに関係なく全ての人にとって利用しやすくする工夫について理解している。 ・目的や受け手の状況に応じて伝達する情報を抽象化，可視化，構造化する方法を理解している。	・目的や受け手の状況に応じて表現方法を適切に選択できる。 ・目的を明確化し，効果的な情報デザインを観察し，考案する力を養う。 ・効果的なコミュニケーションのための情報デザインの考え方や方法に基づいて，コンテンツを表現し，評価し改善することができる。	・情報デザインが用いられている身近な事例を調査・観察し，情報収集に取り組もうとしている。 ・情報や情報技術を活用して効果的なコミュニケーションを行うための情報デザインについて考察しようとしている。 ・情報デザインの考え方や方法に基づいてコンテンツを設計，制作，実行，評価，改善するなどの一連の過程に取り組もうとしている。

7-4-3 単元の指導計画

【単元のテーマ】

　人の行動をよりよくする情報デザインに基づくコンテンツを提案・制作し評価・改善する。

時間	ねらい・学習活動	重点
1	【情報デザインの理解】 ○情報デザインの考え方の理解，コンピュータによる表現 ・情報の抽象化（アイコン，ピクトグラム，ダイヤグラム，地図のモデル化），情報の可視化（表，図解，グラフ），情報の構造化（文字の配置，ページレイアウト，Web サイトの階層構造，ハイパーリンク）の手法を観察し理解する。 ○身近な事例の観察・分析 以下の項目について身近な事例を観察・分析し，情報デザインの考え方の理解を深める。 ・ユニバーサルデザイン（駅の多言語対応） ・ユーザビリティ（容器や形） ・アクセシビリティ（Web サイト評価） ・シグニファイア（行動デザイン：行列の足跡表示など）	知 思 思 思 思

時間	ねらい・学習活動	重点
2	【情報デザインの実際】 ○身近な事例を調査・観察・収集，デザインがもたらす効果の検証 ・身近なナッジを見つけよう。(7章コラム，p.158参照) 　前時までに学習したデザイン例について，情報通信ネットワークを活用して情報収集し，情報デザインの考え方(図表7-9参照)への理解を深め，観察力を養う。 例　足跡ステッカー，カロリー表示，ワクチン予約フォーム， ・登下校時や夏休みを利用して，グループで情報収集，画像収集を行う。 　事例に基づきフィールドワーク調査を行い，対象のデザインを撮影し，どのような効果があるか等のインタビュー調査を実施する。その際，著作権や知的財産及び個人情報等に留意し，撮影許可，周りの状況への配慮を行うこと。また，調査内容にばらつきが生じないよう，フィールドワーク調査シート(図表7-10参照)を準備して配付すること。なお，フィールドワークが実施できない場合は，情報通信ネットワークによる情報収集，学校内での情報収集，授業者があらかじめ情報収集した事例を活用することが考えられる。	思 態
3	【効果の検証】 ○情報の評価・検証 ・フィールドワークで収集した情報を以下の点について，評価し検証する。 　①人の行動をよりよい方向へ誘引できているか，②強制していないか，③選択の自由は用意されているか，④ユニバーサルデザインであるか ・記述式の情報は，テキストマイニングツールを利用して，出現頻度の高い用語がどのような項目と関連しているかなどのテキストデータの分析を行う。また，ブレーンストーミングで，多くのアイデアを出し，環境・医療・福祉・マナー・行動などのカテゴリーに分類する。 ○改善案の提案 フィードワークでの収集先へ提案し，評価や意見を求める。	知 思 思・態
4 5 6	【コンテンツの制作と公開，共有】 ○ナッジに基づくデザインのステッカー制作，Webページでの情報共有 ・前時までに収集した情報や企画案に基づき，パワーポイントで，ピクトグラムやサインなどのステッカーを作成し，Webページにまとめて公開・提供する。 ・地域の商店街や商工会や自治体などとの連携しステッカーを提供する。 ・制作したステッカーを公開するためのWebページを作成し，地域の協力者に評価を依頼する。 ○グループごとの役割分担 ・クラス全体で取り組むようにするため，以下のようなグループごとの役割分担を決めて学習活動を進行することも考えられる。 ①全体企画担当②Webページ制作③ステッカー制作と再構築④地域との連携⑤評価の収集と分析	思 思 思 思・態
7	【評価と改善】 ○以下の活動の繰り返し実施，協力者(地域・保護者等)への情報提供 ・収集した外部評価(地域・保護者等)，相互評価，4段階評価等の内容を分析し，コンテンツの再構築を図る。 ・改善案の公開と提案を行う。	思 態

【評価】

(1)　定期テスト(以下の観点に関して出題)

・情報デザインの考え方や年齢や障害の有無，言語などに関係なく全ての人にとって利用しやすくする工夫について理解する。

・情報の抽象化，可視化，構造化の方法について理解する。

(2)　フィールドワーク調査レポート(デジタルファイルで提出)

・コンピュータなどを簡単に操作し，情報の構造化(文字の配置，ページレイアウトなど)の工夫できる力を身に付ける。

・目的に応じた情報収集・観察ができている。

(3) コンテンツ制作活動及び制作物

・役割分担を理解し，責任が果たせている。

・評価・改善を繰り返し行えている。

7-4-**4** 指導過程（本時）

❶ 本時の目標（2 時間目）

人の行動をよりよくする情報デザインに基づくコンテンツを調べ，提案する。

授業展開／ 時間	学習内容／学習活動	指導上の留意点	評価方法 （評価の材料）
導入 （5分）	【振り返り】 ・情報デザインの考え方によって，人をよりよい行動に自然に導いたり，よりよいコミュニケーションができることなど，学習したことを振り返る。 ・情報の抽象化，可視化，構造化の手法について学習したことを確認する。	「情報デザインとは」を参考に，情報デザインとその考え方を明確化すること。	テスト
展開 1 （20分）	【デザインがもたらす効果を観察する】 人の行動をよりよくする情報デザイン（ナッジ）の例を調べる。 ・身近な事例を例示し，観察する。 ・生徒が情報通信ネットワークを使って具体的な情報デザインの事例を調べる。 ・このようなデザインによって，なぜ人々がよりよい行動や生活ができるかを考えさせワークシートにまとめる。	チェックポイントを明確にしておく。 ・人の行動をよりよい方向へ誘引できているか。 ・強制していないか。 ・選択の自由は用意されているか。 ・ユニバーサルデザインであるか。	テスト 個人の活動 ワークシート（デジタル）
展開 2 （20分）	【デザインの提案】 ・グループごとに展開 1 で調べたデザイン事例の問題点をワークシートに書き出す。 ・問題点を解決するための改善案を提案しラフスケッチする。 ・グループごとに発表し相互評価を行う。 ・これらの学習活動によって情報デザインの考え方が深まるように指導する。	・問題点の抽出のグループワークでは，できるだけ多くの点を書き出す。 ・ワークシートを掲示したり，デジタルツールを活用するなど，生徒同士が情報共有できる工夫をすること。	グループワークの発表と相互評価（模造紙またはデジタルボード等）の成果物
まとめ （5分）	【次回に向けて】 身近な情報収集（フィールドワーク）について ・調査シートの配付（紙及びデジタルファイル） ・対象となるデザインを撮影する際の撮影許可等について説明する。	情報収集する身近な事例のピクトグラムやサインのチェックポイントについて再確認する。	フィールドワーク用調査シート例

【学習の流れ】

情報デザインの考え方を理解し，図表7-9のような流れで学習活動を行う。

身近なナッジを見つけよう → 情報デザインの効果を検証しよう → 改善案を提案し表現しよう → ステッカーを制作Webページで公開 ⇄ 評価改善

図表7-9　学習の流れ

フィールドワークにより人の行動をよりよい方向へ導くデザインであるナッジの身近な事例を観察し，情報収集してその効果を検証する。さらに改善案や新たなデザインを提案し，ステッカーにしてWebページで公開して，地域へフィードバックを行い，評価・改善を繰り返し，よりよいコミュニケーションを目指す。なお，地域へのフィールドワーク調査（2時間目）は，グループごとに夏休みなどを利用して行うことが考えられる。

COLUMN　人の行動をよりよい方向へ導く情報デザイン

　情報デザインとは，目的を達成することを支援するデザインである。単に文書レイアウトやプレゼンテーションによる表現やWebページの構造化だけでなく，生活に関わるコミュニケーションのためのプロセス，ツール，インタフェースをデザインすることを意味する。モノやデータに，情報デザインによる創意と工夫，生活の知恵や秩序を付与することで，快適な空間や道具を創造し，美しい秩序や賢明な行動へと導くことを意味する。情報デザインの考え方に基づく学習活動は，第3章の図表3-17に示している。

──ナッジがもたらす効果──

　レジ前の床に，ソーシャルディスタンスになるよう一列に配置されている足跡の絵をよく見かける。客は，強制されていないが，ほぼデザイン通りに自発的に並んで待つ。

　このように人の行動をよりよい方向に無意識に誘導するように文字や図で工夫する情報デザインを，行動経済学では「ナッジ（NUDGE）」[6],[7]という。人がそのデザインによってよりよい方向へ意思決定する「強制されていない，選択の自由」がナッジの特徴である。たばこのパッケージの健康警告画像，レストランメニューのカロリー表示もナッジの例である。

ナッジの例

【学習用ツール】

展開2の学習活動用の模造紙やホワイトボードやJamboardを活用する。

相互評価などの意見交換・収集には，Webページに意見交換用の電子掲示板を設置したり，投稿用に公式のメールアドレスを用意したりGoogleフォームを活用することが考えられる。

【フィールドワーク用調査シート】

　紙媒体はフィールドワークに持参して調査内容を書き込む（図表7-10）。デジタルファイルは，教室内の共有フォルダを利用して配付し，収集した撮影画像を貼り付け，調査内容を入力する。

フィールドワーク調査シート

名前 ＿＿＿＿＿＿＿＿

調査日時　＿＿＿＿＿＿＿＿＿＿＿＿

調査場所　＿＿＿＿＿＿＿＿＿＿＿＿

調査メンバー　＿＿＿＿＿＿＿＿＿＿

どのような効果があるか

問題点や改善の要望

図表7-10　調査シートの例

◉COLUMN　デジタルツールの活用

　Google アカウントを取得してログインすれば，オンライン上で次のアプリが利用できる。教材の共有や可視化や評価のフィードバックが瞬時に可能で，学習内容がより深まり効果的な活用ができる。便利なオンライン学習ツールであるが，授業デザインに合った使い方を考えて設計し，事前の準備が重要である。

(1)　Jamboard によるブレーンストーミング

　Jamboard は，オンライン上でホワイトボードのように利用できる上に，付箋紙のようなツールも用意されていて，ブレーンストーミングで利用する模造紙と付箋紙の役割を担うことができる。画像の貼り付けも可能である。あらかじめグループの数の Jamboard と多色の付箋紙を用意すれば，班ごとに同時に複数人で意見を自由に書き込んだり編集したり，カテゴリー別に分類する作業が共有できる。キーボード入力だけでなく手書き入力にも対応しているため，多様なデバイスから作業が可能になっている。

(2)　Google フォームによるアンケートや小テストの作成

　Google フォームは，アンケートや小テストを作成できるので，意見を収集したり，授業内で確認テストを実施し，その場でアンケート結果が瞬時に可視化できたり，回答者へフィードバックが可能である。配信は URL で共有できるため，メール配信や Web への埋め込みが可能である。またテスト機能を使って解答やフィードバックをあらかじめ準備しておくことで，自動採点や個々の学習レベルに応じた振り返りが可能になる。学習活動における相互評価や自己評価などの評価活動にも利用できる。さらに収集したデータは，表計算ソフトにエクスポートできる。

7–5 アルゴリズムとプログラミング

7-5-1 単元の目標

・問題解決のための処理手順であるアルゴリズムを表現する手順としてのプログラミングを学ぶことでコンピュータを活用する方法を理解する。
・目的に応じたアルゴリズムを考えてプログラムを作成する技能を身に付けるとともに，その過程を評価し，改善する。

7-5-2 単元の評価規準

知識・技能	思考力・判断力・表現力	主体的に学習に取り組む態度
・アルゴリズムを表現する手段，プログラミングによってコンピュータやネットワークを活用する方法について理解し，技能を身に付けている。 ・アルゴリズムの順次，選択，繰り返しの構造を理解し，フローチャートの図を作成できる。 ・プログラムの作成，変数の役割や配列やリストによる処理について理解し，プログラムを作成できる。 ・関数の概念，関数の種類や定義について理解し，プログラムを作成できる。 ・探索や並べ替えのアルゴリズムの概念を理解している。	・アルゴリズムやプログラムをわかりやすくするための注意点について考えることができる。 ・順次構造と繰り返し構造のプログラムを作成し，作成したプログラムを考察し，修正できる。 ・変数や配列やリストの利用により，効率のよいプログラムを作成できる。 ・整列（バブルソートなど）のアルゴリズムについて考え，配列を使ってプログラムを作成できる。 ・探索（線形探索，二分探索）のアルゴリズムの効率について，考えることができる。	・アルゴリズムに興味・関心を持ち積極的に取り組んでいる。 ・プログラミング言語に興味をもち，プログラムの作成に積極的に取り組んでいる。 ・効率的なプログラムの作成のために，粘り強く，プログラムの改善に取り組もうとしている。 ・問題解決のためにアルゴリズムを考え，効率的なプログラムを粘り強く作成しようとしている。 ・作成したプログラムについて，自己評価及び相互評価を行い，効率的なプログラムの改善に取り組んでいる。

7-5-3 単元の指導計画

【単元のテーマ】

　アルゴリズムやプログラムの基礎を理解し，基礎的なプログラムを作成できるようにする。さらに，プログラムの応用として，配列や関数の利用方法を理解し，整列（ソート）や探索などのアルゴリズムについても考える。なお，この単元のプログラム実習では，教育用コンピュータを用いた，計測・制御（信号機の制御）を取り上げる[8),9)]。

時間	ねらい・学習活動	重点
1	【アルゴリズム】 ○アルゴリズムの基礎 ・アルゴリズムの基本構造（順次構造，選択構造，繰り返し構造）について理解する。 ・構造化したプログラムの作成ができる。	知 知

時間	ねらい・学習活動	重点
2	【プログラムの作成1】 ○プログラムの基礎 ・簡単なプログラム，変数を利用したプログラムの作成ができる。 ・配列とリスト，関数 (組み込み関数，ユーザー定義関数) について理解し，それらを利用したプログラムの作成ができる。	技 思・技
3	【プログラムの作成2】 ○プログラムの応用，作成実習 ・整列 (ソート) のアルゴリズムを理解し，プログラムの作成ができる。 ・探索のアルゴリズム (線形探索法，二分探索法) を理解し，プログラムの作成ができる。	 思・技 思・技
4	【プログラム作成実習】 ○ micro:bit の基本操作，プログラムの基礎 ○交差点の信号機の制御と信号機のアルゴリズムの検討 ・micro:bit と信号機の接続方法 (図表7-11) を確認する。 ・信号機の制御を行う (図表7-12)。 ・交差点の信号機の例 (図表7-13) を基に，信号機のタイミングを考える。 ○プログラムの作成 ・信号機の制御プログラム例のシミュレーションを行う。 ・無線による送信・受信のプログラムを作成，信号機の制御プログラムを作成する。	技 技 技 思 技 技

7-5-**4** 指導過程 (本時)

❶ 本時の目標 (4時間目)

【交差点の信号機のプログラムの開発】

　現実の交差点の信号機のプログラムを協働で開発することで，信号機のアルゴリズムを考え，正しく動作するプログラムを作成して，実際の信号機の制御方法や交通管理システムを理解し，主体的・対話的で深い学びを目指す。

(1)　交差点の信号機がどのような動作をしているかを理解し，制御プログラムを作成する。

(2)　2人が協力して，直交する二つの信号機のタイミングを合わせたプログラムを作成する。

(3)　より正確なタイミングで制御するための無線を使った計測制御システムを理解し，メッセージのプロトコルを考えて実際に動作させる。

授業展開／ 時間	学習内容／学習活動	指導上の留意点	評価方法 (評価の材料)
導入 (10分)	教育用コンピュータ (micro:bit) と信号機を図表7-11のように接続し，制御プログラムをPCで作成してUSBケーブルで接続したmicro:bitに書き込んで信号機を動かす。(図表7-12)	信号機の緑，黄，赤のLEDを正しく外部出力端子に接続してプログラムを作成する。外部出力端子をON (1) にすると，LEDが点灯し，OFF (0) にするとLEDが消灯することを確認する。	活動
展開1 (10分)	ペアになり，図表7-13に示す交差点の二つの信号が正しく動作するよう，図表7-14から2台の信号機の点滅するタイミングを考えて，協力してプログラムを作成する。また，分かりやすいプログラムになるよう工夫する。	図表7-5-4を使って正しい信号機のタイミングを2人が協力して考える。正しいタイミングで点灯するためには，同時にリセットして起動することが必要なことを確認させる。	活動

授業展開／時間	学習内容／学習活動	指導上の留意点	評価方法（評価の材料）
展開2（25分）	より正確にタイミングを合わせるには，無線を使ってメッセージを送信（図表7-15）し，受信（図表7-16）すれば，同期できることを学び，2人が協力してメッセージ交換のプロトコルを決めて，プログラムを作成し，動作を確認する。	事前に，班ごとに異なる無線の番号を割り振っておく。なお，変数やプログラムの構造，関数など様々な工夫をして，分かりやすく作成することが求められているので，関数を使って，図表7-17に示すプログラムを図表7-18のように分かりやすいプログラムを作成することも指導したい。	ワークシート
まとめ（5分）	メッセージ送受信で2台の信号機が同期して正しく点滅することを確認する	送受信のメッセージの意味とタイミングの関係を理解する。	ワークシート

【学習ツール】

　ここでは，教育用コンピュータ「micro:bit」（コラム p.163 参照）を利用する。また，プログラミングツールである「Makecode for micro:bit」を利用して，プログラムの作成・シミュレーションを行う。

※「Makecode for micro:bit」の Web サイト
　https://makecode.microbit.org/

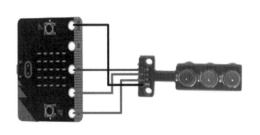

図表 7-11　micro:bit と信号機の接続方法

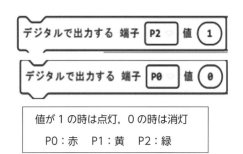

図表 7-12　信号機の制御

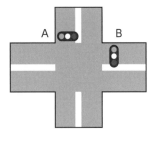

図表 7-13　交差点の信号機

図表 7-14　信号機のタイミングを考える図

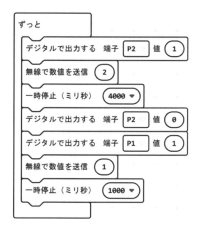

図表 7‐15　無線による送信の例 (一部) [9]

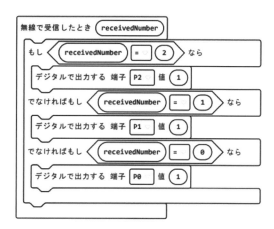

図表 7‐16　無線による受信の例 (一部) [9]

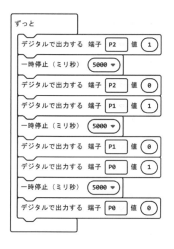

図表 7‐17　信号機の制御プログラム例 [9]

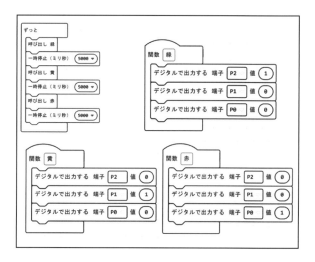

図表 7‐18　関数を使った信号機の制御プログラム例 [9]

COLUMN　　「micro:bit」(マイクロビット) の特徴

　micro:bit は，イギリス BBC (英国放送協会) が開発し，micro:bit 教育財団が 7 年生 (11 〜 12 歳)
を対象に無料配布した手のひらサイズの安価なコンピュータで，次のような特徴がある。
・25 個の LED (表示，センサ)，光，温度，加速度計などのセンサ
・プログラムができるスイッチボタン (2 個)
・Bluetooth による無線通信
・物理的に接続するための端子
・ビジュアル言語で，簡単な操作で利用できる
・シミュレータがついている
・JavaScript, Python に自動変換できる

7-6 モデル化とシミュレーション

・社会や自然などにおける事象をモデル化する方法とシミュレーションする手順を理解する。

・モデルを評価し改善する方法について理解し，目的に応じたモデル化を適切に行う。

・シミュレーション結果を踏まえて，問題の適切な解決方法を考える。

・コンピュータで情報が処理される仕組みに着目し，シミュレーションによって問題を発見・解決する方法を理解する。

・モデル化とシミュレーションを活用して，実際に問題解決ができることを理解する。

7-6-2 単元の評価規準

知識・技能	思考力・判断力・表現力	主体的に学習に取り組む態度
・社会や自然などにおける事象をモデル化する方法とシミュレーションの手順について理解している。 ・モデルを評価し改善する方法について理解している。	・目的に応じたモデル化やシミュレーションを適切に行う。 ・結果を踏まえて問題の適切な解決方法を考察する。	・問題解決にコンピュータを積極的に活用しようとしている。 ・結果を振り返って改善したり，生活の中で使われているプログラムを見いだして改善したりして，情報社会に主体的に参画しようとしている。

7-6-3 単元の指導計画

【単元のテーマ】

　モデル化とは何か，どのようにモデル化をすればよいかを学び，確定的モデルや確率的モデルを考えてシミュレーションを行い，結果について考察する。

時間	ねらい・学習活動	重点
1	【モデル化】 〇モデル化の目的の理解，モデル化の手順と分類方法 ・表現形式による分類 (物理的モデル，図的モデル，数式モデル) を行う。 ・対象の特性による分類 (動的モデル，静的モデル，確定的モデル，確率的モデル) を行う。 ・身の回りにあるモデルを例に挙げ，モデルを分類する。 〇図的モデルの表現方法の理解 ・ブロック線図，状態遷移図，アクティビティ図を理解する。 ・図的モデルの例として，自動販売機の動作をモデル化する。	 知 知 知 思・技 思・技
2 3	【シミュレーション (確定的モデル)】 〇確定的モデルをシミュレーションするための手順の理解 ・時間と共に変化するモデルを考えて，表計算ソフトを使ってシミュレーションする。	 思・技
4 5	【シミュレーション (確率的モデル)】 〇確率的モデルをシミュレーションするための手順 ・一様乱数，確率分布について理解する。 ・確率的モデルを，表計算ソフトの一様乱数を使ってシミュレーションする。	 知 思・技

❶本時の目標（5時間目）

　確率的モデルとしての釣り銭問題についてシミュレーションを行い，現実の問題と対応した解決方法を探る[10), 11)]。

授業展開／ 時間	学習内容／学習活動	指導上の留意点	評価方法 （評価の材料）
導入 （10分）	・モデル化とは何か，シミュレーションはどのようにすればよいかを問題設定より理解し，客が500円を持ってくるか，1000円を持ってくるかをランダムにするために，実際にコイントスを20回試行し，その結果を図表7-19に手書きする。 ・クラス全員のデータを集め，結果を考察する。	・問題設定の文を読み，内容を理解させ，直感で答えを出させる。 ・コイントスを行って教材1に書き込むことで，モデル化をしてシミュレーションできることに気付かせる。 ・コイントスの行為を乱数とみなし，表・裏の結果と釣銭の有無が同等であることを理解させる。	意見 ワークシート
展開1 （15分）	・手書きのワークシートの結果と同等なものを乱数や条件文，計算式を使って自動的に計算できるようExcelの表を考え，図表7-20を作成する。その際，再計算させると，簡単に何度もシミュレーションができることを理解する。	・教材2の各種関数を生徒に説明して作成させ，手作業に比べて，コンピュータを使えば，楽にシミュレーションできることに気づかせ，シミュレーションの可能性や高速性を理解させる。	ワークシート
展開2 （15分）	・横に累計を計算できるマクロを含んだ表（教材3）を追加し，自動で1000回くりかえしたときの度数分布表から90%の確率で釣銭が不要な枚数と，99%の確率で釣銭が不要な枚数を調べる（図表7-21）。	・シミュレータの回数を極端に増やすことで，表から統計的な見方ができることを理解させる。90%や99%の数字が信頼度示す数値として一般的に用いられていることを理解させる。	ワークシート
まとめ （10分）	・コンピュータが高速に動作し，何回でも実行できることから，シミュレーションによる問題解決の方法を理解する。	・シミュレーション結果の表から，より高度な考察をさせる	ワークシート

【問題設定（釣り銭の用意）】

　ある遊園地では，風船を販売している。風船の販売担当者は，釣り銭をいくら持って回ればよいだろうか。ここでは，以下の四つの条件を設定することにする。

①　風船の販売価格　1個500円

②　風船の販売個数　1回の巡回で20個

③　風船の同時販売個数　1個ずつ

④　客の支払い金種　客は500円だけを持って来るか，1000円札を持って来て，500円の釣り銭を受け取るかのいずれかで，それらは等しい確率で起こる。

回数	コインの状態	釣り銭の有無	釣り銭の増減	500円硬貨の枚数
(開始時)				0
1				
2				
3				
4				
5				
6				
7				
8				
16				
17				
18				
19				
20				

図表 7-19　教材 1　手書きの釣銭ワークシート表

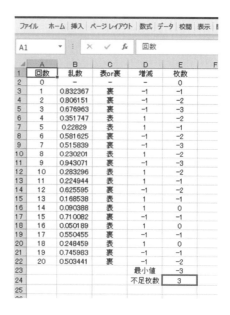

図表 7-20　教材 2　乱数を使った Excel の表

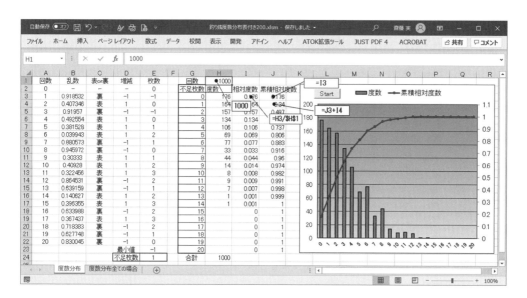

図表 7-21　教材 3　教材 2 の度数をマクロを使って累積させてグラフ化したもの

【マクロプログラムの例】

```
Sub 釣り銭 ()
    Worksheets(" 度数分布 ").Range("H3:H23").Clear
    Calculate
    DoEvents: DoEvents
    Dim N, I, R As Long
    N = Worksheets(" 度数分布 ").Cells(1, 8).Value
    For I = 1 To N
        R = 3 + Worksheets(" 度数分布 ").Cells(24, 5).Value
        Worksheets(" 度数分布 ").Cells(R, 8).Value _
          = Worksheets(" 度数分布 ").Cells(R, 8).Value + 1
        Calculate
        DoEvents: DoEvents
    Next I
End Sub
```

7-**7** | 情報通信ネットワークと情報セキュリティ

7-7-**1** 単元の目標

・情報通信ネットワークの仕組みや特徴を理解する。

・情報セキュリティの重要性を理解し，情報セキュリティを確保する方法を身に付ける。

・情報通信ネットワークや情報システムにより提供されるサービスを安全に活用する力を養う。

・情報セキュリティに配慮して情報社会に主体的に参画しようとする態度を養う。

7-7-**2** 単元の評価規準

知識・技能	思考力・判断力・表現力	主体的に学習に取り組む態度
・情報通信ネットワークの仕組みや構成要素，プロトコルの役割について理解している。 ・セキュリティ対策である認証の考え方や管理について理解し，安全性の高いパスワードを設定する方法を身に付けている。 ・コンピュータウイルスなどマルウェアの特徴や対策について理解している。	・目的や状況に応じて，情報通信ネットワークにおける必要な構成要素を選択する方法について考えようとする。 ・パスワードの設定について考え，適切に判断し管理できる。 ・具体的な事例で暗号化の手順について考察できる。 ・コンピュータウイルス感染の予防策や感染時の対策について，適切に判断し対応できる。	・情報セキュリティを確保する方法の意義を考えることにより，情報通信ネットワークを適切に活用しようとしている。 ・マルウェアなどの被害に遭わないような対策を行い，リスク軽減に取り組んでいる。

7-7-**3** 単元の指導計画

【単元のテーマ】

　情報通信ネットワークの仕組みと情報セキュリティの確保について考える。情報セキュリティでは，暗号化の仕組みについて理解した後，簡単な実習で，様々な暗号化（パスワード）の設定を行う。

時間	ねらい・学習活動	重点
1	【ネットワークの構成】 ○通信方式の移り変わりの理解（回線交換方式，パケット交換方式） ○コンピュータネットワークの理解，LAN の構成（インターネット，LAN，クライアントサーバシステム，ファイルサーバ，プリントサーバ，WAN）	知 思
2	【情報通信の取り決め】 ○コミュニケーションとプロトコルの必要性（プロトコル，階層化） ○TCP/IP の仕組みと役割の理解（TCP/IP，IP アドレス，ルーティング，ヘッダ，ルータ） ○IP アドレスの必要性と規格の理解（IPv4，グローバル IP アドレス，プライベート IP アドレス） ○ドメイン名の必要性と構成，特徴の理解（ドメイン名，トップレベルドメイン，第 2 レベルドメイン，第 3 レベルドメイン，ccTLD，gTLD，DNS サーバ） ○ルーティングの仕組みの特徴と考察（ルーティング，経路選択，ルーティングテーブル，インタフェース，ゲートウェイ，メトリック）	知・思 知 知 知・思 知・思

時間	ねらい・学習活動	重点
3	【Web ページとメールの仕組み】	
	○ワールドワイドウェブの仕組みの理解 (WWW, HTTP, リンク, ハイパーテキスト, HTML, Web サーバ, ブラウザ, URL)	知
	○電子メール仕組みと特徴の理解 (電子メール, メーラ, メールアドレス, ユーザ名@ドメイン名, SMTP, POP, IMAP, SMTP サーバ, IMAP サーバ)	知
	【転送速度とデータ圧縮】	
	○転送速度とデータ量の理解, 転送時間の考察 (ダウンロード, bps, 圧縮率)	知・思
	○効率的に転送する工夫の必要性 (ZIP)	思
	○安全・便利に転送する工夫の重要性の理解 (暗号化した圧縮ファイル)	思
4	【脅威に対する安全対策】	
	○情報セキュリティを維持するための必要な対策の理解 (機密性, 完全性, 可用性)	知
	○認証, ユーザ ID とパスワードの管理の重要性の理解 (ユーザ ID, パスワード, ソーシャルエンジニアリング, 知識認証, 所有物認証, 生体認証)	知・思
	○マルウェアの理解, 対策の検討 (自己伝染機能, 潜伏機能, 発病機能, コンピュータウイルス, トロイの木馬, ワーム, マルウェア, スパイウェア, アドウェア, ランサムウェア, ウイルス対策ソフトウェア, 定義ファイル, セキュリティパッチ)	知・思
	○不正アクセスの対策 (ファイアウォール)	思
5	【情報セキュリティの確保】	
	○サイバー犯罪の種類とその内容 (サイバー犯罪, 不正アクセス禁止法違反, コンピュータ・電磁的記録対象犯罪, ネットワーク利用犯罪)	知
	○情報セキュリティポリシーの理解とその重要性 (情報セキュリティへの脅威, 情報資産, 情報セキュリティポリシー)	知・思
	○アクセス制御の重要性 (アクセス制御, アクセス権, アドミニストレータ)	知・思
	○フィルタリングの仕組み (フィルタリング, ブラックリスト方式, ホワイトリスト方式)	知
6	【安全のための情報技術】	
	○暗号化の種類や仕組み, 特徴の理解 (暗号化, 平文, 暗号文, 復号, 鍵, 共通鍵暗号方式, 公開鍵暗号方式 (公開鍵, 秘密鍵), セッション鍵方式 (ハイブリッド暗号方式)	知
7	【安全のための情報技術】	
	○デジタル署名の仕組み (デジタル署名, 要約文, 認証局, 電子証明書, 電子認証)	知
	○ SSL ／ TLS の仕組み (SSL, TLS, HTTPS)	知
	○電子すかしの技術	知
	○誤り検出符号の仕組みと必要性 (誤り検出符号 (チェックディジット), パリティビット)	知・思

【評価】

(1) 定期テスト (以下の観点に関して出題)

・情報通信ネットワークの仕組みや構成要素及びその特徴を理解している。

・情報セキュリティの重要性及び確保する方法, 安全のための情報技術を理解している。

(2) ワークシートまたはレポート (以下の観点に関して出題, 提出)

・大切な情報を守るための認証の利用など, 情報セキュリティ技術に興味・関心を持って取り組んでいる。

・具体的な例について, 認証方法のメリットとデメリットについて説明できる。

・個人が行うセキュリティ対策である認証の考え方や管理について理解している。

・安全性の高いパスワードを設定する方法を身に付け管理し, 情報のセキュリティを高めようと粘り強く取り組んでいる。

・具体的な事例で暗号化の手順について説明できる。

・コンピュータウイルスなどマルウェアの特徴について理解, 予防策や感染時の対策について

適切に判断対応し，リスク軽減に取り組んでいる。

<table>
<tr><td colspan="2">7-7-4</td><td colspan="3">指導過程（本時）</td></tr>
</table>

❶ 本時の目標（6 時間目）

　暗号化の方法や技術，仕組み，必要性について理解し，重要性を考える。暗号化の仕組みについて理解した後，Word や Excel の簡単な実習で，実際に，パスワードの設定を行う様々な方法について理解する。

授業展開／ 時間	学習内容／学習活動	指導上の留意点	評価方法 （評価の材料）
導入 （5分）	【復習】 情報セキュリティ（機密性，完全性，可用性）の確保を確認する。	暗号化は重要であることを認識させる。	
展開1 （20分）	・暗号に関する用語と特徴を理解する。 　暗号化・平文・復号・鍵など 　共通鍵暗号方式 　公開鍵暗号方式（公開鍵・秘密鍵・RSA暗号） 　ハイブリッド暗号方式（セッション暗号方式）	・シーザー暗号を紹介し，暗号に興味を持たせる。 　公開鍵暗号方式は，丁寧に説明する。 ・RSA暗号は，桁数が大きい合成数の素因数分解問題が困難であることを安全性の根拠とした公開鍵暗号である。 ・インターネットでも暗号化の必要性を理解させる。	テスト
展開2 （20分）	・身近な共通鍵暗号方式 　WordやExcelの暗号化の方法（図表7-22） 　簡単な暗号化 ・「暗号」について，インターネットで調べ理解を深める。 　例：古典的な換字式暗号の例としてエドガー・アラン・ポーの「黄金虫」内の暗号文など。 ・自分なりの暗号化方式を考える。 　パスワード等，紙に書いたりファイルに記録したりするときに暗号化が必要であることの認識と，自分なりの暗号化方式を考えて，記載することを理解する。	・Wordの文書に暗号化ができることに気が付かせ，重要な文書には，暗号化が必要であることを理解させる。 ・Excel，PowerPointも暗号化できることを伝える。 ・暗号化の重要性を理解させる。 ・グループで話し合い，発表させる活動も考えられる。	態度 意見 発表

授業展開／時間	学習内容／学習活動	指導上の留意点	評価方法（評価の材料）
まとめ（5分）	【復習】 パスワードの付け方を確認 　－ 英字だけではなく数字と記号を含み，短すぎたりしない。 　－ 生年月日や電話番号，地名，単語など，他人が類推しやすいものは避ける。 　－ 本人だけが覚えやすいものにする。 　－ 他で利用しているパスワードは使い回ししない。 　－ パスワードを紙に書くなどするときは，自分なりの暗号化する。	・時間を抜きにして考えると，全てのパターンを試してみれば，解読できてしまう。 ・3桁の番号を合わせるダイアル式南京錠だと，000〜999まで1パターン1秒で調べると最長約17分で解読されてしまう。 1000秒÷60秒＝16.666分 平均8.333分となる。 ・パスワード解析アプリがあることを伝え，数桁だと簡単に解読されしまう。どうすればよいか考えさせる。	意見

【評価】

暗号化の方法や技術，仕組み，必要性について理解し重要性を考えることができている。

図表7-22　暗号化（パスワード）の例

(a) Word の例

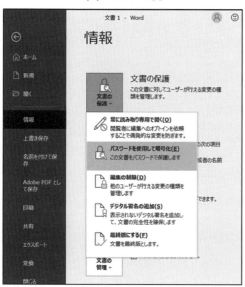

(b) Excel の例

7-8 データの活用

7-8-1 単元の目標

・データを蓄積，管理，提供する方法，データを収集，整理，分析する方法を身に付ける。
・情報通信ネットワークや情報システムにより提供されるデータを問題の発見・解決に活用する力を養う。
・データを多面的に精査しようとする態度を養う。

7-8-2 単元の評価規準

知識・技能	思考力・判断力・表現力	主体的に学習に取り組む態度
・データを表現，蓄積するための表し方と，データを収集，整理，分析する方法について理解し技能を身に付ける。	・データの収集，整理，分析及び結果の表現の方法を適切に選択し，実行し，評価し改善する。	・データ分析の手法を有効に，適切に活用しようとする。

7-8-3 単元の指導計画

【単元のテーマ】

問題発見・解決に活用するためのデータ分析の基礎・基本的内容について理解する。

時間	ねらい・学習活動	重点
1	【データの収集と整理】 ○データの収集 (オープンデータ，サンプリング) ○データの整理 (尺度水準，比率尺度 (比例尺度)，間隔尺度，順序尺度，名義尺度，質的データ (定性的データ)，コーディング，外れ値，欠損値)	知 思
2 3 4 5	【データ分析と表計算】 ○データ分析のための表計算ソフトウェアの活用 ○表計算ソフトの四則演算 (四則演算子，比較演算子) ○相対参照と絶対参照 ○データの並べ替えと抽出 ○関数と引数 (SUM, MAX, MIN) ○統計処理などに用いる関数 (基本統計量，AVERAGE, MEDIAN, MODE. SNGL, VAR. P, STDEV. P)	技 技 技 技 知 知
6 7	【データの可視化】 ○グラフの作成 (折れ線グラフ，棒グラフ，円グラフ，レーダーチャート，散布図，バブルチャート，ヒストグラム，箱ひげ図)	技
8 9	データ分析の手法 ○データ集計の種類：単純集計，クロス集計，クロス集計表 (分割表) ○相関：相関関係，相関係数 ○回帰：因果関係，回帰，回帰分析，線形回帰 (単回帰)，回帰直線，単回帰分析，決定係数，交絡因子 ○回帰分析の応用：近似曲線を利用した予測 ○分析結果の表現	知 知 知 技 技

【評価】

(1) 定期テスト（以下の観点に関して出題）

・データを蓄積，管理，提供する方法，データを収集，整理，分析する方法を理解している。

(2) ワークシートまたはレポート（以下の観点に関して出題，提出）

・問題解決のためにデータを収集する際，インターネット上のオープンデータを用いると便利であることとその特徴について理解している。

・データの性質によって分類し，データ分析の手法を理解している。

・データ分析のために表計算ソフトウェアを効果的に利用できるよう取り組んでいる。

・データを可視化する有効性を理解し，的確に取り組んでいる。

・データ分析結果を表現するためにポスター等作成，発表し合い相互に評価を行う。

7-8-4 指導過程（本時）

❶ 本時の目標（2時間目）

・データ分析のために，表計算ソフトウェアの特徴と基本的な活用方法を身に付ける。

・統計処理などに用いる関数を活用する基本的な力を養う。

・データの可視化の特徴を理解し，データ分析の手法を身に付ける。

授業展開／時間	学習内容／学習活動	指導上の留意点	評価方法（評価の材料）
導入 （5分）	Excel の基本的なキーワードを確認する。	セル, 行番号, 列番号, アクティブセル, セルのクリック・ダブルクリック, ドラッグ, 削除, シート	テスト
展開1 （30分）	【問題（図表7-23）】 ・各教科の得点から，一覧表とグラフを作成してみよう。 ・テストの結果の表とグラフをWordに貼り付けてみよう。	・Excel の基本的な操作を習得させる。 ・簡単な関数の使い方を理解させる。 ・グラフの作成を習得させる。（図表7-24 数式例参照） ・フィルハンドルの使い方を説明する。 ・相対参照を理解させる。なお，絶対参照については，次回以降に学ぶ。 ・Word に貼り付ける方法を習得させる。	テスト レポート
展開2 （10分）	【練習1】（図表7-25） A2 から A5 までのセルに，それぞれ A1 と B1 の和，差，積，商を表す計算式を順に入力してみよう。また，A7, A8 セルには，それぞれ A1 の2乗，A1 の平方根を求める計算式を順に入力してみよう。 【練習2】（図表7-26） 縦と横の「計」を計算する式を，該当するセルに入力してみよう。	・四則演算等の式を理解させる。 　和　A1+B1　= A1+B1 　差　A1−B1　= A1−B1 　積　A1×B1　= A1×B1 　商　A1÷B1　= A1/B1 　A1の2乗　　= A1^2 　A1の正の平方根 　　　　　　= SQRT (A1) ・今日の操作のまとめとして，練習2を行わせる。	態度
まとめ （5分）	習得した操作を確認する。 次回の内容を簡単に説明する。	次回は，平均，分散，標準偏差，散布図，相関係数	

図表 7-23　問題例

【問題】　以下のように各教科の得点から，一覧表とグラフを作成しなさい。

教科	第1回	第2回	第3回	第4回	第5回
国語	75	82	71	87	92
数学	63	79	58	85	78
理科	85	76	88	94	65
社会	86	78	69	94	57
英語	95	100	87	76	96

テスト結果

教科	第1回	第2回	第3回	第4回	第5回	合計	平均
国語	75	82	71	87	92	407	81.4
数学	63	79	58	85	78	363	72.6
理科	85	76	88	94	65	408	81.6
社会	86	78	69	94	57	384	76.8
英語	95	100	87	76	96	454	90.8
国数英計	233	261	216	248	266	1224	244.8
5教科計	404	415	373	436	388	2016	403.2
5教科平均	80.8	83	74.6	87.2	77.6	403.2	80.64

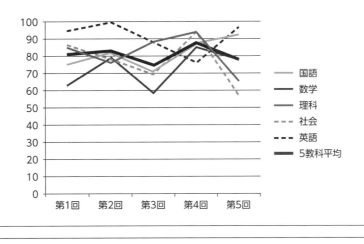

図表 7-24　数式例

【数式例】

= SUM(B3:F3)

= AVERAGE(B3:F3)

= B3 + B4 + B7

= SUN(B3:B7)

= AVERAGE(B3:B7)

図表 7-25　練習1

	A	B
1	12	3
2	15	
3	9	
4	36	
5	4	
6		
7	144	
8	3.464102	

図表 7-26　練習2

	A	B	C	D	E
1					計
2		10	20	30	
3		40	50	60	
4		70	80	90	
5	計				

【評価】

・表計算ソフトウェアの特徴と基本的な活用方法を身に付けられている。

・統計処理などに用いる関数を活用する基本的な力が養われている。

・データの可視化の特徴を理解し，基本的なデータ分析の手法を身に付けられている。

◉ COLUMN　RESAS（地域経済分析システム）

　地域経済分析システム（RESAS：リーサス）は，地方自治体の様々な取り組みを情報面から支援するために，まち・ひと・しごと創生本部事務局が提供する，産業構造や人口動態，人の流れなどの官民ビッグデータを集約し，可視化するシステムである。

　また，RESASサマリーサイトからは，RESAS）に搭載されている地域経済に関する官民の様々なデータ及びそのグラフを地方公共団体単位でテーマごとに集約したExcel形式のファイルをダウンロードできる。

https://resas.go.jp/

https://summary.resas.go.jp/summary.html

　図表7-27 (a) は，RESASを利用して，京都市と福岡市に観光に来る外国人の出身国を調べたものである。また，図7-27 (b) 及び (c) は，入国空港と直前の滞在場所を調べたものである。これらのグラフから，京都市と福岡市に来る外国人の観光の目的の違いなども考えることができる[12]。

図表7-27　RESASの活用

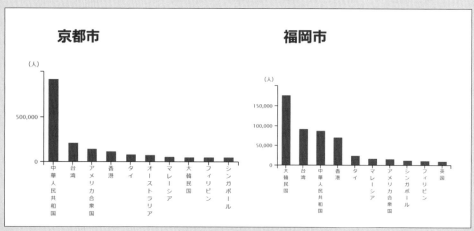

(a) 外国人の出身国（京都市，福岡市）

(b) 入国空港　　　　　　　　　　　　　(c) 直前の滞在場所

章末問題

(1) 7-1 に述べた授業で利用する例（情報社会の現状と課題，SNS の利用など）と具体的な解答例を作成しなさい。

(2) 7-3 に述べた授業の学習活動で例示する内容を調べて，学習活動で利用できるようにまとめなさい。

(3) 7-4 に述べた授業で利用する（情報デザインの考え方）評価シートについて検討しなさい。

(4) 3-6 のコラムで紹介した下記の問題に
対するプログラムを作成しなさい。

> 【じゃんけんに勝つ！】
>
> 　人が出した「グー・チョキ・パー」のデータを蓄積していき，「グー・チョキ・パー」を出す割合を「3 : 4 : 5」としたとき，次に何が出るか予想してみよう。

①じゃんけんゲームの VBA プログラムを作成し，シミュレーションを行いなさい。

②他のプログラミング言語でプログラムを作成し，シミュレーションを行いなさい。

(5) じゃんけんの多量のデータ収集について，その収集方法について検討しなさい。

(6) RESAS（地域経済分析システム）（7-8 コラム p.174 参照）を利用して，外国人向けの観光 Web ページは何語で作ればよいかを検討しなさい。

　ヒント：ある地域（例えば，京都市と福岡市）に観光で来る外国人の出身国，その地域に観光で来ていない外国人の出身国などを比較して調べる。

(7) 本章で紹介されている学習教材を作成しなさい。

(8) 本章で紹介されている指導過程（本時）に沿った学習指導案を作成しなさい。

(9) 授業を実施するにあたり，改正著作権法第 35 条や授業目的公衆送信権補償金制度について理解しておく必要がある。下記の Web サイトの情報をもとに，これらについて調べて，まとめてみよう。

　・文化庁「著作権法の一部を改正する法律（平成 30 年法律第 30 号）について」
　https://www.bunka.go.jp/seisaku/chosakuken/hokaisei/h30_hokaisei/
　・一般社団法人授業目的公衆送信補償金等管理協会
　https://sartras.or.jp/

参考文献

1) 日本経済団体連合会公開動画「20XX in Society 5.0 ～デジタルで創る，私たちの未来～」
   https://www.keidanren.or.jp/announce/2020/0326c.html
2) 総務省，消費者庁，日本データ通信協会「特定電子メールの送信の適正化等に関する法律のポイント」
   2018 年
   https://www.soumu.go.jp/main_sosiki/joho_tsusin/d_syohi/pdf/m_mail_pamphlet.pdf
3) ベネッセ教育総合研究所「協働から個の思考を深める学習モデル」実証研究レポート
   ～主体的・対話的で深い学びを実現するためのＩＣＴ活用と評価の実践～
   https://berd.benesse.jp/ict/research/detail1.php?id＝5117
4) 稲川孝司「帝塚山学院大学 2019 年度教員免許更新講習資料　ICT を使ったアクティブラーニング」
   2019 年
5) 厚生労働省「ハチミツを与えるのは 1 歳を過ぎてから」
   https://www.mhlw.go.jp/stf/seisakunitsuite/bunya/0000161461.html
6) Cass R. Sunstein, Licia A. Reisch，大竹文雄（解説），遠藤真美（訳）「Trusting NUDGES データで見る行動経済学」日経 BP，2020 年
7) 環境省「新型コロナウイルス感染症対策における市民の自発的な行動変容を促す取組（ナッジ等）の募集について（結果）」2020 年
   http://www.env.go.jp/earth/ondanka/nudge/COVID-19_r.pdf
8) 高橋参吉，喜家村奨，稲川孝司「micro:bit で学ぶプログラミング - ブロック型から JavaScript そして Python へ -」コロナ社，2019 年
9) 稲川孝司「micro:bit による信号機の制御，第 15 回情報教育合同研究会ワークショップ」2019 年
10) 齋藤実「授業実践：グラフが動く！ちょっとした工夫」第 13 回全国大会講演論文集，pp.16-17，日本情報科教育学会，2020 年
    https://jaeis-org.sakura.ne.jp/taikai/t20/pdf/JAEIS-13.pdf
11) 齋藤実「授業実践：釣り銭問題を極める ― たかが釣り銭，されど釣り銭 ―」第 14 回全国大会講演論文集，pp.14-15，日本情報科教育学会，2021 年
    https://jaeis-org.sakura.ne.jp/taikai/t21/pdf/JAEIS-14.pdf
12) 鹿野利春「問題の発見・解決とデータ活用」ICT を利用した学習指導者研修講座資料，主催 NPO 法人学習開発研究所，2021 年
    http://www.u-manabi.org/

＊ URL については，2021 年 11 月アクセス

第 8 章

第 **8** 章

情報教育の環境

　この章では，Society5.0 という目指すべき新たな時代に対応した情報教育の環境について，学習基盤の整備，そして教育の情報化の支援と教員養成・研修について述べる。

　最初に，8-1 において，我が国における教育の情報化と情報科教育の施策の変遷，そこで必要となる人材育成・教育改革，それに伴う小学校・中学校・高等学校における ICT 環境の整備について言及する。

　次に，8-2 において，情報の情報化の人的支援，教員養成と教員研修について述べ，さらに，教育の情報化の授業支援・教育実践研究支援の機関・関連サイトについて紹介する。

※本章における情報科の教科名は，「各学科に共通する教科としての情報科」と「主として専門学科において開設される教科としての情報科」を区別せず，下記各改訂の学習指導要領解説の表記に従う。
・教科「情報」：1999 年（平成 10 年）告示
・情報科　　　：2009 年（平成 21 年）及び 2018 年（平成 30 年）告示
なお，特に区別が必要な場合は，第 2 章の章扉（p.25）に記載した表記に従う。

8—1 | 学習基盤の整備

8-1-1 教育の情報化と情報科教育の施策の変遷

　我が国の教育の情報化への取組は，情報教育に対してはじめて予算措置（教育機器研究指定校）された 1985 年（昭和 60 年）であるといわれている。それから 35 年余りにわたり，様々な取組が行われてきたが，教科「情報」の変遷を軸にして，教育の情報化の施策について述べる。

❶ 1990 年代の教育の情報化の施策と ICT 教育整備

　1985 年の「臨時教育審議会第一次答申」における情報化への対応を受けて，コンピュータを利用した学習指導の在り方について研究指定校における教育開発の方法が始まり，1990 年（平成 2 年）から「コンピュータ整備 5 か年計画」等による学校へのコンピュータ整備が開始された。同時に，「情報教育に関する手引き」が刊行され，そこでは，その目的がコンピュータの操作取得ではなく，情報活用能力の育成とコンピュータを道具として教科の学習に生かすことであることが述べられ，情報活用能力が四つの内容として整理された。

　さらに，1997 年（平成 9 年）の「協力者会議による第 1 次報告」において，情報教育の目的として，児童生徒が情報化の進展に主体的に対応でき，備えるべき資質・能力である情報活用能力が 3 観点に再整理され，その位置付けが行われた。

情報活用能力

○「情報教育に関する手引き」による四つの内容への整理

　I.　情報の判断，選択，整理，処理能力及び新たな情報の創造，伝達能力

　II.　情報化社会の特質，情報化の社会や人間に対する影響の理解

　III.　情報の重要性の認識，情報に対する責任感

　IV.　情報科学の基礎及び情報手段の特徴の理解，基本的な操作能力の習得

出典：文部科学省「情報教育に関する手引き」1990 年

↓

○「協力者会議の第 1 次報告」による 3 観点への整理

　A.　情報活用の実践力

　　　課題や目的に応じて情報手段を適切に活用することを含めて，必要な情報を主体的に収集・判断・表現・処理・創造し，受け手の状況などを踏まえて発信・伝達できる能力

　B.　情報の科学的な理解

　　　情報活用の基礎となる情報手段の特性の理解と，情報を適切に扱ったり，自らの情報活用を評価・改善するための基礎的な理論や方法の理解

　C.　情報社会に参画する態度

　　　社会生活の中で情報や情報技術が果たしている役割や及ぼしている影響を理解し，情報モラルの必要性や情報に対する責任について考え，望ましい情報社会の創造に参画しようとする態度

出典：「情報化の進展に対応した初等中等教育における情報教育の推進等に関する調査研究協力者会議」第 1 次報告，1997 年

178　第 8 章　情報教育の環境

1990 年に発売された TCP/IP プロトコルを搭載した Windows95 の出現が，1990 年代後半から始まるインターネット普及の契機になったといわれているが，これから移行する高度情報通信社会に対応した「新しい学校」の構築や学校教育の質的改善，情報教育の体系的な実施の必要性が「中央教育審議会」から答申（第一次答申，1996 年）された。

さらに，1998 年（平成 10 年）の「教育課程審議会の答申」では，学び方や問題解決能力の育成も強調され，小学校段階において各教科の中で適切に IT が活用されることや，中学校段階におけるコンピュータの活用技術の習得を含めた情報に関する基礎的内容の必修化，そして，高校段階における教科「情報」の新設が示され，同年の学習指導要領改訂に伴う教科「情報」の新設へとつながった[1]。

❷ 2000 年代の教育の情報化の施策と ICT 教育整備

2000 年代の教育の情報化におけるキーワードは，「インターネットアクセス」と「普通教室における IT 利用」である。ミレニアム・プロジェクト「教育の情報化（2000 〜 2005 年度）」では，コンピュータ教室における 1 人 1 台環境の整備はもちろん，全ての普通教室（学級）に 2 台ずつ，その他の教室等に 6 台ずつの整備が目標とされた。

さらに，全ての学校からインターネットにアクセスでき，全ての学級のあらゆる授業で教員，児童生徒がインターネットを活用できる環境を目指し，インターネットへの学校接続が実施され，教室接続が推奨されることになった。ミレニアム・プロジェクトに続く IT 新改革戦略「教育の情報化（2006 〜 2010 年度）」では，学校教育の情報化の一層の推進が目指され，超高速回線によるインターネット接続の実現，教員 1 人 1 台のコンピュータ配備が目標となった。

さらに，IT 化のサポート体制の強化，教員の IT 指導力の向上，IT 教育の充実，そして情報モラル教育の推進と，「ハード面」から「人を含めたソフト面」へ強化・充実策が転換しつつあることが見てとれる。また，「初等中等教育における教育の情報化に関する検討会（2006 年）」では，現行の情報活用能力に係る 3 観点について，個々の学習活動を 3 観点に位置付けるための判断根拠として，八つの具体的な指導項目に分類している。

このような IT 整備を踏まえて教育の情報化や情報科教育が展開されていったが，「中央教育審議会の答申（2008 年）」では，「社会の変化への対応の観点から教科等を横断して改善すべき事項」として，情報教育の重要性とともに，IT 環境に関する条件整備の必要性が指摘されている。

また，教科「情報」に対しては，情報技術の習得に重点を置いた指導から，社会の情報化の進展に主体的に対応できる情報活用能力を確実に身に付ける指導の重視，問題の発見・解決に欠かせない創造的思考力や合理的判断力の育成に係る指導の充実，ネット被害防止等の情報安全や情報モラル，知的財産の保護等の情報を適切に扱うための基本的な態度を育む指導の充実等が指摘されている。

これらの答申を受けて，2010 年（平成 22 年）の学習指導要領の改訂では，普通教科「情報」は「情報の科学的な理解」や「情報社会に参画する態度」を柱に「社会と情報」と「情報の科学」に再構成され，その内容も情報モラルを項目立てするなど改善された。また，情報活用能力を確実に身に付けさせるために，小学校から高等学校を通した情報教育の体系化を行い，指

導内容の充実が図られた[2]。

さらに，2010年（平成22年）に刊行された「教育の情報化に関する手引」では，情報教育の目標と系統性の意義，小学校・中学校・高等学校で身に付けさせる情報活用能力，情報活用能力を身に付けさせる各教科等の学習活動が解説されている[3]。

❸ 2010年代の教育の情報化の施策とICT教育整備

情報通信技術に関して様々な戦略が策定された「IT新改革戦略」では，例えば，コンピュータ1台当たりの児童生徒数の目標値が「3.6人／台」であるが，実際の2009年（平成21年）3月段階の数値では「7.2人／台」など政府目標を達成できていない状況にあった。そこで文部科学省では，「学校教育の情報化に関する懇談会」を設置して意見交換や議論を重ねて，2020年度（令和2年度）に向けた教育の情報化に関する総合的な推進方策である「教育の情報化ビジョン（2011年）」を取りまとめている[4]。そこでは，教育の質の向上を目指す教育の情報化が果たす役割が三つの側面で整理されている[4]。

教育の情報化

① 情報教育

（子どもたちの情報活用能力の育成）

② 教科指導における情報通信技術の活用

（情報通信技術を効果的に活用した，分かりやすく深まる授業の実現等）

③ 校務の情報化

（教職員が情報通信技術を活用した情報共有によりきめ細かな指導を行うことや，校務の負担軽減等）

出典：文部科学省「教育の情報化ビジョン」2011年4月

また，情報活用能力の育成，学びの場（特別支援教育含む）における情報通信技術の活用（クラウド環境，超高速の校内無線LAN環境，デジタル教科書，デジタル教材などを期待），校務の情報化や教員への支援の在り方について説明している[4]。

2010年代には，コンピュータがデータから特徴量を抽出可能な深層学習（ディープラーニング）技術による第3次AIブームが到来し，クラウド（Cloud Computing），スマートスピーカー（AIスピーカー），IoT（Internet of Things），VR（仮想現実）・AR（拡張現実），ロボット，ドローン（Unmanned Aerial Vehicle），ウェアラブルデバイスなどの情報通信技術が急速に進展してきた。第5期科学技術基本計画（2016年1月）では，社会の様々なニーズ（課題解決，新たな価値創造等）に質の高いサービスで対応できるSociety5.0と呼ばれる超スマート社会を目指し，これらの技術を活用した具体的なサービスを生み出していくことが目標とされている[5]。

このような2030年の社会を見据えて「中央教育審議会の答申（2016年）[5]」では，児童生徒が持続可能な社会の担い手として個人や社会の成長のために新たな価値を生み出していくことが求められ，そのための「生きる力」を「生きて働く知識・技能の習得」，「未知の状況にも対応できる思考力・判断力・表現力等の育成」，「学びに向かう力・人間性等の涵養」の三つの資質・能力の柱で育成していくものと示している。

この答申を受けて，2018年（平成30年）の学習指導要領の改訂では，総則において，「情報活用能力が言語能力と同様に学習の基盤となる資質・能力」に位置付けられ，「学校のICT環

境整備とICTを活用した学習活動の充実を図ること」が明記された[6]。また，小学校段階では，文字入力など基本的な操作を習得させ，プログラミング的思考を育成すること，中学校段階では，技術・家庭科の技術分野においてプログラミング，情報セキュリティに関する内容を充実すること，そして高等学校段階では，共通教科情報科に共通必履修科目「情報I」と選択科目「情報II」を新設することになった[6]。

以上，述べた教育の情報化の施策と教科「情報」の変遷の関係を図表8-1に示す。

図表8-1　教育の情報化の施策と教科「情報」の変遷

西暦	教育の情報化の方針・施策	内容・概要等
1985年	学校教育設備整備費等補助金 (教育法開発特別整備)	・情報教育にはじめての予算措置 (情報教育 元年)
1990年	「情報教育に関する手引き」の刊行	・情報活用能力の定義 (四つの内容に整理)
1997年	第1次報告「体系的な情報教育の実施に向けて (協力者会議)」	・情報活用能力の定義 (3観点：情報活用の実践力，情報の科学的な理解，情報社会に参画する態度)
1999年	「高等学校学習指導要領」の改訂	・教科「情報」の新設 ・中学校技術・家庭科「情報とコンピュータ」の必修化
2000年	ミレニアム・プロジェクト 「教育の情報化」	・分かる授業の実現のためのITの積極活用を目指す ・普通教室での利用促進 (各教室2台ずつ等) ・インターネットへの「教室接続」の推進
2003年	普通教科「情報」の開始 (3科目)	・情報A，情報B，情報Cから1科目選択必履修
2006年	IT新改革戦略「教育の情報化」	・学校教育の情報化の一層の推進 ・超高速回線 (30Mbps以上) によるインターネット接続 ・情報化の影の部分への対応 (情報モラル教育の推進)
2006年	初等中等教育における 教育の情報化に関する検討会	・情報活用能力の3観点を八つに分類 (8要素)
2010年	「高等学校学習指導要領」の改訂	・普通教科「情報」は「情報の科学的な理解」や「情報社会に参画する態度 (情報モラル重視)」を柱に構成・内容を改善
2010年	「教育の情報化に関する手引 (平成22年10月)」の刊行	・各学校段階で身に付けさせる情報活用能力を整理
2011年	教育の情報化ビジョン	・2020年度に向けた教育の情報化に関する総合的な推進方策 ・教育の質向上を目指した教育の情報化の三つの側面
2013年	普通教科「情報」の開始 (2科目)	・社会と情報，情報の科学から1科目選択必履修
2018年	「高等学校学習指導要領」の改訂	・情報の科学的な理解に裏打ちされた情報活用能力の育成
2020年	「教育の情報化に関する手引 -追補版- (令和2年6月)」の刊行[7]	・「プログラミング教育」「デジタル教科書」等の追加 ・各学校段階・教科等におけるICTを活用した指導の具体例の掲載
2022年	共通教科情報科の開始 (積み上げ式)	・情報I共通必履修科目，情報II選択科目

8-1-2 Society5.0の実現に向けた教育の情報化と情報科教育の施策

我が国では，AI技術等を活用したSociety5.0の実現に向けて教育改革，研究開発，社会実装等が進められている。教育分野では，新型コロナウィルス感染症の影響もあって「学びの保

障」のために GIGA スクール構想や ICT 教育の加速化が図られている。ここでは，2015 年度以降の教育の情報化や情報科教育の施策について ICT 教育整備を中心に述べる [8]。

❶ 2018 年以降の教育の情報化の施策と ICT 教育整備

　2018 年（平成 30 年）6 月に閣議決定された「教育振興基本計画（2018 ～ 2022 年度）[9]」では，我が国における今後の教育政策の方向性が示されるとともに，この 5 年間の教育政策の目標の一つとして「目標（17）ICT 利活用のための基盤の整備」が示され，その施策として「学校のICT 環境整備の促進」「情報活用能力の育成」「各教科等の指導における ICT 活用の促進」等が掲げられている。学校の ICT 環境整備に関しては，2018 年度以降の整備方針を取りまとめ，「教育の ICT 化に向けた環境整備 5 か年計画（2018 ～ 2022 年度）」が策定されている。

教育の ICT 化に向けた環境整備 5 か年計画（2018 ～ 2022 年度）※単年度 1,805 億円の地方財政措置
［学校における ICT 整備方針での目標水準］
○学習者用コンピュータ：3 クラスに 1 クラス分程度整備（1 日 1 コマ分程度，児童生徒が 1 人 1 台環境）
○指導者用コンピュータ：授業を担任する教師 1 人 1 台
○大型提示装置・実物投影機：100％ 整備（各普通教室 1 台，特別教室用として 6 台）
○超高速インターネット及び無線 LAN：100％ 整備
○統合型校務支援システム：100％ 整備
○ ICT 支援員：4 校に 1 人配置
○上記の他，学習用ツール，予備用学習者用コンピュータ，充電保管庫，学習用サーバ，校務用サーバ，
　校務用コンピュータやセキュリティに関するソフトウェアについても整備
出典：文部科学省「教育の ICT 化に向けた環境整備 5 か年計画」2017 年

　また，2018 年 11 月に公表された「柴山・学びの革新プラン（新時代の学びを支える先端技術のフル活用にむけて）」に基づき「学びの先端技術活用推進室（文科省初等中等教育局）」が新設された。そこでの先端技術を効果的に教育や学習で活用する方策に関する議論を通して，教育再生実行会議の第十一次提言「技術の進展に応じた教育の革新，新時代に対応した高等学校改革について」も踏まえて，2019 年（令和元年）6 月に「新時代の学びを支える先端技術活用推進方策（最終まとめ）[10]」が示されている。ここでは，公正に個別最適化された学びを含む新時代に求められる教育を実現すべく，ICT を基盤とした先端技術と教育ビッグデータの活用に関して，

① 学びにおける時間・距離などの制約を取り払うこと
② 個別に最適で効果的な学びや支援
③ 可視化が難しかった学びの知見の共有やこれまでにない知見の生成：教師の経験知と科学的視点のベストミックス（EBPM の促進）
④ 校務の効率化：学校における事務を迅速かつ便利，効率的に
などの効果が期待できることが述べられている。

　また，遠隔・オンライン教育，デジタル教科書・教材，協働学習支援ツール，AR・VR，AIを活用したドリル，センシング，統合型校務支援システム等の先端技術の機能に応じた効果的な活用の在り方が列挙されている。そして同時期に，学校教育の更なる情報化の推進を図ることを目的に「学校教育の情報化の推進に関する法律（2019 年 6 月 28 日）」が公布・施行されて

いる。この法律では，学校教育の情報化の目的・定義・基本理念，国や地方公共団体及び学校の設置者の責務，法制上の措置や推進計画，そして「デジタル教材等の開発及び普及の促進」を含む11項目の基本的施策が定められている。

❷ AI 技術を活用した多様性を内包した持続可能な社会の実現と人材育成・教育改革

近年，AI 技術は加速度的に発展し，ビッグデータ等を通じた AI 技術の利活用で破壊的イノベーションが生み出されるなど世界の様々な分野に影響を与えている[11]。我が国では，「多様性を内包した持続可能な社会」の実現に向けて，AI 技術をはじめとしたテクノロジーと社会の仕組みを連動して，他国に先駆けて高齢化や人口減少等の社会課題を解決しつつ，我が国の産業競争力の向上等も実現していかなければならない[11]。

内閣府のイノベーション政策強化推進のための有識者会議では，これらの問題について議論を重ねて，2019 年（令和元年）6 月に「AI 戦略 2019[11]」を策定した。2021 年（令和 3 年）5 月には，AI 戦略の進捗状況を踏まえて，今後の対応の方向性をとりまとめて「AI 戦略 2021[11]」と改訂し，この取り組みを継続・推進していくことになっている。

「多様性を内包した持続可能な社会」を実現するためには，数理・データサイエンス・AI に関する知識・技能，人文社会芸術系の教養，そして新しい社会の在り方や製品・サービスをデザインする能力等が不可欠である。これらの資質・能力を初等中等教育や高等教育だけでなく，リカレント教育や生涯教育も含めた形で人材育成していくことが必要となる。

特に，Society 5.0 時代の教育のモデルとして，初等中等教育や高等教育を通じて，新たな数理・データサイエンス・AI 教育の構築を目標として，図表 8-2 に示した具体的な目標と取組を策定している[11]。

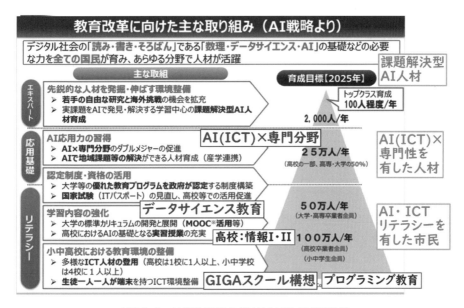

図表 8-2　AI 戦略 2019 における人材育成と教育改革

出典：経済諮問会議「AI 戦略等を踏まえた AI 人材の育成について」文部科学省，2019 年（令和元年）11 月 1 日，一部加工

小学校・中学校段階では，理数分野の興味関心の向上や習熟度の維持・向上，様々な社会課題と理科・数学の関係性の理解や考察の機会確保を目指して，学校のICT環境整備の加速化（GIGAスクール構想），主体的・対話的で深い学びからの授業改善，カリキュラム・マネジメントの視点を踏まえたSTEAM教育の事例の構築と収集（プログラミング教育等），知財創造教育の推進体制の整備，EdTech等を活用した学習環境の整備，現職教員の研修機会，多様な人材の積極的登用の推進，学校現場における教育データ利活用に係るガイドブックの策定等が取組として挙げられている。

　高等学校段階では，理数素養や基本的情報知識の習得，人文学・社会科学系の知識，デザイン等に向けた問題発見・解決学習の体験を目指して，学校のICT環境整備の加速化，情報Iの履修，ITパスポート試験等におけるAI関連出題の強化と高校における活用の促進，データサイエンス・AIで問題発見・解決に挑戦する場（IT部活動等）の創出，生徒の学びやプロジェクトの記録を保存する学習ログ等について標準化や利活用，EdTech等を活用した学習環境の整備，CBT活用を含めた大学入学共通テスト「情報I」出題の検討，現職教員の研修機会，多様な人材を含めてICTに精通した人材登用の推進等が取組として挙げられている。このような初等中等教育によって，AI・ICTリテラシーを有した活力に満ちた質の高い生活が送れる市民になることが目指されている。

　高等教育段階では，文理を問わず初級レベルの数理・データサイエンス・AIの習得やリベラルアーツ教育の充実を目指して，データサイエンス教育の推進，優れた数理・データサイエンス・AI教育プログラムの認定制度の構築等が取組として挙げられている。また，高等教育段階の応用基礎教育では，自らの専門分野における数理・データサイエンス・AIの応用基礎力の習得を目指して，履修可能な環境の整備，応用基礎レベルの認定コースの導入等が取組として挙げられている。このような応用基礎教育によって，AI（ICT）×専門分野の専門性を有した人材や，リカレント教育や社会人教育を含めて地域課題等の解決が可能な人材の育成が図られることになる。

　さらに，エキスパート段階では，課題解決型AI人材育成を目指して，データサイエンス等の教育プログラムの開発・展開，統計エキスパート人材育成プロジェクトの推進，若手研究者の海外挑戦機会の拡充，PBLを中心とした課題解決型AI人材育成制度の検討・実施及び国際展開等が取組として挙げられている。

8-1-3　ICT環境の整備

　児童生徒がSociety5.0時代の持続可能な社会の担い手として，個人や社会の成長のために新たな価値を生み出していく資質・能力を有するためには，情報活用能力が学習の基盤として重要であり，学校のICT環境整備とICTを活用した学習活動の充実を図ることが求められている。その際，本来，力を有している全ての児童生徒のよさを引き出して育むためには，そこで活用されるコンピュータ（タブレット端末）の存在が，単なる「記憶再生器」から「知識増幅器」へ，「指示・教えてくれる存在」から「学びのパートナー」へ，「便利なツール」から「成長・変革のツール」へと転換されていくことが必要である。

　図表8-3は，クラウドとタブレット端末を活用した学習環境と学びの形態が示されている。

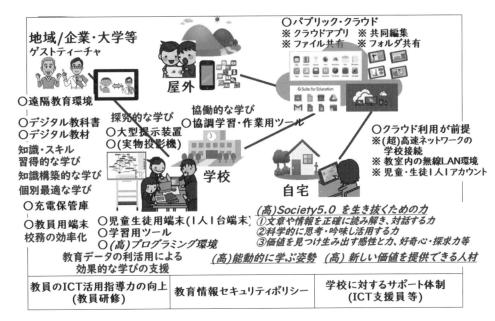

図表 8-3　クラウドとタブレット端末を活用した学習環境の整備

　児童生徒が，主体的に，「いつ」でも，「どこ」からでも，そして「どのような端末」からでも，同じファイルやサービスを利活用できて学習活動を進められることが求められる。このことを踏まえればクラウド環境（パブリック・クラウド）の導入が不可欠である（クラウド・バイ・デフォルト）。クラウド環境であれば，協働的な学びや作業を進める際に，ファイル共有・フォルダ共有や共同編集が可能になる。

　また，探究的な学びのプロセスにおいて，動画コンテンツやシミュレーションによる知識・スキル習得も必要となることから，クラウド環境の利用も含めて超高速ネットワークの学校接続，そして教室内の無線LAN環境の構築が重要なキーとなる。

　知識構築的な学びでは自分自身で知識を組み立てていく学習活動が重要であり，他者との対話的な学びでは自分自身の思考活動の結果を示すことが必要となり，さらに今後のデジタル教科書の導入や学力調査のCBT化を踏まえると，1人1台の児童生徒用端末が必須の道具となることが理解できる。ワープロ，表計算，プレゼンテーションのための学習ツールは必要最低限となり，これらの学習ツールが共同編集可能であれば，協働的な学びがスムーズに展開できる。他にも，協働学習や協調作業をスムーズに展開できる専用ツールが担保できれば，協働的な学びや対話的な学びが充実する。個の学びにおいては，児童生徒の学習状況に応じて問題を提供できるドリル教材，デジタル教科書やデジタル教材，知識構築ツールなどを各学校の状況にあわせて検討することが必要である。

　また，特に，高等学校においては，情報科を進める上で，プログラミング環境やプログラミング学習支援ツールが必要となる。このようなICT活用を通して，高等学校段階では，「受動的に学ぶ姿勢」，「Society5.0を生き抜くための力」，「新しい価値を提供できる人材」といった人材育成が求められている。

　これらのICTを活用した学習活動やICT教育を進める上では，都道府県・市町村の教育委員会と学校における教育情報セキュリティポリシーを策定することが必須である。また，教員

の ICT 活用指導力向上のための教員研修，ICT 活用を進めるための ICT 支援員等の学校に対するサポート体制を整備する必要がある。

❶ GIGA スクール構想（小学校・中学校における ICT 環境の整備）

　2018 年（平成 30 年）からはじまった「教育の ICT 化に向けた環境整備 5 か年計画」では，小学校・中学校の児童生徒が 1 日 1 コマ程度，1 人 1 台の環境で学習できる環境（3 クラスに 1 クラス分程度の整備）の実現が目標とされていた。この間，PISA2018 の調査結果では，学校の授業におけるデジタル機器の利用時間が短く，コンピュータを使って宿題する頻度とともに OECD 加盟国中最下位，学校外での活用が他国と比較して，ネット上でのチャットやゲームを利用する頻度の高い生徒の割合が高いこと等が明らかになった。これらを含めた課題への対応として，2018 年（平成 30 年）告示の新学習指導要領において，学校での学習活動におけるコンピュータ活用を通した情報活用能力の確実な育成や，そのための 1 人 1 台の学習者用コンピュータなど学校の ICT 環境設備の加速化等が挙げられていた。

　また，2019 年（令和元年）3 月時点での教育用コンピュータ 1 台当たりの児童生徒数は全国平均で 5.4 人／台，都道府県別の最高が 1.7 人／台，最低が 7.5 人／台と整備状況に地域差が顕著であった。このような背景も含めて 2019 年（令和元年）12 月に文部科学大臣を本部長とする「GIGA スクール実現推進本部」が立ち上がり，「『児童生徒 1 人 1 台コンピュータ』の実現を見据えた施策パッケージ」と「GIGA スクール構想の実現パッケージ」などが示された[12]。

[『児童生徒 1 人 1 台コンピュータ』の実現を見据えた施策パッケージ]

　【ハード】ICT 環境整備の抜本的充実（1 人 1 台コンピュータ，通信ネットワーク，調達支援）

　【ソフト】デジタルならではの学びの充実（デジタルコンテンツ，ICT を効果的に活用した学習活動 等）

　【指導体制】日常的に ICT を活用できる体制（指導者養成研修，ICT 活用教育アドバイザー，ICT 支援員 等）

[GIGA スクール構想の実現パッケージ]

　①　環境整備の標準仕様例示と調達改革 ⇒ 学校 ICT 環境の整備調達をより容易に

　②　クラウド活用前提のセキュリティガイドライン公表 ⇒ クラウド活用により使いやすい環境へ

　③　学校 ICT 利活用ノウハウ集公表 ⇒ 全ての教職員がすぐに使えるように

　④　関係省庁の施策との連携 ⇒ ローカル 5G や教育コンテンツも活用して未来の学びを実現

　⑤　民間企業等からの支援協力募集 ⇒ 民間等の外部支援により導入・利活用加速

出典：文部科学省「GIGA スクール構想について」[12]

　GIGA スクール構想の枠組みを図表 8-4 に示す[12]。キーワードは，1 人 1 台端末を活用した学びの深化と転換である。また，GIGA は「Global and Innovation Gateway for All」の略であり，当初のロードマップでは，2020 年度に「小 5 ～小 6」と「中 1」，2021 年度に「中 2 ～中 3」，2022 年度に「小 3 ～小 4」，そして 2023 年度に「小 1 ～小 2」の予定であった。しかし，2019 年度の補正予算（2,318 億円）で「小 5 ～小 6」と「中 1」分を端末と通信ネットワーク，クラウドをセットにして整備された。さらに，新型コロナウィルス感染症の影響を受けて，端末整備が前倒しされ，残りの「小 1 ～小 4」と「中 2 ～中 3」の全てを 2020 年度の補正予算「GIGA スクール構想の加速による学びの保障」で措置されることになった。

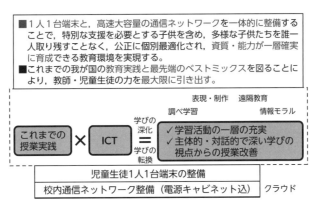

図表 8-4　GIGA スクール構想の目的・事業概要と学びの変容

　GIGA スクール構想は，単なるハード的な ICT 環境整備だけではなく，ソフトと指導体制を一体的に支援していく枠組みであり，さらに，高等学校への拡大や自治体間の活用格差を埋めていく方向にも広がりを見せている。

❷ 高等学校における ICT 環境の整備

　小学校・中学校段階で「1 人 1 台端末」を経験した生徒が 2022 年度（令和 4 年度）に高等学校に進学してくることを受けて，高等学校における ICT 環境整備については，2020 年（令和 2 年）12 月に閣議決定された「国民の命と暮らしを守る安心と希望のための総合経済対策」において，「義務教育段階で本年度中に 1 人 1 台端末環境が整備される中，高等学校段階を含む各教育段階において ICT 化・オンライン化を推進し，誰一人取り残されることのないよう，デジタル社会にふさわしい対面指導とオンライン・遠隔教育のハイブリッドによる新しい学び方を実現していくこと」が示されている [13]。さらに，「中央教育審議会の答申（2021 年）[5]」では，「小学校，中学校段階のみならず，多様な実態を踏まえつつ高等学校段階においても 1 人 1 台端末環境を実現するとともに，各学校段階において，端末の家庭への持ち帰りを可能とすることが望まれる」と記されている [5]。

　このような状況の中で，文部科学省より，公立高等学校における学習者用コンピュータの 2020 年度（令和 2 年度）末の整備見込みに係る調査結果及び GIGA スクール構想における高等学校の学習者用コンピュータ等の ICT 環境整備と活用に係る留意点が，都道府県・指定都市等に通知された [14]。調査結果によれば，整備目標に関しては，42 自治体が 1 人 1 台整備を目標にし，5 自治体が検討中となっている。整備期間に関しては，1 人 1 台整備を目標とする 42 自治体について，12 自治体（28.6%）が 2020 年度中に整備が完了し，5 自治体が 2021 年度中，3 自治体が 2021 ～ 2023 年度中，13 自治体が 2022 ～ 2024 年度中，9 自治体が検討中となっている。

　また，費用負担に関しては，16 自治体（38.1%）が設置者負担，15 自治体（35.7%）が保護者負担を原則に，そして 11 自治体（26.2%）が検討中となっている。学校設置者が学習者用コンピュータを整備する場合には，一般財源や新型コロナウィルス感染症対応地方創生臨時交付金などの財源を活用することになる。また，保護者負担による BYOD で整備を進める場合には，

学校設置者の整備方針や考え方等を丁寧に説明するとともに，2020年度第3次補正予算における「GIGAスクール構想の拡充（高等学校における端末整備支援）」のような国の補助制度も活用して，経済的困窮等の理由で端末を準備できない家庭への積極的な支援が必要と示されている。さらに，高等学校段階のICT環境整備に関しては，下記の留意事項が記されている。

> （1）ICTを活用した学習活動を具体的に想定した上で，優先的に整備すべきICT機器や機能等の詳細について，当該高校や生徒の状況等を踏まえて整理すること
>
> （2）必要とされるICT機器や機能等の整理に当たっては，従来の端末に集中したオンプレミス型よりも，適切な通信ネットワークとパブリッククラウドによるクラウドコンピューティングを基本とすること
>
> （3）高等学校段階における学習者用コンピュータの整備に当たっては，計画策定，費用負担，調達等に留意しながら計画的に取り組むこと
>
> 引用：文部科学省「GIGAスクール構想における高等学校の学習者用コンピュータ等のICT環境整備の促進について」[14]

　高等学校におけるICT環境整備の好事例として，佐賀県の取組が挙げられる[15]。佐賀県教育委員会では，ICT利活用教育は学力向上の有効な手段であると捉え，2011年度（平成23年度）から「佐賀県ICT利活用教育推進協議会」が設置され，「ICT利活用教育推進事業」等において実証研究と成果分析が実施されるなどPDCAサイクルによって継続的な改善が行われている。2014年度（平成26年度）から，全県立高校において，生徒（保護者）が購入するBYOD形式で生徒1人1台の学習用パソコンが導入された。2015年度（平成27年度）からICT利活用教育の教育効果，環境整備，今後の事業展開ビジョン等を検討して取組の改善・充実を行う「ICT利活用教育の推進に関する事業改善検討委員会」が立ち上げられ，そこでの成果分析等を踏まえて，2018年度（平成30年度）から佐賀県が負担して学習用パソコンを生徒へ無償貸与，デジタル教材の生徒（保護者）購入の形態に見直され，現在に至っている。これまでのICT環境整備の取組は議事録も含めてWeb上で公開されている。他の都道府県等の自治体にとっては，非常に有意義な情報となるだろう。

　高等学校は，普通科，専門学科や総合学科など学びの多様性もあるため，ICT環境の整備やその活用も地域や高等学校の実情に応じた形とならざるを得ない。各高等学校のスクールミッションの魅力や特色を高めるための学習活動が実現できるためのICT環境整備が必要となる。

8-2 教育の情報化の支援と教員養成

情報教育，教育 ICT，校務の情報化などの教育の情報化を進める上で，人的支援は欠かせない環境である。ここでは教育の情報化の人的支援として，ICT 活用教育アドバイザー，ICT 支援員，遠隔会議システム等を活用した遠隔支援について述べる。

❶ ICT 活用教育アドバイザー

文部科学省では，2015 年度より各都道府県エリアをカバーした教育の情報化の知見を有するICT 活用教育アドバイザー（約 100 名）を自治体や教育委員会等に派遣する事業を実施している。相談内容は，セキュリティを含む ICT 環境整備に関する計画策定，仕様書作成・見積もり調査・調達実施，ICT を活用した効果的な指導方法，研修講師の紹介・派遣，その他 GIGA スクール構想の実現に関連した助言・支援となっている。教育委員会の費用負担なく助言・支援を受けることができる。ICT 活用教育アドバイザー事業の情報は Web サイト [16] で提供されている。

❷ ICT 支援員

ICT 支援員は，授業支援，校内研修支援，環境整備支援，校務支援といった分野で学校における ICT 活用を支援する人材である。ICT 支援員は，企業人，大学生・大学院生，元教員，ICT 関連の資格や業務経験を有する方など様々である。NPO 法人情報ネットワーク教育活用研究協議会は，調査研究事業でとりまとめられた ICT 支援員の役割や業務を遂行するのに必要なスキル標準を基にして，ICT 支援員能力認定試験を実施している。

ICT 支援員の予算確保の方法は，文部科学省「教育の ICT 化に向けた環境整備 5 か年計画（2018 ～ 2022 年度）」の地方財政措置（4 校に 1 人配置分の予算）を活用する場合や，教育委員会が自治体財政当局との予算折衝で確保する場合などがある。ICT 支援員の導入形態は，教育委員会が直接雇用する場合や教育委員会が委託事業者と業務委託契約を結び雇用する場合などがある。学校の ICT 化を支援する事業者の情報は，Web サイト [17] で提供されている。

❸ 遠隔会議システム等を活用した遠隔支援

遠隔会議システムやグループチャットなどを活用することによって，遠隔から同期・非同期に支援することが可能である。遠隔支援内容としては，教育の情報化に関連する Q&A はもちろん，教員研修，授業支援，特に個別学習・作業やグループ学習・作業において遠隔から学習・作業支援することも可能である。このような形態であれば，情報科の教員免許を取得しようとしている大学生，情報科学・工学を専門分野としている大学生の支援も可能である。大学等高等教育機関との連携がしやすい授業支援・学習支援形態である。

その他にも，ヘルプデスク（教育委員会独自運営，民間業者への運営委託）や，GIGA スクール構想による急速な ICT 化を進める自治体等を支援するための GIGA スクールサポーター事業等が活用できる。

　今回の学習指導要領の改訂では，情報科は，情報Ⅰ・Ⅱの積み上げ式となり，情報の科学的な見方・考え方を働かせて問題の発見や解決を図るなど「情報の科学的な理解」の観点が非常に多い内容構成となっている。この大きな変更に伴い，情報科のみを担当している教員が少なく，他教科との兼務者や免許外教科担任の数が非常に多い情報科では，大学における教員養成と，様々な形態を含む教員研修の担う役割がより重要になると考えられる[18]。

　現在，情報科免許状の認定課程を有している国公私立大学は200校を超え，そこで情報科の教員養成が行われている[19]。図表8-5は，情報科の教諭1種免許状に必要な「教科に関する科目」の6分野（分野の下に山口大学教育学部で開講されている授業科目を記述）と情報Ⅰの四つの学習内容項目の関係を示している。

　今後，「教科に関する科目」では，「授業担当者が情報の科学的な見方・考え方」を少しでも共有できるかがポイントになると考えられる。さらに，情報Ⅱの学習内容項目も踏まえれば，AI（画像認識や機械学習，データマイニングなど）関連の授業科目の追加，IoT，ロボット，VR，ドローン，クラウドなどの技術の理解を「教科に関する科目」の中で進めることが必要である。

　「教職に関する科目」の「指導法に関する科目（例えば，情報科教育法Ⅰ・Ⅱ）」では，他教科等の関連（例えば，数学Ⅰの「データ分析」や数学Ｂの「統計的な推測」等）を図りながらカリキュラム・マネジメントを含めた計画的な指導によって情報活用能力を高めるような学習が求められることを学ぶ必要がある。

　さらに，他の免許も習得する場合に教育実習に行かないことも考えられるため，模擬授業や授業における学習支援体験を授業カリキュラムに取り入れることも必要である。

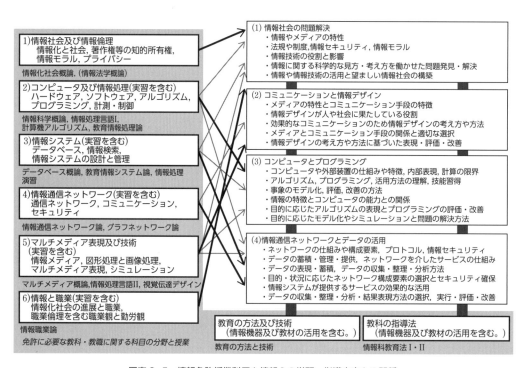

図表8-5　情報免許授業科目と情報Ⅰの学習・指導内容との関係

情報技術の進歩が日進月歩の勢いであることから，様々な研修を活用した情報科教育や教育の情報化に関連する専門性及び指導力の形成は必須である。情報科教育に対する校外研修としては，各都道府県教育委員会による専門性向上研修等，各都道府県の高等学校教育研究会，独立行政法人教職員支援機構（NITS）及び地域センターが主催する研修会，情報関連の企業・教育諸機関等が主催する研修会・研究会などが活用できる。また，近年は，様々なオンライン型研修やオンデマンド型研修も提供され，下記のような専門性向上に向けた校内研修や自己研修の際に活用できる研修コンテンツや研修教材も種類が豊富になりつつある（予定も含む）。

- 高等学校共通教科情報科
  ［高等学校情報科教員研修用教材（情報Ⅰ・Ⅱ），高等学校「情報」実践事例集等］
  https://www.mext.go.jp/a_menu/shotou/zyouhou/detail/1416746.htm
- 高等学校情報科教員のための MOOC 教材（情報処理学会）
  https://sites.google.com/a.ipsj.or.jp/mooc/
- 校内研修シリーズ：情報化教育（独立行政法人 教職員支援機構，NITS）
  https://www.nits.go.jp/materials/intramural/

8-2-3　教育の情報化の授業支援・教育実践研究支援の機関・関連サイト

　情報科や教育の情報化を推進していく上で，授業支援・教育実践研究支援のための様々な機関・関連サイトが存在する。ここでは，教育実践研究を支援する学会・研究会，ICT 教育を支援する文部科学省関連サイト，そして ICT を活用した新たな学びを支援するサイトを紹介する。

【教育実践研究を支援する学会・研究会】
- 日本情報科教育学会
  情報科教育の学術研究と実践研究に関する情報を交流し，研究開発を支援する学会
  http://jaeis.org/
- 情報処理学会 初等中等教育委員会
  コンピュータとコミュニケーションを中心とした情報処理に関する学術及び技術の振興，ICT を活用した生徒・児童の効果的な学びへも貢献する学会
  https://sites.google.com/a.ipsj.or.jp/ipsjps/home

【IGT 教育や新たな学びを支援するサイト】
- 全国高等学校情報教育研究会
  研究大会を開催し，情報教育，特に情報科の研究推進を図る研究会
  https://www.zenkojoken.jp
- StuDX Style（文部科学省）
  「すぐにでも」「どの教科でも」「誰でも」生かせる 1 人 1 台端末の活用方法に関する優良事例や本格始動に向けた対応事例などを情報発信・共有するサイト
  https://www.mext.go.jp/studxstyle/
- みんなのコード
  コンピュータサイエンス教育の教材開発，各種研修等の普及活動を推進する非営利法人。
  https://code.or.jp
- キミのミライ発見（河合塾）
  教材「情報」の授業事例や講演・シンポジウム・インタビュー情報が掲載された情報教員応援サイト
  https://www.wakuwaku-catch.net
- やまぐち ICT 新たな学びラボ
  （YAMA-LABO, やまぐち教育先導研究室［YELL］＠山口県教育委員会）
  児童生徒の情報活用能力の育成にむけて山口県の教育に携わるみんなで作るサイト
  https://www.ysn21.jp/wp2/

　様々な教育データをクラウド環境上に保存し，超高速ネットワークやデジタル技術サービスを活用した学びの先にはどのような世界が存在するのか。既に，ビジネスの世界では，新型コロナウィルスの影響によって企業が事業継続の危機にさらされ，これまでの企業文化から脱却して，データとデジタル技術を駆使したビジネスモデルや商習慣の変革に拍車がかかっている状況にある。

　このようなデジタルデータとデジタル技術を活用することによって，ビジネスや我々の生活を変革していくことは，DX（デジタルトランスフォーメーション：digital transformation）と呼ばれている。この DX という用語は，2004 年（平成 16 年）にウメオ大学のエリック・ストルターマン（Erik Stolterman）教授が提唱したものである。

　教育における DX は，教育の IT 化やデジタル化とは異なる概念であり，教育にデジタル技術を導入して終了というわけではない。「紙のプリントを PDF 化して児童生徒のタブレット端末に配信する」「紙のテストをタブレット端末上で実施する」など，既存の授業・学習プロセスにデジタル技術を導入して代替することは，デジタイゼーション（digitization）と呼ばれている。

　ここでは，おもに効率化や時短短縮，例えば「タブレット端末上で実施されたテストを自動採点する」というようなデジタル技術による自動化が目的とされる。一方，デジタル技術を活用して授業・学習プロセスを変更したり，新たな教育モデルを創造したりすることは，デジタライゼーション（digitalization）と呼ばれている。教育 DX は，学校等が目指している教育や校務の姿に対して，必要となるデジタライゼーションによって変革していくところがポイントとなる。

　これまで授業モデルや校務モデルを一歩先に進めて，目指すべき授業のねらいや校務の目的を達成するために，デジタライゼーションを進めていくことが重要であり，結果として新たな教育文化を創造することが必要である。教育における DX の事例を Web で検索して調べてみよう。また，なぜ，デジタルトランスフォーメーション（digital transformation）は，DX と略されるのかも調べてみよう。

章末問題

(1) 本文と図表 8-1 を参考にして，教育の情報化の施策と ICT 環境の整備について，①～③をそれぞれ 400 字程度でまとめなさい。

　　① 1990 年代　② 2000 年代　③ 2010 年代

(2) 本文や文献を参考にして，将来（2022 年以降）の教育の情報化の在り方について，自らの考えを 800 字程度でまとめなさい。

(3) 8-2-2 の本文と図表 8-5 を参考にして，自身の大学の情報科の免許取得のための授業科目と情報 II の学習・指導内容との関係をまとめなさい。

参考文献

1) 文部科学省「高等学校学習指導要領（平成 11 年 3 月告示，15 年 12 月等一部改正）」
https://www.mext.go.jp/a_menu/shotou/cs/1320221.htm
2) 文部科学省「高等学校学習指導要領（ポイント，本文，解説等）（平成 20 年 3 月，平成 21 年 3 月）」
https://www.mext.go.jp/a_menu/shotou/new-cs/youryou/1304427.htm
3) 文部科学省「「教育の情報化に関する手引」について」2010 年
https://www.mext.go.jp/a_menu/shotou/zyouhou/1259413.htm
4) 文部科学省「「教育の情報化ビジョン」の公表について」2011 年
https://www.mext.go.jp/a_menu/shotou/zyouhou/detail/1387269.htm
5) 文部科学省中央教育審議会「幼稚園，小学校，中学校，高等学校及び特別支援学校の学習指導要領等の改善及び必要な方策等について（答申）」
https://www.mext.go.jp/b_menu/shingi/chukyo/chukyo0/toushin/1380731.htm
6) 文部科学省「高等学校学習指導要領（平成 30 年 3 月告示）」2019 年
https://www.mext.go.jp/content/1384661_6_1_3.pdf
7) 文部科学省「教育の情報化に関する手引―追補版―（令和 2 年 6 月）」2020 年
https://www.mext.go.jp/a_menu/shotou/zyouhou/detail/mext_00117.html
8) 旺文社教育情報センター「「GIGA スクール構想」を軸に振り返る 教育 ICT のいま」2020 年
http://eic.obunsha.co.jp/resource/viewpoint-pdf/202007.pdf
9) 文部科学省「第 3 期教育振興基本計画（平成 30 年 6 月 15 日閣議決定）」2018 年
https://www.mext.go.jp/a_menu/keikaku/detail/1406127.htm
10) 文部科学省「「新時代の学びを支える先端技術活用推進方策（最終まとめ）」について」2019 年
https://www.mext.go.jp/a_menu/other/1411332.htm
11) 内閣府「イノベーション政策強化推進のための有識者会議「AI 戦略」（AI 戦略実行会議）」
https://www8.cao.go.jp/cstp/ai/senryaku/kaigi.html
12) 文部科学省「GIGA スクール構想について」
https://www.mext.go.jp/a_menu/other/index_0001111.htm
13) 内閣府「国民の命と暮らしを守る安心と希望のための総合経済対策（令和 2 年 12 月 8 日閣議決定）」2020 年
https://www5.cao.go.jp/keizai1/keizaitaisaku/2020-2/20201208_taisaku.pdf
14) 文部科学省「GIGA スクール構想における高等学校の学習者用コンピュータ等の ICT 環境整備の促進について（通知）」2021 年
https://www.mext.go.jp/content/202103012-mxt_jogai01-000011648_002.pdf
15) 佐賀県教育委員会「ICT 活用教育「プロジェクト E」」
https://www.pref.saga.lg.jp/kyouiku/list01913.html
16) 文部科学省「ICT 活用教育アドバイザー事業ポータルサイト」の活用事業
http://ictadvisor.mext.go.jp/
17) 文部科学省「ICT 活用教育アドバイザー事業ポータルサイト　学校 ICT 化サポート事業者一覧」
https://www.oetc.jp/ict/partner/
18) 文部科学省「高等学校情報科担当教員への高等学校教諭免許状「情報」保有者の配置の促進について（依頼）」2016 年
https://www.mext.go.jp/a_menu/shotou/zyouhou/1368121.htm
19) 文部科学省「高等学校教員（情報）の免許資格を取得することのできる大学」
https://www.mext.go.jp/a_menu/shotou/kyoin/daigaku/detail/1287078.htm

＊URL については，2021 年 11 月アクセス

付録 | 大学入学共通テストにおける出題

1 大学入学共通テストの出題科目

2025 年度（令和 7 年度）以降の大学入学共通テストの出題科目に「情報 I」が追加されたが，決定に至るまでの大まかな流れは，以下の通りである。

・2018 年 6 月 4 日：未来投資会議（第 17 回配布資料 4-2：未来投資戦略 2018（素案）本文）

大学入学共通テストにおいて，必履修科目「情報 I」を新学習集指導要領に対応した出題科目とすることについての検討を開始する。

・2018 年 7 月 17 日：大学入試センター

教科「情報」における CBT を活用した試験の開発に向け，今後の検証に活用するため，具体的な問題素案を広く募集する。

・2021 年 3 月 24 日：大学入試センター

2025 年以降の大学入学共通テストの出題教科に新たに「情報」を加え，6 教科 30 科目から 7 教科 21 科目に再編する結論をまとめ，発表した。また，「情報」をはじめ追加された科目のサンプル問題を公開した。

・2021 年 7 月 30 日：文部科学省

2025 年以降の大学入学共通テストの出題科目を正式に決め，「情報」を出題教科に追加した。

・2021 年 9 月 29 日：文部科学省

2025 年度大学入学者選抜に係る大学入学共通テストに関する検討状況を発表した。なお，「情報」については，現行の「社会と情報」及び「情報の科学」に対応した試作問題も作成する。

2 サンプル問題の出題領域

2021 年（令和 3 年）3 月，大学入試センターから 2025 年度大学入学共通テストからの出題教科・科目のサンプル問題が公表された。『情報』は「本サンプル問題は，平成 30 年に改訂された高等学校学習指導要領「情報 I」に基づいて作成したものです。」と書かれている。

https://www.dnc.ac.jp/kyotsu/shiken_jouhou/r7ikou.html

一方，本書第 3 章の 3-2 から 3-5 では，学習指導要領解説で記載されている学習内容から主な学習項目を抜き出して表にしている。すなわち，学習指導要領「情報 I」の学習項目において，(1) 情報社会の問題解決は，図表 3-1，図表 3-4，図表 3-6，(2) コミュニケーションと情報デザインは，図表 3-15，図表 3-18，図表 3-20，(3) コンピュータとプログラミングは，図表 3-30，図表 3-32，図表 3-35，(4) 情報通信ネットワークとデータ活用は，図表 3-45，図表 3-47，図表 3-49 に示している。

そこで，学習指導要領「情報 I」の学習項目とサンプル問題の出題領域との関係を示すと，付表 1 のようになる。付表 1 の中に記載されている用語は，本書第 3 章の 3-2 から 3-5 に示した学習項目である。付表 1 から，大問 1 は (1)，(2)，(4)，大問 2 は (3)，大問 3 は (1)，(4)の領域からの出題であることが分かる。

大問	小問	(1) 情報社会の問題解決	(2) コミュニケーションと情報デザイン	(3) コンピュータとプログラミング	(4) 情報通信ネットワークとデータ活用
第1問	問1	SNS などの特性や利用状況，情報格差	コミュニケーション手段の特徴，電子メールや SNS でのコミュニケーション		ネットワークの仕組み（サーバ，パケット），情報システムが提供するサービス
	問2	問題解決の流れ，文章や図への可視化	コンテンツの設計・制作・実行・評価・改善		
	問3		情報のデジタル化，二進法による表現，伝送と圧縮		
	問4		二進法による表現		ネットワークの構成要素，ネットワークプロトコル
第2問	問1 問2 問3			アルゴリズム，プログラミング	
第3問	問1 問2 問3 問4	データの比較，問題の発見			表形式データ，データ収集，データ整理，データ分析，相関係数，散布図，単回帰分析

3　サンプル問題『情報』の概要

「サンプル問題『情報』ねらい」から，「問題のねらい」「問題の概要」の一部を引用して，下記および付表 2 に示す。

【第 1 問のねらい】

　問 1 では，東日本大震災後にまとめられた通信の確保に関する報告書を基に，情報技術の仕組みとその利点，情報社会と人の関わりやその課題に関連する理解を問うている。問 2 では，発表の場において伝えたい情報を分かりやすく表現する情報デザインの考え方や方法を理解し表現する力を問うている。問 3 では，画像のデジタル化に関する一連の流れと，デジタル化のメリットについての理解を問うている。問 4 では，IPv4 におけるネットワーク部を表すビット数を題材に，生徒が主体的に学習し探究する場面を設定して，IP アドレスの理解と基数変換の考え方を基に考察する力を問うている。

【第 2 問のねらい】

　選挙年齢の引き下げに伴い生徒にとって身近となった比例代表選挙の議席配分の考え方をプログラムで処理するなど，情報社会の問題解決の過程を題材に，生徒が主体的に学習し探究する場面を設定している。配列，最大値探索，繰り返し処理を用いたアルゴリズムを理解し，そのアルゴリズムをプログラムで表現し，さらに具体的な状況設定に応じてプログラムを修正することを通して問題解決に向けて考察する力を問うている。

【第 3 問のねらい】

　サッカーのワールドカップに関係するデータを，表計算ソフトウェアや統計処理ソフトウェアを用いて，整理，加工し，データに含まれる傾向を見いだすために複数の散布図から項目間の相関を読み取り，得られた回帰直線から項目の値を予測したり残差について考えさせたりする。また，基本統計量を読み取り，データに含まれる傾向を見いだし，さらに，データの散らばりから傾向を読み取るなど，実践的なデータの活用及び分析に関する 基本的な理解と考察する力を問うている。

付表 2　サンプル問題『情報』の概要（大学入試センター：「サンプル問題『情報』ねらい」より引用）

第1問	問1	東日本大震災の後にまとめられた通信の確保に関する報告書を基に，先生と生徒の会話の中で，情報技術の仕組みとその利点，情報社会と人の関わりやその課題を考える問題である。具体的には，震災によって固定電話がつながりにくくなった状況下でも SNS を利用できた理由や，震災後にクラウドサービスが自治体などで利用されるようになった理由，また，情報社会の中で問題となっている情報格差の要因について理解する力を問うている。
	問2	効果的なコミュニケーションを行うための情報デザインの考え方や方法を理解し表現する問題である。発表会の場において，伝えたい情報を整理したり，情報を受け手に対して分かりやすく表現したりするために，情報を抽象化，可視化，構造化する手法の基本的な理解を問うている。
	問3	アナログ情報をデジタル化する一連の流れとデジタル化のメリットについて考える問題である。画像のデジタル化に関して標本化，量子化，符号化の一連の流れとそれぞれの仕組みを正しく理解し，画像のデジタル化のメリットについての基本的な理解を問うている。
	問4	Pv4 におけるネットワーク部を表すビット数を題材に，基本的な IP アドレスと基数変換の理解を基に発展的に考える問題である。先生と生徒の会話と，先生が描いた説明の図から IPv4 におけるネットワーク部とホスト部の考え方を理解し，ビット数とその表現できる数の関係や，十進法から二進法への基数変換などの基本的な理解を基に，ネットワーク部のビット数を発展的に考察する力を問うている。
第2問	問1	比例代表選挙での各党への議席の配分数を，得票数に比例して配分した議席数を求める基本的なプログラムを題材に，議席配分という課題の問題点を理解させ，次の問いへの準備となる説明を与えている。問い自体は，文章を解釈して，与えられたデータ構造とプログラムの構造を理解して，繰り返し処理と演算処理により目標の処理の実現する力を問うている。
	問2	問1での課題を解決するため，比例代表選挙の議席配分方法として代表的なドント方式の考え方について，与えられた表や手順を理解し，アルゴリズムの流れの中で配列変数の変化を考えさせる問題である。具体的な各政党の得票数を基に，データ構造と文章で示された手順により，二つの配列変数の変化をトレースすることを通して，問3で問うプログラムに繋がるアルゴリズムを正しく理解し，考察する力を問うている。
	問3	問2で考えたアルゴリズムをもとに作成したプログラムについて，適切な処理を考察する問題である。与えられたプログラムと求める処理結果から，繰り返し処理の終了条件や最大値を求めるアルゴリズム，関数を使った演算処理を考察する力を問うている。また，作成されたプログラムを評価する中で，各政党の候補者が不足する場合の課題を理解し，正しく処理結果が得られるよう論理演算子を用いた分岐条件を考察する力を問うている。
第3問	問1	多くの項目があるデータを可視化した複数の散布図や相関係数から項目間の関係などを考えさせる問題である。与えられたデータシートとそれぞれの項目の組み合わせでできるグループ別の散布図や相関係数，ヒストグラムを正しく読み取り，そこから分かる項目間の関係や傾向を考察する力を問うている。
	問2	回帰直線からデータの関係性や予測値，残差について考えさせる問題である。決勝進出チームと予選敗退チームのグループごとに分けられた回帰直線からグループによる傾向の違いと，予測値の差を求めさせ，さらに実際の値と予測値との差である残差を求めさせるなど，単回帰分析を基にデータの予測について考察する力を問うている。
	問3	基本統計量から読み取れることを考えさせる問題である。決勝進出チームと予選敗退チームのグループごとに分けられた四分位数や標準偏差などの基本統計量から，データに含まれる傾向を読み取り，考察する力を問うている。
	問4	四分位数を基にしたデータの散らばりから傾向を考えさせる問題である。決勝進出チームと予選敗退チーム及び全参加チームについて，1試合当たりの反則回数のデータの散らばりを四分位数の区間との関係から考えさせたり，また，1試合当たりの反則回数が少ないチームの決勝進出する割合を考えさせたりするなど，データに含まれる傾向を読み取り，考察する力を問うている。

●本書の関連データが web サイトからダウンロードできます。

https://www.jikkyo.co.jp/ の「書籍・ダウンロード検索」で

「情報科教育法」を検索してください。

提供データ：用語集，参考資料など

■編修・執筆

鹿野 利春　京都精華大学メディア表現学部教授，大阪芸術大学アートサイエンス学科客員教授
　　　　　　　文部科学省初等中等教育局視学委員

高橋 参吉　NPO 法人学習開発研究所理事（代表），元帝塚山学院大学教授

西野 和典　太成学院大学経営学部教授，九州工業大学名誉教授

■執筆

鷹岡 亮　　山口大学教育学部教授

西端 律子　畿央大学教育学部教授

森本 康彦　東京学芸大学 ICT センター教授

稲川 孝司　帝塚山学院大学講師

大石 智広　神奈川県立生田東高等学校教諭

齋藤 実　　東洋大学講師，埼玉県立芸術総合高等学校講師

佐藤万寿美　同志社女子大学講師

●表紙デザイン——難波邦夫
●本文基本デザイン——ニシ工芸

情報科教育法

これからの情報科教育

2022 年 1 月 25 日　初版第 1 刷発行
2022 年 12 月 20 日　初版第 2 刷発行

●執筆者　鹿野利春　ほか 9 名（別記）
●発行者　小田良次
●印刷所　有限会社ウィット創進社

●発行所　実教出版株式会社
〒102-8377
東京都千代田区五番町 5 番地
電話 ［営　　業］（03）3238-7765
　　　［企画開発］（03）3238-7751
　　　［総　　務］（03）3238-7700
https://www.jikkyo.co.jp/

無断複写・転載を禁ず

ISBN 978-4-407-35521-5　C3037

Printed in Japan